리얼 뉴요커 Summer의 라이프 영어

다락원

What would life be if we had no courage to attempt anything?

우리가 아무것도 시도할 용기가 없다면 삶은 어떠할까?

- Vincent van Gogh -

리얼 뉴요커 Summer의 라이프 영어

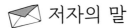 ## 저자의 말

이 글을 쓰고 있는 지금, 저는 한국을 떠나 해외 생활을 한 지 6년이 되었습니다. 이제는 미국에 터를 잡아 살고 있는데, 그 동안 우간다와 캐나다에서의 생활과 세계 15개국 여행을 통해 느낀 점이 있습니다. 우리나라 사람들 대부분이 특유의 똑똑함과 빠릿빠릿함, 자부심과 끈기에도 불구하고 아쉽게도 영어 실력에 대한 걱정 때문에 외국에서의 생활을 망설이는 경우가 많다는 거죠. 세계 무대에서 일하고 싶고, 해외에 살아보거나 여행도 하고 싶은 욕구는 매우 크지만 그러한 욕구를 충족할 기회를 충분히 만들지 못하는 현실이 안타까웠습니다.

저는 대학생 때 캐나다에서 어학연수를 하고, 유럽 배낭여행을 하면서 다양한 문화를 더욱더 깊게 경험해 보고 싶고, 교육 분야에 공헌하고 싶은 마음이 커졌습니다. 그래서 20대 후반이었던 2012년에 미국 컬럼비아 대학교 교육대학원에서 국제교육개발학을 공부하러 유학을 오게 되었죠. 그런데 주위를 보니 의외로 해외에 유학이나 이민을 올 때 '현지에 살면 영어는 저절로 늘겠지.' 하는 막연한 생각으로 오시는 분들도 꽤 계시더군요. 하지만 단언컨대 막상 바쁜 삶을 살다 보면 영어를 배우는 것에 따로 신경 쓸 시간과 에너지가 없습니다! 결국 영어가 절대 저절로 늘지 않는다는 것을 깨닫게 되실 겁니다.

어떤 이유에서든 미국에서 영어를 써야 하는 분들을 위해서, 특히 영어로 문장을 만들고 어느 정도 의사소통은 할 수 있지만 다양한 실제 상황에 따라 정말 필요한 어휘와 표현, 숙어들을 익히고 싶은 분들을 위해 이 책을 기획했습니다. 영어 교과서에 나오는 정형화된 말 외에도 실제 현지에서 마주하게 될 여러 상황에서 순발력 있게 대화하고 싶은 분들을 위해 친구 Andrea와 제가 직접 미국에서 생활하면서 듣고 말했던 대화를 기본으로 하여 '미국 현지 영어 회화 참고서' 같은 책을 만들고자 했습니다. 이 책에서는 미국에서 생활하면서 직접 겪게 될 여러 가지 현실적인 대화들을 핵심 단어, 표현 설명 등과 함께 소개합니다. 더불어 각 상황에 도움이 될 만한 미국 생활 팁도 공유합니다. 대화문을 학습하실 때는 꼭 녹음도 함께 들어보시고, 그 발음과 억양을 입으로 여러 번 따라 하시면서 눈으로 읽는 영어 공부를 넘어 실제 말로 내뱉어 보는 학습을 하시기를 강력히 권유합니다.

미국 뉴욕에서

Summer Park

이 책의 구성 ✐

〈뉴요커 Summer의 **리얼 라이프 영어**〉는 실제 미국에서 생활하면서 만나게 되는 다양한 상황 속에서 주고받게 되는 대화를 소개하는 책입니다. 이 책을 통해 미국에서의 생활을 계획하고 실제 적응해 살아가는 데 도움이 되기를 바랍니다.

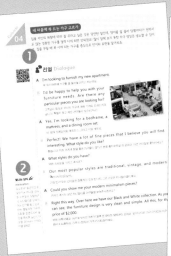

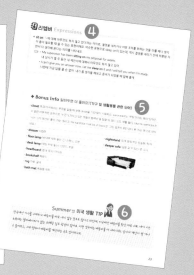

1 리얼 Dialogue
각 챕터의 주제와 관련된 다양한 실제 대화를 음성 녹음 QR코드와 함께 보여줍니다.

2 빛나는 상식
대화 속에서 미리 알고 있으면 큰 도움이 되는 상식들을 간단히 소개합니다.

3 체크 Words
대화에 나온 다양한 단어들을 정리해줍니다.

4 리멤버 Expressions
대화에 나온 표현들 중에 특히 실제 대화에서 많이 사용되는 중요 표현들을 설명해줍니다.

5 + Bonus Info
대화와 관련되어 더 알고 있으면 도움이 되는 추가적인 단어나 표현들을 소개합니다.

6 Summer의 미국 생활 TIP
미국에서 실제 거주 중인 저자가 대화의 주제와 관련된 미국 생활 꿀팁들을 알려줍니다.

📖 이 책의 차례

Chapter 1
House & Living

Ep. 01 집 계약하기 전 미리 꼼꼼히 따져보기 ⋯⋯⋯⋯⋯ 012

Ep. 02 떨리는 순간, 미국에서 집 계약하기 ⋯⋯⋯⋯⋯ 015

Ep. 03 도전! 케이블 TV, 인터넷 신규 개설 신청하기 ⋯⋯⋯⋯⋯ 018

Ep. 04 내 마음에 쏙 드는 가구 고르기 ⋯⋯⋯⋯⋯ 021

Ep. 05 너무너무 고민되는 전자제품 사기 ⋯⋯⋯⋯⋯ 024

Ep. 06 집에 문제가? 일이 더 커지기 전에 해결하기 ⋯⋯⋯⋯⋯ 027

Ep. 07 더 살고 싶은 집, 계약 기간 연장하기 ⋯⋯⋯⋯⋯ 030

Ep. 08 혼자서도 잘해요! 이사 준비하기 ⋯⋯⋯⋯⋯ 033

Ep. 09 현대인의 필수품, 핸드폰 구입하기 ⋯⋯⋯⋯⋯ 036

Ep. 10 당황하지 않고 척척~ 은행 계좌 만들기 ⋯⋯⋯⋯⋯039

Ep. 11 알아두면 유용한 미국에서 한국으로 송금하는 법 ⋯⋯⋯⋯⋯ 042

Ep. 12 너무나도 헷갈리는 미국 의료보험 ⋯⋯⋯⋯⋯ 045

Ep. 13 미리미리 준비하세요~ 병원 예약하기 ⋯⋯⋯⋯⋯ 048

Ep. 14 타지에서 아파도 덜 서럽게! 영어로 증상 확실히 말하기 ⋯⋯⋯⋯⋯ 051

Ep. 15 진짜 약이 되도록~ 약국에서 처방전으로 약 사기 ⋯⋯⋯⋯⋯ 054

Ep. 16 자유로운 도서관 이용의 기본, 회원 등록하기 ⋯⋯⋯⋯⋯ 057

Ep. 17 보고 싶은 책 마음껏 볼 수 있는 도서관 이용하기 ⋯⋯⋯⋯⋯ 060

Ep. 18 그리운 이에게 소식을~ 우체국에서 편지 보내기 ⋯⋯⋯⋯⋯ 063

Ep. 19 급하다, 급해! 우체국에서 긴급 우편 부치기 ⋯⋯⋯⋯⋯ 066

Ep. 20 깨끗하고 정갈한 옷을 위해~ 세탁소 이용하기 ⋯⋯⋯⋯⋯ 069

Ep. 21 원하는 헤어스타일을 말해 봐! 미용실 가기 ⋯⋯⋯⋯⋯ 072

Chapter 2
Food & Eating

Ep. 01 영어 울렁증 노노~ 전화로 식당 예약하기 ⋯⋯⋯⋯ 078

Ep. 02 전화로도 참~ 쉬워요! 식당 예약 변경하기 ⋯⋯⋯⋯ 081

Ep. 03 망설이지 말자! 원하는 자리는 말하는대로~ ⋯⋯⋯⋯ 084

Ep. 04 먹고 싶은 것을 자유롭게 말해봐! 음식 주문하기 ⋯⋯⋯⋯ 087

Ep. 05 여럿이 다양한 메뉴를 맛보고 싶다면? 단체음식 주문하기 090

Ep. 06 잠시만요! 음식 주문 전 특이사항 체크하기 ⋯⋯⋯⋯ 093

Ep. 07 목을 축여보자! 음료 주문하기 팁 ⋯⋯⋯⋯ 096

Ep. 08 스테이크, 내 취향에 맞게 먹기 ⋯⋯⋯⋯ 099

Ep. 09 더 먹고 싶다면 망설이지 마세요~ 음식 추가 주문하기 ⋯⋯⋯⋯ 102

Ep. 10 디저트 배는 따로 있지^^ 디저트 주문하기 ⋯⋯⋯⋯ 105

Ep. 11 먹을 것에 민감한 나, 음식점에서 항의하기 ⋯⋯⋯⋯ 108

Ep. 12 팁도 자리에서 계산? 알고 가면 아주 쉬워요~ ⋯⋯⋯⋯ 111

Ep. 13 바(bar)에서 바텐더에게 칵테일 주문하기 ⋯⋯⋯⋯ 114

Ep. 14 가벼운 식사, 브런치 즐기기 ⋯⋯⋯⋯ 117

Ep. 15 마음만 결정하면 쉬운 패스트푸드 주문하기 ⋯⋯⋯⋯ 120

Ep. 16 깊고 진한 커피의 세계, 카페에서 커피 주문하기 ⋯⋯⋯⋯ 123

Ep. 17 긴장하지 말아요~ 전화로 배달 음식 주문하기 ⋯⋯⋯⋯ 126

Ep. 18 즐거운 요리를 할 때도 영어로 말해보기 ⋯⋯⋯⋯ 129

Ep. 19 한국 음식, 이제 자신 있게 소개하기 ⋯⋯⋯⋯ 132

Chapter 3
Transportation & Travel

Ep. 01 볼 것 많은 도시, 교통카드로 무제한 즐기기 ⋯⋯⋯⋯ 138

Ep. 02 종류가 이렇게 많아? 편리하게 택시 이용하기 ⋯⋯⋯⋯ 141

Ep. 03 도대체 여기가 어디지? 망설이지 않고 길 묻기 ⋯⋯⋯⋯ 144

Ep. 04 버스와 지하철 환승이 무료라고? 뉴욕 지하철 타기 ⋯⋯⋯⋯ 147

Ep. 05 뉴욕에서 운전을? 내가 잘 할 수 있을까? ⋯⋯⋯⋯ 150

Ep. 06 두근두근, 미국에서 운전면허 따기 ⋯⋯⋯⋯ 153

Ep. 07 나만의 공간이 필요해! 자동차 구입하기 ⋯⋯⋯⋯ 156

Ep. 08 자동차 보험 들고 안전하게 운전하기 ⋯⋯⋯⋯ 159

Ep. 09 속도위반은 하지 마세요! ⋯⋯⋯⋯⋯⋯⋯⋯⋯⋯ 162

Ep. 10 좋은 기름이니까~ 주유소에서 주유하기 ⋯⋯⋯⋯⋯ 165

Ep. 11 차가 아프면 정비소로~ 자동차 수리 요청하기 ⋯⋯ 168

Ep. 12 영화 같은 로드 트립의 시작! 자동차 렌트하기 ⋯⋯ 171

Ep. 13 기차, 버스? 장거리 여행의 교통수단 ⋯⋯⋯⋯⋯⋯ 174

Ep. 14 내 영혼까지 충전해 줄 휴가 계획 잡기 ⋯⋯⋯⋯⋯ 177

Ep. 15 온라인으로 편리하게 항공권 사기 ⋯⋯⋯⋯⋯⋯⋯ 180

Ep. 16 긴장은 저 멀리~ 공항에서 탑승 수속하기 ⋯⋯⋯ 183

Ep. 17 중량 초과됐다! 공항에서 짐 부치기 ⋯⋯⋯⋯⋯⋯ 186

Ep. 18 모든 것을 꺼내요! 공항 보안 검색대 통과하기 ⋯⋯ 189

Ep. 19 공항은 너무 넓어! 공항 내 터미널 찾기 ⋯⋯⋯⋯ 192

Ep. 20 기내에서 누리는 즐거움~ 기내식 먹기 ⋯⋯⋯⋯⋯ 195

Ep. 21 영어로 전화 통화 연습~ 전화로 호텔 예약하기 ⋯ 198

Ep. 22 여행의 시작, 상큼하게 호텔 체크인하기 ⋯⋯⋯⋯ 201

Ep. 23 호텔을 내 집처럼 이용해 보기 ⋯⋯⋯⋯⋯⋯⋯⋯ 204

Ep. 24 호텔에서의 문제, 침착하게 해결하기 ⋯⋯⋯⋯⋯ 207

Ep. 25 이제는 떠나야 할 때! 호텔 체크아웃하기 ⋯⋯⋯ 210

Chapter 4
Fun & Shopping

Ep. 01 어떤 걸 볼까? 영화관에서 영화표 사기 ⋯⋯⋯⋯⋯ 216

Ep. 02 내가 사랑하는 아티스트의 콘서트 가기 ⋯⋯⋯⋯⋯ 219

Ep. 03 뉴욕에 왔는데, 미술관은 가봐야겠지? ⋯⋯⋯⋯⋯ 222

Ep. 04 옷도 대여한다고? ⋯⋯⋯⋯⋯⋯⋯⋯⋯⋯⋯⋯⋯⋯ 225

Ep. 05 땀 흘리며 '몸짱' 도전하기 ⋯⋯⋯⋯⋯⋯⋯⋯⋯⋯ 228

Ep. 06 다이어트의 가장 힘든 적, 식단 관리하기 ⋯⋯⋯⋯ 231

Ep. 07 몸과 마음의 평온을 찾자! 요가 등록하기 ⋯⋯⋯⋯ 234

Ep. 08 꼭 해보고 싶었던 취미 활동 시작해보기 ⋯⋯⋯⋯ 237

Ep. 09 이 책, 찾아 주세요! 서점 이용하기 ⋯⋯⋯⋯⋯⋯ 240

Ep. 10 카페에서 공부하기~ WiFi 비밀번호 묻기 ⋯⋯⋯⋯ 243

Ep. 11 내 몸에 꼭 맞는 옷 고르기 ⋯⋯⋯⋯⋯⋯⋯⋯⋯⋯ 246

Ep. 12 한 사이즈 큰 거 신어 볼게요~ ⋯⋯⋯⋯⋯⋯⋯⋯⋯ 249

Ep. 13 필요 없는 옷은 환불 받아야죠! ································· 252

Ep. 14 요리도 편리하게! 식재료 배달 앱 이용하기 ················· 255

Ep. 15 마트와 슈퍼마켓을 편리하게 이용하려면 기억해~ ········· 258

Ep. 16 시장(Farmers' Market)에서 신선한 물건 사기 ············· 261

Ep. 17 바쁜 생활, 마트에서 식료품 배달받기 ······················ 264

Ep. 18 유통기한 지난 물건 환불 받기 ······························· 267

hapter 5
Social Life
& Work

Ep. 01 쏘리 쏘리~ 나 늦을 것 같아! ································· 272

Ep. 02 처음 보는 사람과 이야기 나누기 ····························· 275

Ep. 03 먹고 싶은 음식은 직접 가져오기! 포틀럭 파티 ·········· 278

Ep. 04 파티에서 만났던 그 사람 기억해? ··························· 281

Ep. 05 SNS에서 친구 맺을래요? ····································· 284

Ep. 06 내 학교생활, 교수님께 SOS! ································· 287

Ep. 07 교수님, 저 질문 있습니다! ····································· 290

Ep. 08 두근두근, 첫 해외 인턴십 상담하기 ························ 293

Ep. 09 변호사에게 취업비자 상담하기 ······························· 296

Ep. 10 떨리는 직장 생활의 시작! 입사 첫날~ ···················· 299

Ep. 11 제가 무슨 일부터 하면 될까요? 업무 인계받기 ········· 302

Ep. 12 네트워킹 행사에서 임팩트있게 내 소개하기 ·············· 305

다락원 홈페이지에서
MP3 파일 다운로드 및 실시간 재생 서비스

Chapter 1
House & Living

집 계약하기 전 미리 꼼꼼히 따져보기

살 집을 구하기 위해 임대로 나온 집을 둘러보러 방문했을 때 꼭 따져봐야 할 것들은 무엇이 있을까요? 방문 전 궁금한 것들을 미리 꼼꼼하게 챙겨두었다가 꼭 물어보고, 확실히 짚어 보세요. 본인이 무엇을 중요하게 생각하느냐에 따라 질문의 종류가 다양해질 수 있겠죠.

리얼 Dialogue

A Welcome to what could be your new home! This place is a gem.

당신의 새집이 될 수도 있는 곳에 오신 걸 환영해요! 이곳은 정말 보물 같은 곳이에요.

B Wow, it's huge! How many square feet is it?

와, 크네요! 몇 평방 피트나 되나요?

A It's about 800 square feet. As you can see, the open living room and the inclusion of a loft make it look and feel much more spacious.

약 800평방 피트 정도예요. 보시다시피, 거실이 탁 트여 있고 복층이어서 훨씬 더 넓어 보이죠.

B This is exactly what I wanted. This is perfect!

제가 딱 원했던 거예요. 완벽해요!

A Over here you can see that this place has an updated kitchen. Everything is brand new — the oven, microwave and a new state-of-the-art refrigerator. These marble countertops are also new.

이쪽으로 오시면 이곳 부엌이 새로 고쳐졌다는 것을 보실 수 있어요. 모든 게 다 새것이에요 — 오븐, 전자레인지, 그리고 최신식의 새 냉장고까지. 이 대리석 조리대들도 역시 새것이에요.

B It's gorgeous! Such a nice kitchen. Can you show me the bathrooms?

너무 멋져요! 부엌 정말 좋네요. 화장실들도 보여주시겠어요?

빛나는 상식

화장실 개수를 셀 때 샤워기가 없는 화장실은 보통 반 개로 쳐요.

A Of course! This apartment has 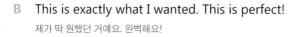1.5 bathrooms. Downstairs, we have a bathroom with just a sink and a toilet. Upstairs, there is a full bathroom right next to the master bedroom. Let's go up so I can show it to you.

그럼요! 이 아파트에는 1.5개의 화장실이 있어요. 아래층에는 세면대와 변기만 있는 화장실이 있고요. 위층에는 안방 바로 옆에 모든 게 다 있는 화장실이 있어요. 같이 올라가시죠, 제가 보여드릴게요.

B Sounds good! I've always wanted a loft.

좋아요! 전 항상 복층을 원했었거든요.

A Here is the bathroom. If you take a peek at the master bedroom, you can see that it is very spacious.

여기가 화장실이에요. 안방을 살짝 보시면, 정말 넓다는 걸 아실 거예요.

B Does the temperature fluctuate much up here?

여기 온도가 많이 오르락내리락 하나요?

A The temperature will stay rock steady throughout all seasons. The place is very well insulated, and it has custom ventilation and central heating. Whatever temperature is most comfortable is the temperature that the apartment will stay at.

온도는 모든 계절 내내 변동 없이 고정적일 거예요. 이곳은 정말 단열이 잘 되어 있고, 주문 제작한 환기 장치와 중앙 난방으로 되어 있어요. 어떤 온도가 제일 쾌적하든 아파트가 그 온도를 유지할 거예요.

B Does the rent get hiked up after my lease for a year is over?

월세가 일 년짜리 제 계약이 끝난 후에 확 올라가나요?

A Actually, this place is rent-controlled, so that won't happen to you.

사실, 이곳은 월세 인상이 규제되는 곳이어서 그런 일은 없을 거예요.

B Security-wise, is it a nice neighborhood?

치안을 생각해보면, 이곳은 괜찮은 동네인가요?

A There are tons of families in the area. It's very family-friendly.

이 지역에 정말 많은 가족이 있어요. 가족이 살기 아주 좋은 곳이죠.

B This all sounds incredible. Maybe even too good to be true!

정말 다 너무 좋네요. 믿기 어려울 정도로요!

빛나는 상식

미국에는 전세 개념이 없어요. 보통 월세가 아니면 집을 사는 거예요. 월세를 영어로 rent라고 하고, 대부분의 월세는 1년 정도의 장기 계약을 하고 다달이 렌트비(월세)를 내요.

빛나는 상식

rent control
정부가 법으로 월세 인상률에 제한을 두는 제도예요. 뉴욕에서 가장 흔하게 볼 수 있고, 샌프란시스코 같은 인구 밀집 도시에서도 이러한 법이 적용되는 집을 찾아볼 수 있어요.

✅ 체크 Words

- **square feet** 평방 피트, 제곱 피트
- **inclusion** 포함, 함유물
- **loft** 로프트 아파트(천장이 높은 아파트로 보통 복층으로 되어 있음)
- **brand new** 완전 새것인
- **state-of-the-art** 최신식의, 최첨단의
- **countertop** (평평하고 납작한) 주방용 조리대
- **master bedroom** 안방, 집에서 가장 큰 침실
- **take a peek (at)** (~을) 살짝 보다

- **fluctuate** 변동[급락]을 거듭하다
- **rock steady** 아주 꾸준한
- **insulated** 단열[전열] 처리가 된
- **custom ventilation** 주문 제작 통풍기
- **central heating** 중앙 난방 장치
- **hike up** 대폭 인상하다[증가하다, 올리다]
- **lease** 임대차 계약(서)
- **rent-controlled** (정부에 의해) 집세 인상이 규제된
- **tons of** 다수의, 엄청나게 많은

📇 리멤버 Expressions

★ **Security-wise**: '치안에 대해서 말하자면'이라는 뜻이에요. 이렇게 명사 뒤에 -wise를 붙이면 '~에 대해서 (말하자면)'이라는 의미가 되죠. -wise가 speaking of(~에 대해 말하자면), 혹은 regarding(~에 관해서)의 뜻을 나타내기 때문이에요.

> **ex** • I think these pants are perfect **length-wise**. 이 바지는 길이에 관해서는 완벽한 것 같아요.
> • This third-generation model is almost a rival **space-wise** for the Ford ABC.
>   이 3세대 모델은 포드의 ABC와 공간으로 따지면 거의 라이벌이에요.

★ **too good to be true**: '사실이라기엔 너무나 좋은', 즉 '너무 좋아서 믿어지지 않는' 상황 등을 나타낼 때 too good to be true라는 표현을 써요. 참고로 〈too + 형용사 + to부정사〉는 '너무 …해서 ~하다'라는 뜻을 나타낼 때 써요.

Summer의 미국 생활 TIP 👩‍🏫

온라인으로 집을 구할 때 포스트에 올려져 있는 모든 정보를 다 믿으면 절대 안 돼요. 미국에서 대학원을 졸업할 때쯤 기숙사를 나와서 집을 구하러 다녔는데, Craigslist라는 웹사이트를 이용했어요. 사진으로는 대걸같이 좋은 곳이 실제로 가보니 굉장히 허름하고 크기가 생각보다 훨씬 작아서 놀란 적이 한 두 번이 아니었어요. 뉴욕은 railroad apartment(기차칸식 아파트: 한 줄로 이어진 각 방이 다음 방으로 가는 통로가 되는 값이 싼 아파트)가 많은데요, 보통 이런 집은 프라이버시를 지키기가 어려워요. 온라인 포스트에는 기차칸식 아파트라고 언급을 안 하는 경우가 많아요. 그러니 꼭 방문을 해보고 결정하세요. 그리고 몇 블럭 차이로 치안 수준이 굉장히 차이가 나는 경우도 있어요. 꼭 직접 낮에, 그리고 밤에도 친구랑 같이 가서 그 동네가 안전한지 확인해 보기 바라요.

떨리는 순간, 미국에서 집 계약하기

마음에 드는 집을 찾아냈다면 이제 집주인이랑 계약을 해야겠죠. 계약은 법적인 구속력이 있는 만큼 꼼꼼하게 잘 이해하고 짚어봐야 해요. 보증금, 전기세 등 꼼꼼히 챙겨야 할 것들에 대한 단어와 표현을 미리 익혀두세요.

리얼 Dialogue

A I'm here to sign the lease.
계약서에 사인하러 왔어요.

B Awesome! Your papers are ready.
좋습니다! 서류들이 준비되어 있어요.

A Could you break down all the upfront costs for me on the lease?
제게 임대차 계약서에 있는 선불로 내야 하는 모든 비용들에 대해 하나씩 알려주시겠어요?

B Absolutely. As you can see here, there are several charges. The first, and largest, is your rent. You will be paying for 3 months up front. The total for that comes to $4,500.
물론이죠. 여기 보시다시피, 몇 개의 요금이 있어요. 첫 번째이자 제일 큰 항목은 월세예요. 3개월 치를 미리 내실 거예요. 그 총액은 4,500달러예요.

A To clarify, in exchange for paying for 3 months up front, I get one month rent free, correct? That is what the realtor told me.
다시 말해, 3개월 치를 미리 내면 대신 한 달 치 월세는 공짜가 맞는 거죠? 부동산업자가 제게 그렇게 말했어요.

B Correct. So the next time you will have to pay rent is in four months.
맞아요. 그래서 다음 번 월세를 내야 하는 때는 4개월 후예요.

A Great! What a good deal.
좋아요! 정말 좋은 조건이네요.

B We only wish the best for our tenants. The second charge is the security deposit, which is equal to one month of rent. It is $1,500.
저희는 세입자분들이 편안하시길 바라죠. 두 번째 요금은 임대 보증금으로, 한 달 월세와 같은 금액이에요. 1,500달러죠.

빛나는 상식

security deposit
임대 보증금은 거주하면서 혹시 집에 생길 훼손에 대비하여 미리 집주인에게 내는 거예요. 훼손이 없다면 이사를 나갈 때 모든 보증금을 돌려주지만, 훼손이 있으면 수리하고 남은 보증금만 돌려줘요. 보통 한 달 혹은 두 달 렌트비를 보증금으로 내죠.

A I get this deposit back when I move out, right?

이 보증금은 제가 이사 나갈 때 돌려받는 거죠, 그렇죠?

B Yes. However, the return of your deposit is dependent on the move-out conditions being met on the lease.

네. 하지만, 보증금 반환은 이사 나가실 때의 상태가 집 계약서상 조건에 부합하느냐에 달려 있어요.

A OK. Are there any other upfront costs?

그렇군요. 먼저 내야 하는 다른 비용들이 더 있나요?

B There is a one-time recreation access fee of $300. It covers the cost of providing you with the keys to the gym and the pool.

딱 한 번 내야 하는 레크리에이션 입장 비용이 300달러예요. 체육관과 수영장 열쇠들을 드리는 비용이 포함되어 있죠.

A OK. Is that all?

알겠습니다. 그게 다인가요?

B Yes, that is all. Your total upfront cost comes to $6,300.

네, 그게 다예요. 선불로 내셔야 할 총 비용은 6,300달러입니다.

A Did you say utilities are included?

공과금은 포함이라고 하셨나요?

B No, you'll have to pay for gas and water as well as your electricity fee on a month-to-month basis.

아니요, 전기세뿐만 아니라 가스와 수도세도 다달이 내셔야 해요.

A I see. Can you give me an estimate of my utility bill?

알겠습니다. 혹시 제 공과금이 얼마 정도 나올지 예상치를 말씀해주실 수 있나요?

B I'd say around $100 a month? It really depends on how much A/C and heat you use.

제 생각에는 한 달에 100달러 정도요? 그건 정말로 에어컨과 난방을 얼마나 사용하는지에 달려 있거든요.

A That's reasonable.

적당한 금액이네요.

B Yes, it's doable.

네, 적당합니다.

☑️체크 Words

- **papers** 서류
- **break down** (분석할 수 있도록 세부적으로) 나누다, 분류하다
- **upfront** 선불의, 선행의
- **to clarify** 명확히 하자면, 다시 말하자면
- **in exchange for** ~와 대신해서[교환으로]
- **realtor** 부동산업자
- **good deal** 좋은 조건[거래]
- **tenant** 세입자, 임차인
- **security deposit** 임대 보증금
- **be dependent on** ~에 좌우되다

- **meet** (필요 요구 등을) 충족시키다
- **utilities** 공과금
- **month-to-month basis** 월 단위로, 다달이
- **estimate** 추정, 추산, 견적서
- **utility bill** 공과금(전기·가스·수도 사용 요금)
- **depend on** ~에 달려 있다, ~에 따라 다르다
- **A/C** 에어컨(= air conditioning)
- **reasonable** 합리적인
- **doable** 할 수 있는

🧑리멤버 Expressions

* **upfront**: 다양한 뜻을 가지고 있어요. 이번 에피소드를 통해 3가지 표현을 알려드릴게요. 하나는 '선불의'라는 뜻으로 형용사이고, 다른 하나는 '선불로'라는 뜻의 부사예요. 부사로 쓰일 때는 보통 up front로 써요. 그리고 나머지 하나는 '솔직한'이라는 뜻의 형용사예요.
  ① 선불의: Is it common practice for a lender to ask for **upfront** fees? 빌려주는 사람이 선불 수수료를 요구하는 것이 흔한 관행입니까?
  ② 선불로: You'll likely get a better deal by paying **up front**. 당신은 선불로 지불함으로써 더 좋은 거래를 하게 될 거예요.
  ③ 솔직한: He was quite **upfront** about his intentions. 그는 자기 의도에 대해 꽤 솔직했어요.

* **comes to**: come to는 '(총계가) ~이 되다'라는 표현으로, 보통 The total is $50.라는 식으로 be동사를 쓰는 것을 조금 다양화시켜서 이렇게 come to라는 동사로 쓰는 거예요. 우리나라 말에서도 '총계가 ~이다' 외에도 '총계가 ~만큼이 되다'라는 표현을 쓰듯이, come to는 '~이 되다'라는 뉘앙스를 담고 있어요.
  ex • The total **comes to** $50. 총액이 50달러가 돼요.
  • The bill **came to** $90. 청구 금액이 90달러가 되었어요.

Summer의 미국 생활 TIP

집을 렌트할 경우, 보통 수도세는 렌트비에 포함되어 있을 거예요. 하지만 전기, 도시가스 및 인터넷 서비스 비용은 따로 신청하고 지불해야 해요. 공과금 납부는 해당 분야 회사 웹사이트에서 쉽게 처리할 수 있고, 자동이체로 설정해 놓을 수도 있어요. 미국 전 지역을 한 회사가 전부 커버하지 않기 때문에 내가 사는 지역에 어떤 회사가 전기와 가스를 제공하는지 알아보고, 홈페이지나 전화로 신청해야 해요. 이사를 하자마자 알아보고 가장 먼저 등록해 놓는 것이 좋아요.

도전! 케이블 TV, 인터넷 신규 개설 신청하기

살 집이 구해졌다면 TV 채널과 인터넷 서비스도 신청해야겠죠! 최신 기술에 능통한 사람이 아니라면 인터넷과 TV 서비스 신청을 할 때 쏟아져 나오는 다양한 영단어에 압도당할 수밖에 없는데요. 어떤 표현들이 있는지 대화를 통해 알아보세요.

 리얼 Dialogue

A I'm looking to buy an ⚓Internet package.

인터넷 패키지를 사려고 하는데요.

B You've come to the right place! Are you also interested in getting cable?

제대로 잘 오셨네요! 케이블 설치에도 관심이 있으신가요?

A Yes, I would like both, please.

네, 둘 다 하려고요.

B Great! Can I interest you in our best bundle? It comes with the fastest Internet available to domestic households, and it comes with over 300 channels.

좋습니다! 저희가 가지고 있는 제일 좋은 통합상품을 보여드려도 될까요? 국내 가정집에서 쓸 수 있는 제일 빠른 인터넷과 300개 이상의 채널이 포함되어 있습니다.

A Sorry, could you first walk me through all my options?

죄송하지만, 저에게 먼저 모든 옵션을 알려 주시겠어요?

B Sure! We have three different options. The first is our basic cable option. It comes with 30 channels and basic speed Internet.

그럼요! 저희는 3가지 다른 옵션을 가지고 있어요. 첫 번째는 기본 케이블 옵션이에요. 여기에는 30개 채널과 기본 속도의 인터넷이 들어 있죠.

A What major channels come with it?

어떤 주요 채널들이 포함되어 있나요?

B Just the ⚓major news channels. CNN and FOX. It does not come with ESPN, ABC nor NBC. It doesn't come with a lot, but it is our most economic option. It's $70 a month.

그냥 주요 뉴스 채널들이죠. CNN과 FOX요. ESPN이나 ABC, NBC는 포함되어 있지 않아요. 많은 채널이 있지는 않지만, 가장 경제적인 옵션이죠. 매달 70달러예요.

A Can you tell me about your middle package?

중간 패키지에 대해서 알려 주실 수 있으세요?

빛나는 상식 ✍️

인터넷 개설은 인터넷 회사 홈페이지에서 신청해도 되고, 직접 매장을 방문해도 돼요. 그리고 한국과 마찬가지로 핸드폰 요금과 집에서 사용할 인터넷 요금 등을 패키지로 구매할 수도 있죠.

빛나는 상식 ✍️

미국의 대표 방송사에는 NBC, CBS, ABC, FOX가 있고, 약 600개의 케이블 및 지역 방송이 있어요.

18

빛나는 상식

40 Mbps의 속도면 여러 개의 HD 영상을 스트리밍할 수 있는 정도의 빠른 속도예요.
참고로, 10 Mbps의 속도면 인터넷 검색을 하고 음악을 스트리밍해서 들을 수 있는 정도의 속도예요.

B It comes with an excellent ⚓40 Mbps up/down Internet speed. The middle package comes with over 80 channels, including all of the major channels. Sports, news, entertainment — you name it, it's got it.

중간 패키지는 아주 좋은 초당 40메가비트 업/다운 속도의 인터넷이 들어가 있어요. 채널도 80개 이상이 있는데, 주요 채널들이 모두 포함되어 있죠. 스포츠, 뉴스, 엔터테인먼트 등, 말씀만 해보세요, 그 모든 게 다 포함되어 있어요.

A How much is it?

얼마예요?

B Just $120 a month.

매달 120달러밖에 안 돼요.

A Great, I'll take it.

좋아요, 그걸로 할게요.

B Wonderful! I'll send over a technician right away to get everything wired up.

좋습니다! 기사님을 바로 보내드려서 설치를 다 해드릴게요.

체크 Words

- **package** (컴퓨터) 패키지, 일괄 프로그램
- **bundle** 통합상품, 패키지, 묶음
- **come with** ~이 딸려 있다
- **domestic** 국내의, 가정의
- **household** 가정
- **walk ... through ~** …에게 ~을 보여 주다
- **economic** 경제적인, 경제성이 있는

- **Mbps** 초당 메가비트(= megabits per second)
- **you name it** 무엇이든 말해 봐요, 그 밖의 무엇이든지, 전부, 하여간
- **send over** ~을 파견하다
- **technician** 기술자
- **right away** 즉시, 곧바로
- **wire up** 연결하다, 설치하다

* **Are you also interested in**: be interested in은 '~에 관심이 있다'라는 뜻으로 쓰여요. 이 표현을 익힐 때 꼭 be동사 뒤에 오는 interest에 -ed가 붙은 형태가 온다는 것을 기억하세요. be interested in으로, in까지 항상 같이 붙어 다니는 단짝들이죠. in 뒤에는 명사형이 와요.

  > • I'm very **interested in** joining a hiking club. 저는 등산 모임에 참여하는 것에 굉장히 관심이 있어요.
  > • We've **been interested in** buying a house by the water.
  >   저희는 물가에 집을 사는 것에 관심이 있었어요.

* **Can I interest you in ~?**: 바로 위의 표현과는 반대로 누군가의 관심을 끌고 싶을 때, 즉 무엇을 권유하고 싶을 때 유용한 표현이 Can I interest you in ~?이에요. interest가 '관심'이라는 명사도 되지만 이렇게 '관심을 갖게 하다'라는 동사가 될 수도 있죠.

  > **Could I interest you in** this model? 이 모델을 권해드려도 되겠습니까?

* **you name it, it's got it**: you name it이라고 하면 '(뭐든) 말해 봐'라는 뉘앙스로, 생각하는 무엇이든지 모든 종류의 것이 다 있다는 말을 하고 싶을 때 쓸 수 있는 표현이에요.

  > A: What kind of facilities do you have in your hotel? 이 호텔에는 어떤 시설들이 있나요?
  > B: Gym, swimming pool, spa. **You name it, we've got it.**
  >   체육관, 수영장, 스파요. 저희는 생각하시는 모든 것을 완비하고 있습니다.

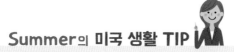

Summer의 미국 생활 TIP

제가 최근에 이사해서 새롭게 TV와 인터넷 등을 설치하면서 느꼈는데요, 한국에선 전반적으로 어떤 상품이나 서비스를 사더라도 애프터서비스(customer service)에 대해서 걱정을 많이 하지 않는 편인데, 미국은 이와는 상황이 조금 달랐어요. 상품이나 서비스 자체가 괜찮더라도 애프터서비스는 별로인 회사도 꽤 많더라고요. 그래서 그런지 미국은 개개인이 Google이나 Yelp 같은 리뷰 웹사이트에 각 회사와 서비스에 대한 후기(review)를 많이 올려 공유를 하는 문화가 있어요. 또한, 리뷰 웹사이트에 거짓 후기가 올라오는 것을 철저하게 방지하는 편이죠. 그래서 어떤 상품과 서비스를 사기 전에 꼭 후기를 확인하고 결정해야 후회가 적을 거예요.

내 마음에 쏙 드는 가구 고르기

집을 자신의 취향에 따라 잘 꾸미고 싶은 것은 당연한 일인데, 영어를 잘 몰라 당황하다가 원하지도 않는 엉뚱한 가구를 덜컥 사게 되면 안되겠죠! 많이 접해 보지 못한 가구 명칭은 생소할 수 있어요. 집을 꾸밀 때 꼭 사게 되는 가구를 중심으로 단어와 표현을 알아보죠.

리얼 Dialogue

A I'm looking to furnish my new apartment.
제 새 아파트에 가구를 좀 들여놓으려고 하는데요.

B I'd be happy to help you with your furniture needs. Are there any particular pieces you are looking for?
고객님이 필요로 하시는 가구에 대해 기꺼이 도와드리겠습니다. 특별히 찾고 계신 가구들이 있으신가요?

A Yes, I'm looking for a bedframe, a mattress, and a dining room set.
네, 침대 프레임이랑 매트리스, 그리고 식당 세트요.

B Perfect! We have a lot of fine pieces that I believe you will find interesting. What style do you like?
좋습니다! 저희 가게에 정말 좋은 가구들이 많아서 분명 흥미로우실 것 같아요. 어떤 스타일을 좋아하세요?

A What styles do you have?
어떤 스타일을 가지고 계시죠?

B Our most popular styles are traditional, vintage, and modern minimalism.
가장 인기 있는 스타일은 전통적인 것과 빈티지, 그리고 모던 미니멀리즘이에요.

A Could you show me your modern minimalism pieces?
가지고 계시는 모던 미니멀리즘 가구들을 보여주시겠어요?

B Right this way. Over here we have our Black and White collection. As you can see, the furniture design is very clean and simple. All this, for the price of $2,000.
바로 이쪽이에요. 여기에 보시면 저희의 블랙 앤 화이트 컬렉션이 있어요. 보시다시피, 가구 디자인이 아주 깔끔하고 심플하죠. 전부 다 합쳐서 가격이 2,000달러예요.

빛나는 상식

minimalism
최소한의 물건만으로 살아가는 미니멀 라이프 스타일이 유행하면서 미니멀리즘 인테리어도 인기를 끌고 있죠. 이는 불필요한 가구와 소품을 없앰으로써 공간을 확보해 심신의 안정을 끌어내는 인테리어를 말해요.

A Honestly, I'm not sure how I feel about getting everything as a bundle.

솔직히, 모든 걸 세트로 사는 것에 대해서 확신이 잘 안 서네요.

B Well, just for this month, if you buy a set, you get a complimentary mattress.

음, 이번 달 동안만 세트로 사시면 매트리스 하나를 무료로 얻으실 수 있어요.

A That's actually a pretty good deal. It's still a bit over my budget. With that price tag, I'd have to sit on it for a while before making a decision.

그러면 정말 꽤 괜찮은 조건이네요. 그래도 여전히 제 예산을 조금 넘어서요. 그 가격표대로라면 제가 결정을 하기 전에 잠시 생각해봐야겠어요.

B Take your time. We have a lot more to show you.

천천히 생각하세요. 아직 더 보여드릴 게 많이 있어요.

A Great, I'd love to see more.

좋네요, 더 보고 싶어요.

MEMO

📝 체크 Words

- **furnish** (가구를) 비치하다
- **furniture needs** 필요한 가구
- **vintage** 고전적인
- **minimalism** 미니멀리즘, 최소한주의
- **for the price of** ~의 가격에[가격으로]
- **complimentary** 무료의, 칭찬하는

- **budget** 예산
- **price tag** 가격표, 비용
- **make a decision** 결정하다
- **take your time** (서두르지 않고) 천천히 하세요, 충분히 시간을 가지세요

🔖리멤버 Expressions

* **sit on**: '~에 대해 아무것도 하지 않고 있다'라는 의미로, 결정을 내리거나 어떤 조치를 취하는 것을 미룰 때나 생각이 좀더 필요할 때 쓸 수 있는 표현이에요. 비슷한 표현으로 sleep on이 있는데, 역시 결정을 내리기 전에 하룻밤 자면서 더 생각해 본다는 의미를 나타내요.

> **ex** • My supervisor has been **sitting on** my proposal for weeks.
> 내 상사가 몇 주 동안 내 제안서에 대해서 아무것도 하지 않고 있어.
>
> • I can't give you an answer now. Let me **sleep on** it and I will tell you when I'm ready.
> 너한테 지금 답을 줄 순 없어. 내가 좀 생각을 해보고 준비가 되었을 때 말해 줄게.

✚ Bonus Info 알아두면 더 좋아요!(가구 및 생활용품 관련 단어)

· **closet** 옷장(미국에서는 옷장을 말할 때 보통 closet을 가장 많이 사용해요. wardrobe에도 '옷장'이라는 뜻이 있지만, 이 말은 비유적인 표현으로 '누군가 가지고 있는 옷들의 컬렉션'을 말할 때 많이 쓰죠. 예를 들어, I like his wardrobe.는 '나는 그의 패션이 좋아.'라는 뜻이고, His wardrobe must be all black.은 '그는 검은색 옷만 입나 봐.'라는 뜻으로 해석돼요.)

· **dresser** 서랍장

· **floor lamp** (바닥에 세워 놓는 긴) 스탠드, 조명

· **desk lamp** (책상 위에 놓는) 스탠드, 조명

· **headboard** (침대 등의) 머리판

· **bookshelf** 책꽂이

· **rug** 카펫, 깔개

· **bath mat** 욕실용 매트

· **nightstand** (침대 옆에 두는 침실용) 탁자

· **sleeper sofa** (잠을 잘 수 있는) 큰 소파

Summer의 미국 생활 TIP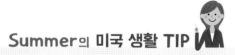

한국에선 가구를 구매하고 배송비를 따로 내지 않는 경우도 많다고 하던데, 미국에선 배송비를 항상 따로 내요. 제가 사는 뉴욕에는 엘리베이터가 없는 오래된 집도 굉장히 많아요. 이런 경우에는 배송비를 더 내야 하죠. 심지어 계단이 몇 개냐고 물어보고, 그에 맞춰서 배송비를 계산하는 곳도 있더라고요.

너무너무 고민되는 전자제품 사기

한 두 푼의 저렴한 물건이 아닌 비싼 전자제품을 살 때는 많은 조사와 고민을 하게 되죠. 영어로 물어보고 싶은 것 다 물어보고 고민도 할 만큼 다 하면서 합리적으로 전자제품 구매를 하시기 바라요.

리얼 Dialogue

A I'd like to buy a home entertainment system.
가정용 엔터테인먼트 시스템을 좀 사고 싶은데요.

B Do you have anything specific in mind?
특별히 생각해 두신 것이 있으신가요?

A I'd like to buy a TV that preferably comes bundled with a surround sound system.
되도록 입체 음향 시스템이 같이 제공되는 TV면 좋겠어요.

B Do you have a budget range in mind?
정해 두신 예산 범위가 있나요?

A I'm looking to spend around $2,000.
한 2,000달러 정도 쓰려고 생각 중이에요.

B OK, we have many options that I believe will interest you. Is there anything else you're looking for?
알겠습니다, 저희는 확실히 고객님이 관심을 가지실 만한 옵션들을 많이 가지고 있습니다. 다른 거 더 찾으시는 것이 있으세요?

A I also need some basic electronics for my kitchen, like a microwave and a toaster. I'm looking for a vacuum cleaner as well.
전자레인지랑 토스터같이 부엌에서 필요한 기본적인 전자제품도 몇 가지 필요해요. 진공청소기도 보고 있고요.

B Sounds like you have a lot of shopping to do. You should make use of our membership. For every dollar you spend, you'll get two points! Points are quite handy for getting discounts.
쇼핑해야 할 게 많으신 것 같네요. 저희 멤버십을 사용하시는 게 좋을 것 같은데요. 1달러를 쓰시면 2포인트가 적립됩니다! 포인트는 할인 받으실 때 꽤 유용하게 쓰이죠.

MEMO

A Is there a fee associated with it?

멤버십과 관련된 비용이 따로 있나요?

B No, there are no strings attached.

아니요, 추가 비용은 하나도 없습니다.

A I'll think about it. Let's look at TVs first. How much is your best selling TV bundled with a surround sound system?

생각해볼게요. 일단 TV들을 먼저 보죠. 여기서 제일 잘 팔리는 입체 음향 시스템이 포함된 TV는 얼마인가요?

B It's $2,500, however it comes with a $200 rebate coupon that you can use on your next purchase.

2,500달러인데, 이걸 사시면 다음 구매 때 사용하실 수 있는 200달러짜리 할인 쿠폰을 같이 드립니다.

A That's slightly over budget for me.

그건 제 예산을 살짝 벗어나네요.

B Another option is the package that comes with one less speaker. It's still top notch in terms of quality.

다른 옵션으로는 스피커 하나가 덜 포함되어 있는 패키지가 있어요. 품질로 따지면 그래도 여전히 최상입니다.

A Does it come with a warranty?

품질 보증서도 같이 포함되어 있나요?

B It sure does. We throw in a five-year warranty for all of our electronics that cost over $1,000.

물론이죠. 1,000달러가 넘는 저희의 모든 전자제품에는 5년짜리 보증서를 같이 드려요.

A That's good to know.

좋은 정보네요.

체크 Words

- **specific** 구체적인, 특정한
- **preferably** 가급적(이면), 오히려
- **surround sound system** 입체 음향 시스템
- **range** 범위, 영역
- **electronics** 전자제품
- **make use of** ~을 활용하다[이용하다]
- **handy** 유용한, 다루거나 사용하기 편리한
- **associated with** ~와 관련된

- **best selling** 가장 많이 팔리는
- **rebate** 할인, (초과 금액의) 환불
- **slightly** 약간, 조금
- **over budget** 예산 초과
- **top notch** 최고의, 아주 뛰어난
- **in terms of** ~ 면에서
- **warranty** 품질 보증서
- **throw in** ~을 덤으로 포함시키다[주다]

리멤버 Expressions

* **no strings attached**: '아무 조건이나 제한사항 없이'라는 표현이에요.
  - ex The generous donor gave each of the children $100 with **no strings attached**.
    그 너그러운 기부자가 각각의 아이들에게 아무 조건 없이 100달러씩을 주었어.

* **comes with**: '~와 함께 제공된다', '~을 포함하다'라는 표현이에요.
  - ex Does the steak **come with** salad or rice? 이 스테이크는 샐러드나 밥이랑 같이 나오나요?

✚ Bonus Info 알아두면 더 좋아요!(숫자 읽을 때)

2,500은 two thousand five hundred라고 읽기도 하고, 평상시 구어체에서는 두 자리씩 나눠서 twenty five hundred라고 읽기도 해요. 주소를 읽을 때도 마찬가지예요. 125 Korea Way라면 one two five Korea way 라고도 읽지만, one twenty five Korea Way라고도 많이 읽어요.

하지만, 만 단위에서는 쉼표가 붙은 부분을 기준으로 읽어 주면 돼요. 예를 들어 25,000은 twenty five thousand, 300,000은 three hundred thousand, 909,000은 nine hundred nine thousand로 읽어요.

집에 문제가? 일이 더 커지기 전에 해결하기

타지에서 사는데 집에 무슨 문제가 생기면 정말 답답하죠. 미국 아파트에도 한국 아파트와 마찬가지로 관리 사무소가 있어요. 관리 사무소에 유지 보수를 요청하는 시스템을 따로 갖춘 곳도 꽤 많아요. 영어로 어떻게 요청하는지 대화를 통해 배워 보세요.

리얼 Dialogue

A Hello, I'm in apartment 30B. I'd like to file a maintenance ticket.

안녕하세요, 아파트 30B에 사는데요. 유지 보수를 신청하고 싶은데요.

B Sure! What is the problem?

네! 무슨 문제인가요?

A The toilet in the downstairs bathroom seems to be flooding.

아래층에 있는 화장실 변기가 넘치고 있는 것 같아요.

B Could you describe the problem more in-depth for the maintenance man?

보수 기사에게 설명하기 위해서 문제점을 좀 더 자세히 말씀해 주시겠어요?

A Yes, the leak seems to be coming from the base of the toilet. I think there is a crack in the grout. Every time I flush, a big puddle of water leaks out.

네, 물이 새는 게 변기 바닥에서 나오고 있는 것 같아요. 제 생각에는 그라우트에 금이 간 것 같아요. 물을 내릴 때마다, 많은 양의 물이 흘러나와요.

B That sounds terrible! I'll get someone on it right away.

상태가 안 좋은 것 같네요! 제가 누구든 바로 연락할게요.

A Unfortunately, that isn't the only problem. I think the upstairs window in the master bedroom wasn't installed properly, because I'm really feeling a cold draft in my room.

안타깝게도 그게 전부가 아니에요. 위층에 있는 안방 창문이 제대로 설치가 안 되어 있나 봐요. 왜냐하면 제 방에서 정말 차가운 바람이 느껴지거든요.

빛나는 상식

maintenance ticket

월세를 내는 집이나 사무실에 유지 보수할 일이 생겼을 때 이메일이나 온라인으로 유지 보수를 요청하는 시스템을 말해요. 보통 여러 가구가 사는 아파트나 큰 빌딩 안에 있는 사무실에서 이런 시스템을 갖추고 있죠.

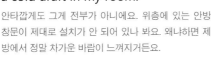

Facility Management

B Are you sure that's not just because of the ventilation?

그냥 환풍기 때문에 그런 게 아닌 게 확실한가요?

A I'm positive. It only gets chilly on a cold day. I can feel the air coming in from the window.

확실해요. 추운 날에만 쌀쌀하거든요. 창문에서 공기가 들어오는 걸 느낄 수 있어요.

B That's very unfortunate. We'll get someone to swing by as soon as they are available.

정말 안타깝네요. 기사들이 가능한 시간이 생기는대로 누구든 바로 보내 드릴게요.

A I'm about to step out; will they be able to access my apartment?

제가 막 나가려던 참이어서요, 기사님들이 제 아파트에 들어오실 수 있을까요?

B No problem.

문제없습니다.

A Thanks. If you could escalate this ticket to an emergency level, I'd appreciate it. A flooding toilet is my worst nightmare.

감사합니다. 제 신청서를 비상 단계에 올려 주시면 정말 고맙겠습니다. 물이 새는 변기는 제 최악의 악몽이거든요.

B I'll do that.

그렇게 하겠습니다.

☑️체크 Words

- **file** 제기하다, 제출하다
- **maintenance** (건물·기계 등을 정기적으로 점검·보수하는) 유지
- **flood** 범람하다, 침수되다
- **in-depth** 철저하고 상세한, 면밀한
- **leak** 누출, 새는 곳; (액체·기체가) 새다
- **crack** 갈라진 틈
- **grout** 그라우트(욕실·부엌 등의 타일 사이에 바르는 회반죽)
- **flush** (변기의 물을) 내리다

- **puddle** 물웅덩이
- **install** 설치하다, 설비하다
- **draft** 틈새 바람, 외풍
- **chilly** 쌀쌀한, 추운
- **swing by** 잠깐 들르다
- **be about to do** 막 ~하려는 참이다
- **step out** 나가다
- **escalate** 올리다, 확대[증가, 악화]하다

👥리멤버 Expressions

* **I'm positive.**: positive에는 '긍정적인'이라는 뜻도 있지만, 여기서는 '확신하는'이라는 뜻으로 쓰였어요.
  - ex *A*: I don't want to drink tonight. 나 오늘 밤에는 술 안 마시고 싶어.
    B: Positive? 확실해?(정말?, 진정으로?)
    A: Positive. 확실해.(응., 완전.)

* **I'd appreciate it**: I'd는 I would의 줄임말이에요. appreciate는 '고맙다', '감사하다'라는 뜻인데, thank라는 동사보다 조금 더 진정성 있게 고마움을 표현하고 싶을 때 쓸 수 있어요. 여기에 would라는 조동사를 붙이면서 '감사하겠습니다'라는 공손한 표현이 돼요.
  - ex **I'd appreciate it** if you could come by to check the leak in my kitchen sink tomorrow.
    제 부엌 싱크대에서 새는 곳을 점검하러 내일 들러 주시면 감사하겠습니다.

Summer의 미국 생활 TIP

집을 렌트한 경우에는 집수리가 필요할 때 집주인에게 연락하거나 admin office(관리 사무소)로 연락을 하면 돼요. 보통 관리 사무소가 있는 큰 아파트에는 앞선 대화문처럼 관리 보수 시스템이 따로 있지만, 그렇지 않은 단독주택이나 작은 아파트는 집주인에게 직접 연락하면 돼요.

더 살고 싶은 집, 계약 기간 연장하기

지금 사는 곳이 맘에 든다면 집 계약을 연장해야겠죠? 계약 연장을 할 때 돈을 조금이라도 절약하거나 좋은 조건으로 계약하기 위해 필요한 영어를 아래 임대중개인과의 대화문을 통해 미리 살펴보세요.

리얼 Dialogue

A I'd like a quick clarification. My lease is due to expire at the end of next month, correct?

한 가지 빨리 여쭤보고 싶은데요. 제 임대 계약이 다음 달 말에 끝나는 게 맞죠?

B That is correct. Your one-year lease is due to expire at the end of next month.

맞습니다. 1년 계약이 다음 달 말에 끝나요.

A I've been enjoying my stay here, and I was wondering if I could potentially renew my lease.

여기 사는 게 정말 좋았어요, 그래서 제가 임대 계약을 연장할 수 있을지 궁금했어요.

B Of course! How long would you like the lease extension to be?

그럼요! 계약 연장을 얼마나 하려고 하세요?

A I'm interested in renewing for another year and a half.

1년 반 정도 더 연장하고 싶어요.

B Very nice! Do you want me to get the leasing agreement prepared now?

아주 좋네요! 지금 바로 임대 계약서를 준비해 드릴까요?

A Not quite yet. I wanted to inquire about my rent first. I believe my rent is currently $1,500.

아직이요. 제 월세에 대해서 먼저 문의해보고 싶었어요. 제 월세가 지금 1,500달러인 걸로 아는데요.

B Yes. It is currently $1,500 a month.

네. 지금 월 1,500달러입니다.

A Since I will be renewing my lease potentially for a year and a half, I would like to request that my rent be lowered.

계약을 어쩌면 1년 반 연장할 거니까 제 월세를 낮춰주셨으면 하는데요.

MEMO

....

....

....

....

....

....

....

B I don't think we have a lot of wiggle room with our rent. How much were you thinking?

월세에 대해서는 저희가 재량권이 많지 않다고 봐요. 얼마 정도를 생각하고 계셨는데요?

A I'd be happy with paying $1,300 a month.

월 1,300달러를 내는 거면 정말 좋을 것 같아요.

B Unfortunately, I'm not allowed to go that low. $1,400 is as low as it gets. However, we have a special promotion this month. If you sign a lease by the end of this week, you can get $100 worth of credit towards next month's rent.

안타깝지만, 제가 그렇게 낮춰드릴 수는 없어요. 1,400달러가 낮춰드릴 수 있는 제일 낮은 가격입니다. 하지만 이번 달에 특별 행사가 있어요. 이번 주 말까지 계약서에 사인하시면 다음 달 월세에서 100달러 가치의 크레디트를 받으실 수 있어요.

A Okay. That sounds good. I'd be interested in signing that deal.

알았어요. 좋네요. 그렇게 계약을 하고 싶어요.

B We have a deal! I'll get the papers drawn up now.

계약하시죠! 지금 서류들을 작성해드릴게요.

📝체크 Words

- **clarification** 설명, 해명
- **be due to do** ~할 예정이다
- **expire** 만료되다, 만기가 되다
- **potentially** 가능성 있게, 잠재적으로, 어쩌면
- **renew** 연장하다, 재개하다, 갱신하다
- **extension** (기간의) 연장
- **agreement** 계약서, 동의서

- **inquire** 묻다, 질문하다
- **currently** 현재, 지금
- **lower** ~을 내리다[낮추다]
- **wiggle room** 자유재량권, 해석의 여지[폭]
- **credit** 신용, 신용 점수, 공제액
- **towards** ~에 대하여, ~ 쪽으로
- **draw up** 작성하다, 만들다

31

🧑‍🏫 리멤버 Expressions

* **as low as it gets**: as ... as ~는 '~만큼 …한[하게]'이라는 뜻이에요. 그래서 여기서 의역한 뜻은 '그 월세가 낮아질 수 있는 만큼 가장 낮은', 즉 '가능한 가장 낮은 가격'이라는 뜻이죠. as와 as 사이에는 형용사나 부사가 올 수 있어요.

  ex • This summer the weather is going to be **as hot as** last year's weather.

  　　이번 여름 날씨는 작년만큼 더워질 예정이에요.

  • I'm speaking **as loudly as** I can. 내가 할 수 있는 만큼 크게 말하고 있어요.

* **We have a deal!**: '거래하죠!'라는 의미로 여기에 쓰인 단어 deal에는 다양한 뜻이 있어요. 첫 번째는 '거래'라는 뜻이에요. 계약서를 쓰고 사인을 하는 공식적인 거래에도 deal을 쓰지만, 친구끼리의 캐주얼한 거래, 혹은 계약서를 쓰지 않고 구두로 어떤 약속을 할 때도 deal을 써요. 한국에서 속어로 '콜!'이라고 하는 말이 영어로는 Deal!이라고 할 수 있죠.

  두 번째는 '문제', '이슈'라는 뜻으로도 쓰여요. 직설적으로 당신의 문제가 뭐냐고 할 때 deal이라는 단어를 쓸 수 있죠. 세 번째는 '일'이라는 뜻이에요.

  ex • A: I'll bring soda and sandwiches and you'll bring dessert?

  　　　내가 소다랑 샌드위치를 가져올게, 네가 후식 가져올래?

  　　B: Okay, **deal**! 좋아, 콜!

  • You're not cooperative at all. What's your **deal** today? 너 완전 비협조적이야. 너 오늘 뭐가 문제야?

  • A: I think you're overreacting. 너 지금 좀 오버하는 거 같아.

  　　B: No, it's a big **deal**. 아니야, 이거 큰일이란 말이야.

Summer의 미국 생활 TIP

아파트 계약을 할 때 집주인(landlord)과 직접 하는 경우가 있고, 관리 회사(property management company)와 하는 경우가 있어요. 만약 집주인이 많은 아파트를 소유하고 있을 경우에는 개인이 혼자 아파트를 다 관리하기 힘들기 때문에 관리 회사를 고용해 일을 맡기죠. 이렇게 회사가 관리하는 아파트라면 가끔 promotion(특별 행사)을 통해 단기간 월세를 할인해 주는 경우가 있어요. 그래서 특별 행사가 있는지 확인하는 게 좋아요. 그리고 어떤 아파트는 친구로부터 소개받거나 친구를 소개해주면 할인을 해주는 경우도 있어요. 이런 것들을 꼼꼼히 챙기면 한 푼이라도 절약할 수 있겠죠. 대도시의 경우 월세가 자주 많이 오를 수 있으니 그 아파트나 빌라에 사는 다른 사람들에게 물어봐서 일 년에 얼마 정도 월세가 오르는지 미리 알아보는 것도 좋아요. 집주인이 정말 거의 월세를 안 올리는 집이 있는가 하면 매년 꽤 많이 인상하는 집도 있어요. 이건 정말 복불복이기 때문에 할 수 있는 한 철저히 사전 조사를 하는 것이 좋아요.

혼자서도 잘해요! 이사 준비하기

이사를 여러 번 다녀보신 분들이라면 다 아실 거예요. 지긋지긋한 이사의 고충을. 심지어 그 지긋지긋한 이사를 타지에서 영어로 준비한다는 것은 생각만 해도 머리가 아프죠. 이사 때문에 아픈 머리, 영어 때문에 더 아프지 말고 이사와 관련된 표현을 미리 배워 봐요!

리얼 Dialogue

A Hey, Summer! How's the planning for your move going?

안녕, 썸머! 이사 계획은 어떻게 되어가고 있어?

B Well, I haven't done much yet. I still have to make moving arrangements.

글쎄, 아직 많이 못했어. 여전히 이사 준비를 해야 해.

A Have you found a mover yet?

이사업체는 이미 찾았어?

B Not yet. I've been looking at a couple companies.

아니, 아직. 몇 개 회사를 살펴보고 있는 중이야.

A I highly recommend Berg NYC Movers. I used them the last time I moved, and it was a really smooth process. Competitive rates, too! Not to mention, they're insured, which is often a requirement for apartments when you use a moving company.

버그 뉴욕시티 이삿짐 회사를 강력히 추천해. 내가 지난번에 이사했을 때 이용했는데 과정이 정말 순조로웠거든. 가격도 경쟁력 있어! 뿐만 아니라 보험에도 들어 있는데, 보험 들어있는 이사업체를 이용해야 한다는 것이 아파트들의 요구 조건인 경우가 종종 있거든.

B Can you give me their phone number? I'll have to give them a call.

거기 전화번호 좀 줄 수 있어? 내가 전화를 해봐야겠어.

A Absolutely! Here is their business card. They are really fast and punctual, too.

물론이지! 여기 그 회사 명함이야. 정말 빠르고 시간도 잘 지켜.

B That's great to know.

알아서 다행이다.

MEMO

A Also, don't forget to let the apartment management know what time the movers are supposed to come. I forgot to do that so they charged me a $100 parking fee for the moving truck.

그리고, 아파트 관리자에게 이사업체 사람들이 도착하기로 한 시각을 알려주는 것도 잊지 마. 나는 그렇게 하는 것을 잊어버려서 그들이 나한테 이삿짐 트럭 주차비로 100달러를 청구했었어.

B What? That's terrible. I'll be sure to let management know.

정말? 너무하는데. 관리인한테 꼭 알릴게.

A Isn't your apartment a walk-up? You might have to fork out an extra $100 because of the stairs.

너희 아파트 엘리베이터 없는 건물 아니야? 어쩌면 계단 때문에 100달러를 더 낼 수도 있겠네.

B Yes, it is. My abs are reminded every day. I'll keep that added cost in mind.

응, 맞아. 내 복근이 매일 상기시켜 주고 있어. 추가 비용을 기억하고 있을게.

MEMO

✅체크 Words

- **make arrangements** 준비하다
- **mover** 이삿짐 옮기는 사람, 이사업체
- **highly** 매우, 대단히
- **smooth** (일의 진행이) 순조로운
- **competitive** 경쟁력 있는
- **rate** 요금, 속도, 비율
- **not to mention** ~은 말할 것도 없이
- **insure** 보험에 가입하다[들다]
- **requirement** 요건, 필요조건

- **punctual** 시간을 잘 지키는
- **be supposed to do** ~하기로 되어 있다
- **charge** 청구하다; 요금
- **parking fee** 주차요금
- **be sure to do** 꼭 ~을 하다
- **walk-up** 엘리베이터가 없는 건물
- **fork out** (마지못해) 돈을 들이다, 지불하다
- **abs** 복근(= abdominal muscles)
- **added cost** 추가된 비용

📱리멤버 Expressions

* **keep that added cost in mind**: '~을 기억하다[명심하다]'는 keep ~ in mind로 표현해요. 따라서 대화문의 keep that added cost in mind는 '추가되는 비용을 명심하다'라는 뜻이죠. '그것을 명심해.', '내 말을 기억해.'처럼 간단히 명사를 넣어 말하기도 하지만, '누가 ~했다는 것을 기억해'처럼 주어와 동사를 넣은 긴 말을 만들고 싶으면 〈keep it in mind that + 주어 + 동사〉로 쓰면 돼요.

  ex • I will **keep** your advice **in mind**. 너의 조언을 명심할게.
  • **Keep it in mind that** it's your turn to wash the dishes tonight.
  오늘 밤은 네가 설거지할 차례라는 거 잊지 마.

Summer의 미국 생활 TIP 👩

만약 싱글이거나 이삿짐이 별로 없어서 이삿짐센터를 부르는 것은 부담되는데 혼자서 하자니 너무 힘들 것 같다면, 소일거리를 도와주는 사람들과 연결해주는 앱(대표적으로 Taskrabbit)을 이용하면 편리해요. 앱을 통해 이삿짐을 싸고 풀고 차로 옮기는 것까지 비싸지 않게 도와주는 mover를 손쉽게 구할 수 있어요. 이삿짐을 옮기는 것뿐만 아니라 못 박는 일, 가구 조립, 간단한 행정 업무 보조, 장보기 등 소일거리를 해줄 사람을 시간당으로 돈을 내고 간편하게 구할 수 있도록 연결해 주는 플랫폼이 있기 때문에 대규모 이사가 아니라면 추천해요. 저도 혼자 살 때 제 힘으로는 하기 힘든 일들은 이런 앱을 이용해서 여러 번 도움을 받아 보았답니다.

현대인의 필수품, 핸드폰 구입하기

핸드폰 구입 절차는 한국이나 미국 둘 다 비슷한 듯하지만, 미국에서는 좀 더 고려해야 할 사항이 많아요. 판매원에게 궁금한 점을 최대한 많이 물어보고 자신에게 가장 적합한 핸드폰과 통신사를 잘 골라보세요.

리얼 Dialogue

A Welcome! Are you here to look for a phone?

어서 오세요! 핸드폰 보러 오셨나요?

B Yes. I cracked my screen, so I think the time has come for me to upgrade.

네. 화면이 깨져서, 업그레이드할 시기가 온 것 같아요.

A What do you have in mind?

어떤 걸 생각하고 계세요?

B One of the newest models. I'm looking for a long-term investment, preferably a phone that I can keep for at least three years.

가장 최신 모델 중 하나로 하려고요. 장기간 투자할 만한 걸 찾고 있는데, 가급적이면 제가 적어도 3년 동안을 가지고 다닐 수 있는 핸드폰으로요.

A Of course! Do you have any preference between an Apple or an Android?

그래야죠! 애플과 안드로이드 중 더 좋아하시는 게 있으세요?

B An Android, please. My current phone is an Android, so I'll stick to what I know.

안드로이드로 부탁드려요. 지금 제 핸드폰이 안드로이드라서 아는 걸로 계속하려고요.

A If you are staying with an Android and you want the latest and greatest, you currently have several options. You can choose amongst Google, Samsung and ⚓OnePlus.

만약에 안드로이드를 유지하시면서 최신의, 최고의 것을 원하시면 현재 몇 가지의 옵션이 있어요. 구글이랑 삼성, 그리고 원플러스 중에서 고르실 수 있어요.

B How much is the OnePlus?

원플러스는 얼마인가요?

빛나는 상식

OnePlus
핸드폰 제조와 판매를 하는 중국 기업인 OnePlus는 샤오미보다 늦은 2013년에 설립된 회사예요.

A Retail, before tax, the cost is $720.

세금 전 소매 가격이 720달러예요.

B Wow. What about the Google phone?

와. 구글폰은요?

A The latest Google phone is the Pixel 2. It's a bit cheaper, coming in at $649. It has the best, cleanest Android software on the market because it's a Google phone. They are really good at that stuff. This is also a very solid choice.

가장 최신 구글폰은 픽셀 2예요. 조금 더 싸서 649달러에 나왔죠. 이것은 구글폰이라서 시중에 나와 있는 최상의, 가장 깔끔한 안드로이드 소프트웨어가 들어 있어요. 정말 구글이 잘하는 부분이에요. 또, 대단히 믿을만한 선택이죠.

B Do you have any showcased that I can see?

혹시 제가 볼 수 있게 꺼내 놓은 상품이 있나요?

A Yes, right this way.

네, 이쪽으로 오세요.

B Wow, this is very sleek!

와, 정말 예쁘게 잘 나왔네요!

A The new design is quite appealing, isn't it?

새 디자인이 꽤 매력적이죠, 안 그렇습니까?

B And I can tell the pixel quality is incredible.

그리고 픽셀 품질도 엄청난 걸 알 수 있네요.

A You will never need a digital camera again.

디지털 카메라가 절대 다시는 필요하지 않을 거예요.

B That's cool.

정말 좋네요.

- **long-term** 장기적인
- **investment** 투자(액)
- **preference** 선호, 선택
- **stick to** ~을 고수하다, (어려움을 참고) ~을 계속하다
- **amongst** ~ 중에서(= among)
- **retail** 소매; 소매하다
- **pixel** 화소(텔레비전·컴퓨터 화면의 화상을 구성하는 최소 단위)

- **on the market** 시중에 나와 있는
- **stuff** 것, 것들, 물건(이름을 모르거나 그것이 중요하지 않을 때, 또는 무엇을 가리키는지가 분명할 때 씀)
- **solid** 믿을 수 있는, 속이 꽉 찬, 단단한, 알찬
- **showcase** 전시하다, 진열하다
- **sleek** 윤이 나는, 매끈한
- **appealing** 매력적인, 흥미로운

리멤버 Expressions

* **What do you have in mind?**: '무슨 생각하고 있나요?'라는 뜻이에요.
  > **ex** *A*: **What do you have in mind** for dinner? 저녁으로 뭐 생각하고 있어?
  > *B*: I was thinking of Italian. 이탈리안 음식을 생각하고 있었어.

* **the latest and greatest**: '최신의, 그리고 최고의'라는 뜻으로, 두 단어가 붙어서 많이 쓰이는 표현이에요.
  > **ex** We keep jumping from one **latest-and-greatest** device to the next.
  > 우리는 하나의 최신이며 최고의 장치에서 다음으로 계속 옮겨가요.

Summer의 미국 생활 TIP

저는 핸드폰을 살 때 꼭 unlock이 되어 있는 전화기인지 확인하고 사요. unlocked phone(약정이나 통신사 제약, 또는 국가 제한이 없는 단말기로 통신사나 국가와 관계없이 유심(sim)만 바꿔 끼우면 사용할 수 있는 핸드폰)이어야만 전 세계 어느 나라에서도 그 핸드폰에 sim 카드만 바꿔서 사용할 수 있기 때문이죠. 중간에 통신사를 바꾸고 싶거나 한국과 미국을 오가야 하고, 또 다른 나라 여행을 자주 한다면 unlocked phone을 구매하는 것이 좋을 거예요.

미국에는 Verizon, AT&T, T-mobile, 그리고 Sprint라는 4개의 주요 통신사가 있어요. 통신사를 결정할 때 여러 가지를 고려해야겠지만, Verizon과 Sprint는 단말기 자체에 전자 시리얼 번호를 가지고 있고 다른 주파수를 사용하기 때문에 그 전화기를 사용하면 다른 통신사 sim 카드를 사용할 수 없어요. 사용할 수 있더라도 제약이 있을 거예요.

미국에는 꼭 가족이 아니더라도 친구들끼리 함께 가입할 수 있는 family plan이 있는데요, 그 그룹 안에 함께 가입된 사람의 숫자가 많아질수록 요금이 낮아져요.

Episode 10

당황하지 않고 척척~ 은행 계좌 만들기

미국에서 장기적으로 생활할 때 가장 기본적으로 필요한 것이 바로 은행 거래예요. 은행 거래를 시작하려면 먼저 은행 계좌가 있어야겠죠. 미국 은행에서 펼쳐질 상황을 어느 정도 미리 알아두면 많은 도움이 될 거예요.

빛나는 상식

savings account
'저축 예금계좌'로 예금액에 이자가 붙어요. 장기적으로 사용하지 않을 큰 액수의 돈을 저축해 놓고 싶다면 이자가 붙는 저축 예금계좌를 개설하는 것이 좋죠.

checking account
'당좌 예금계좌'로 한국의 보통 입출금 예금계좌와 흡사해요. 다른 점은 이 계좌의 예금액에는 보통 이자가 붙지 않고 check(수표)를 만들 수 있는데, check를 사용하여 거래한 금액만큼 checking account에서 돈이 바로 빠져 나가요.

빛나는 상식

출금 횟수
당좌 예금계좌인지 저축 예금계좌인지에 따라, 그리고 각 은행의 정책에 따라 출금할 수 있는 횟수가 제한되어 있을 수 있어요. 꼭 미리 확인하세요. 그렇지 않으면 불필요한 비용을 낼 수도 있어요.

리얼 Dialogue

A How may I help you?
어떻게 도와드릴까요?

B I'd like to open a bank account.
은행 계좌를 만들고 싶어요.

A Would you like to open a savings account or checking account?
저축 예금계좌를 만드시겠어요, 아니면 당좌 예금계좌를 만드시겠어요?

B Hmm, could you explain the difference?
음, 그 차이를 설명해 주실 수 있을까요?

A Sure. Basically, checking accounts are designed for everyday transactions. So, you can withdraw money as many times as you want, whereas savings accounts are designed to save money for long-term goals. That's why we offer a higher interest rate for savings accounts. One of the things you need to know about a savings account is that you're only allowed to make up to 5 withdrawals a month.
그럼요. 기본적으로 당좌 예금계좌는 매일의 거래를 위해 만들어진 계좌예요. 그래서 고객님이 원하는 만큼 여러 번 출금하실 수 있는 반면에, 저축 예금계좌는 장기적인 목표로 돈을 저축하기 위해 만들어졌어요. 그 때문에 저희가 저축 예금계좌에 더 높은 이자율을 제공하는 거죠. 저축 예금계좌에 관해 알고 계셔야 할 사항 중 하나는 한 달에 5번까지만 출금하실 수 있다는 거예요.

B I got it. I'd like to open both.
이해했어요. 둘 다 만들고 싶어요.

A Sounds good. Please fill in these forms. Do you have your ID with you?
좋습니다. 이 양식들에 기재해 주세요. 신분증 갖고 계신가요?

B Does my passport work?
여권도 괜찮나요?

39

A Certainly. You'll need to deposit at least $50 in both accounts.

물론입니다. 각 계좌에 최소 50달러를 예치하셔야 해요.

빛나는 상식

미국 은행은 계좌 운영비를 부과해요. 하지만, 은행마다 운영비를 면제해주는 다양한 방법이 있으니 꼭 문의해보세요!

B Here's $100. Do I need to pay monthly fees for the accounts?

여기 100달러요. 이 계좌들 운영비를 매달 내야 하나요?

A Yes, it's going to be $10 per account. However, you can have your checking account fee waived by using an automatic bill payment service for recurring payments such as rents or utility fees. And if you maintain a $1,500 minimum daily balance in your savings account, you can also avoid paying your savings account fee.

맞습니다. 각 계좌당 10달러가 될 거예요. 하지만, 당좌 예금계좌 운영비는 집 월세나 공과금같이 되풀이해서 발생하는 요금들에 대해서 자동 결제 서비스를 이용하시면 면제받으실 수 있어요. 그리고 저축 예금계좌에 매일 최소 1,500달러의 잔고를 유지하시면 저축 예금계좌 운영비를 내시는 것도 피할 수 있어요.

B Can I set up the automatic bill payment service later on the bank website?

요금 자동 결제 서비스는 나중에 은행 홈페이지에서 신청해도 되나요?

A Yes, you can do that. Everything's set up. Here are your debit card and my business card. Please give me a call if you have any questions regarding your accounts.

네, 그러셔도 돼요. 다 되었습니다. 여기 고객님의 직불카드가 있고, 이건 제 명함이에요. 계좌에 관해서 질문이 있으시면 저한테 전화 주세요.

B Thank you so much for your help. Have a good one.

도와주셔서 감사합니다. 좋은 하루 보내세요.

MEMO

체크 Words

- **open a bank account** 은행 계좌를 만들다
  (*cf.* account 계좌, 거래 장부, (정보 서비스) 이용 계정)
- **savings account** 저축 예금계좌
- **checking account** 당좌 예금계좌
- **transaction** 거래, 업무
- **withdraw** 출금하다, 인출하다
- **whereas** 반면에
- **save** 저축하다, 구하다
- **goal** 목표, 득점
- **interest rate** 이자율
- **make a withdrawal** 출금하다

- **up to** ~까지, ~만큼
- **fill in a form** 서식에 기입하다
- **deposit** 예금하다, 예치하다; 보증금
- **waive** 면제하다, (권리 등을) 포기하다
- **automatic bill payment** 요금 자동 결제
- **recurring** 되풀이해서 발생하는
- **maintain** 유지하다, 지키다
- **daily balance** 매일의 예금 잔고
- **set up** 설치하다, 시작하다, 마련하다
- **debit card** 직불카드
- **regarding** ~에 관해서

리멤버 Expressions

* **Does my passport work?**: 이 문장에서 work는 동사로, '일하다'라는 기본적인 뜻이 아닌 '기능을 하다', '작동을 하다'라는 뜻으로 썼어요.
  > **EX** This coffee machine isn't **working**. 이 커피 머신은 작동하지 않아.

* **Have a good one.**: '좋은 아침[하루, 저녁, 밤] 보내세요.'라는 뜻으로, 이 말을 하는 시점에 따라 one의 의미가 달라져서 아침이든 밤이든 아무 때나 상관없이 쓸 수 있는 편리한 표현이에요.

Summer의 미국 생활 TIP

미국 은행의 직불카드나 신용카드를 쓰다가 다른 지역이나 다른 나라로 여행을 갈 때는 은행에 미리 여행 계획에 대해 알려 주는 것이 좋아요. 평소 카드를 쓰는 지역이 아닌 다른 지역에서 거래가 된 것이 감지되면 자동으로 일시 정지를 시키는 경우가 종종 있거든요. 은행이 보안을 철저히 하기 위해서 평소와는 다른 지역에서 카드가 쓰일 경우, 이것을 카드가 도난당했을 수도 있다는 시그널로 받아들이기 때문이에요. 국제전화를 쓰기 힘든 해외여행 중에 갑자기 카드 사용이 정지되면 더욱 곤란할 수 있으니 미리 은행에 전화해서 언제부터 언제까지 이 지역으로 여행을 계획하고 있다고 알려주면 이런 불편한 상황이 발생하지 않겠죠.

알아두면 유용한 미국에서 한국으로 송금하는 법

해외 송금은 어느 나라에서나 꽤 복잡한 절차이죠. 하지만 몇 가지 정보만 알고 있으면 의외로 쉽게 마칠 수 있어요. 아래 대화문을 통해 필요한 사항을 영어로 미리 익혀 놓으세요!

리얼 Dialogue

A How do I wire Summer the $140 I borrowed from her? She's in Korea at the moment.

내가 썸머한테 빌린 140달러를 어떻게 송금할 수 있을까? 썸머가 지금 한국에 있거든.

B Do you have to send it to an overseas bank account?

해외 계좌로 보내야 하는 거야?

A Yes.

응.

B You'd need her account number, routing number, bank address as well as the name of her bank.

썸머의 거래 은행 이름뿐만 아니라 계좌번호, 은행 고유 번호, 은행 주소가 필요할 거야.

A Bank address? You mean, a physical address?

은행 주소? 실제 주소를 말하는 거야?

B Yes. You also need a ✎swift code.

응. 그리고 또 스위프트 코드도 필요해.

A Isn't that just a fancy way of saying routing number?

그거 은행 고유 번호를 그냥 조금 더 있어 보이게 말하는 거 아니야?

B No, those are two different things.

아니야, 두 개는 다른 거야.

A How can I gather all this information?

이 정보들을 다 어떻게 얻을 수 있어?

B You'd have to ask her.

썸머한테 물어봐야지.

빛나는 상식

swift code

SWIFT는 해외 송금을 위해 만든 국제적인 코드로 Society for Worldwide Interbank Financial Telecommunication의 약자예요. 보통 8자리 또는 11자리로 되어 있는데, 앞자리는 은행 고유번호 4자리, 다음은 국가번호 2자리, 지역코드 2자리, 맨 뒤 3자리는 은행의 각 지점을 표시하는 것으로 구성되어 있어요. 예를 들면, 뱅크 오브 아메리카 뉴욕 지점은 BOFAUS3N을 써요.

A If she calls up her bank, will they provide her with all that information?

그녀가 거래 은행에 전화하면 은행에서 이 모든 정보를 줄까?

B Yes, they should be able to help.

응, 은행이 다 도와줄 수 있어야 해.

A How long does it usually take?

보통 얼마나 걸려?

B The entire process takes around two business days. It really depends on the bank though.

모든 과정은 영업일로 한 이틀 정도 걸려. 은행에 따라 정말 다르긴 하지만.

A Guess I'll have to keep my fingers crossed and hope she gets it by this Friday.

잘 되길 비는 수밖에 없고, 썸머가 이번 주 금요일까지 그 정보를 받아내길 바랄 수밖에.

B That sounds like enough time.

그 정도면 시간 충분할 것 같아.

MEMO

 체크 Words

- **wire** 송금하다(유의어: transfer)
- **borrow** (돈을) 빌리다[꾸다]
- **at the moment** 바로 지금
- **account number** 계좌번호
- **routing number** 은행 식별 번호(은행 고유 번호로 미국 내 소재 은행에 부여한 번호)
- **as well as** ~뿐만 아니라
- **physical** 물리적인

- **swift code** 스위프트 코드(국가간 송금 시 필요한 전 세계 공용 은행 식별 코드)
- **fancy** 화려한, 고급의
- **gather** 모으다, 수집하다
- **call up** ~에 전화를 걸다
- **provide** 제공하다, 주다
- **business day** 영업일

🔖 리멤버 Expressions

* **though**: 절의 맨 앞에 쓰이면 '~임에도 불구하고', '비록 ~이지만'이라는 말이지만, 절이나 문장의 맨 끝에 쓰면 가장 간단하게는 however와 비슷한 뜻이 돼요. '그렇지만', '하지만'이라고 해석하면 되죠.

  ex • **Though** I'm really hungry, I can wait for the others to arrive.
    비록 엄청 배고프지만, 나는 다른 사람들이 올 때까지 기다릴 수 있어.
  • I'm really hungry. I can wait for the others to arrive **though**.
    나 엄청 배고파. 그렇지만 다른 사람들이 도착할 때까지 기다릴 수 있어.

* **keep my fingers crossed**: keep one's fingers crossed는 '행운을 빌다'라는 뜻이에요. 사진 속 여성처럼 말을 하지 않고 손가락만 저렇게 꼬아도 행운을 빈다는 의미를 전달할 수 있어요.

  ex • I will **keep my fingers crossed** for you. 너를 위해 행운을 빌게.
  • **Keep your fingers crossed** for me. 나를 위해 행운을 빌어줘.
  • **Fingers crossed**. 행운을 빌자.(행운을 빌고 있어.)

Summer의 미국 생활 TIP 💁

얼마 전에, 제가 항상 이용하던 은행 말고 남편이 이용하는 은행에 가서 남편과의 공동 계좌를 열었어요. 금방 계좌를 열 수 있을 줄 알았는데 무려 1시간 30분이 넘어서야 작업이 끝났죠. 우선, 미국 은행에서는 새로운 계좌를 만들 때 창구에서 하는 것이 아니라 은행 직원의 사무실에 들어가서 해요. 그리고 남편과 저는 둘 다 미국에서 외국인이기 때문에 입력해야 할 정보가 굉장히 많았어요. 계좌를 트기 위해 연간 소득이며, 그 해 미국에서 거주한 대략적인 날짜 등 굉장히 자세한 정보를 말했었던 것으로 기억해요. 은행에 갈 때, 특히 간단한 송·출금 업무가 아닌 경우라면 넉넉히 시간을 잡고 가야 다음 스케줄이 밀리는 일을 예방할 수 있을 거예요.

너무나도 헷갈리는 미국 의료보험

미국에 가게 되면 보통 소속되어 있는 학교나 회사에서 선택한 의료보험을 이용하게 될 거예요. 회사에서 의료보험에 대해 인사 담당자와 나누는 대화를 통해 미국 의료보험에 관한 영어를 익혀 보세요.

리얼 Dialogue

A I'm new to our company, and I'd like to learn more about the options that I have regarding health insurance.

저는 이 회사에 새로 입사했는데요, 의료보험에 관해 제가 선택할 수 있는 옵션들에 대해 더 알고 싶어요.

B Sure, what would you like to know?

네, 어떤 것을 알고 싶으세요?

A First off, who is our health insurance provider?

먼저, 우리 회사의 보험사가 어디죠?

B We use AETNA, and you have the option of enrolling under the gold plan or the high ⬥deductible plan.

저희는 애트나를 이용하고 있고, 골드 플랜이나 하이 디덕터블 플랜 하에서 가입 옵션을 선택하실 수 있어요.

A This is all very foreign to me. Could you explain what each option means?

저한테는 이 모든 게 굉장히 낯선데요. 각각의 옵션이 의미하는 것에 대해 설명을 좀 해주실 수 있을까요?

B Sure. Do you know what an insurance deductible is?

물론이죠. 보험 디덕터블이 뭔지 아세요?

A No idea.

아니요.

B An insurance deductible is how much you have to pay before your insurance coverage pays for you. In other words, if you have a high deductible, you would have to pay more before your insurance coverage kicks in.

보험 디덕터블은 당신의 보험 혜택이 보상을 해주기 전에 당신이 지불해야 하는 금액이에요. 다른 말로 하자면, 높은 디덕터블이라면 보험 보상을 받기 전에 더 많이 내야 하는 거죠.

A I see. Does the gold plan have a low deductible?

그렇군요. 골드 플랜은 낮은 디덕터블인가요?

빛나는 상식 ⭐

deductible

환자가 일방적으로 부담해야 하는 최초의 금액으로, 일년 내에 발생하는 의료비의 합계가 디덕터블 액수를 넘었을 때부터 보험사로부터 혜택을 받게 돼요.

B Yup! The gold plan has a low annual deductible, it's only $100. However, a higher monthly premium will be taken from your paycheck. The high deductible plan has a lower monthly premium, but your annual deductible would be $1,300.

네! 골드 플랜은 연간 낮은 디덕터블로, 100달러 밖에 되지 않아요. 하지만 매달 더 높은 보험료가 당신 월급에서 빠져나갈 거예요. 높은 디덕터블 플랜은 매달 내는 보험료가 더 적지만 당신의 연간 디덕터블은 1,300달러가 될 거예요.

A So if I'm the type of person who **drags their feet** about going to the hospital and doesn't get sick very often, what's the best plan for me?

그러면 만약 제가 병원에 별로 가고 싶어 하지 않고 그리 자주 아프지 않는 사람이라면 뭐가 가장 저한테 좋은 플랜인가요?

B Well, you might think it would be the high deductible one, but the more popular plan is the gold one. It brings people more peace of mind.

글쎄요, 높은 디덕터블 플랜이 좋을 거라고 생각하겠지만, 좀 더 인기가 있는 것은 골드 플랜이에요. 그게 사람들 마음에 더 안정감을 줘요.

A I guess that makes sense to me. Does it cover prescription drugs?

그게 저한테도 괜찮겠다는 생각이 드네요. 처방전 약도 보장을 해주나요?

B Yes, but under the gold plan, there's a $10 copay. A copay refers to the set out-of-pocket cost that your insurance plan requires you to pay.

네, 하지만 골드 플랜에서는 10달러의 코페이가 있어요. 코페이는 당신의 보험 플랜이 당신에게 지불하라고 요구하는 정해진 사후 정산 비용을 말해요.

A Does my copay count towards my deductible?

제 코페이가 디덕터블에 가산되는 건가요?

B Yes, it does.

네, 맞아요.

A This is all very enlightening. I'm going to sit on it for a while and get back to you.

이해에 정말 도움이 많이 되네요. 조금 생각을 해보고 다시 말씀드릴게요.

B Sure. Just remember, your insurance kicks in one month after your start date.

그러세요. 보험 가입 한 달 후부터 보험 보장이 시작된다는 것만 기억하세요.

A Noted.

알겠습니다.

빛나는 상식 📐

copay

의사에게 진료를 받을 때마다 지불해야 하는 진료비예요. 보험 약관에 진료비가 규정되어 있어요. 병원에 불필요하게 많이 가는 것을 막기 위한 보험사의 장치라고 생각하면 돼요.

☑️ 체크 Words

- **first off** 우선, 먼저
- **insurance provider** 보험사
- **enroll** 등록하다, 기재하다
- **deductible** 공제 금액[조항]
- **foreign to** ~에 이질적인[낯선]
- **insurance coverage** 보험 담보 범위, 보험 커버리지
  (보험에서 담보하고 있는 총액과 종류)
- **in other words** 다시 말해서
- **kick in** 효과가 있기 시작하다, 작동하기 시작하다
- **annual** 연간의, 매년의
- **premium** (한 번에 또는 정기적으로 내는) 보험료

- **paycheck** 급료, 급여
- **make sense** 이해가 되다
- **cover** 보장하다, 포함시키다
- **prescription drug** (약국에서 구입할 때) 의사의 처방전이
  필요한 약
- **copay** (의료보험·연금 등의) 사용자 부담[지불](= copayment)
- **set** 정해진, 계획된
- **out-of-pocket** (소액의 비용이) 사후 정산되는
- **count towards** ~에 가산되다[합산되다]
- **enlightening** 계몽적인, 깨우쳐 주는
- **noted** 이해했다, 알았다

🗣️ 리멤버 Expressions

* **drags their feet**: drag one's feet라는 표현은 발을 일부러 늦은 속도로 질질 끄는 동작을 연상하게 하죠. '누군가
  가 무엇을 하기 싫어서 일부러 느리게 움직인다'라는 뜻이에요.
  > **ex** You can't be late for school. Stop **dragging your feet**, son!
  > 학교에 지각하면 안되지. 늑장 그만 부려, 아들!

Summer의 미국 생활 TIP

OECD 국가 중에서 정부 주도하에 전 국민에게 혜택을 주는 의료 보장(universal health care)이 없는 나라는 미국과 멕시코밖에 없어요. 미국은 의료보험 제도가 민영으로 운영되고 있는데, 그 부작용으로 엄청나게 비싼 의료보험비와 의료 비로 유명하기도 하죠. 그래서 꼭 가난하지 않더라도 직장에서 보험에 가입해 주지 않는 프리랜서나 개인 사업자 같은 많은 미국인이 의료보험을 들 수 없었어요. 이것을 해결하고자 오바마 정부 때 Patient Protection and Affordable Care Act(PPACA) 법이 통과되었고, 이 법은 '오바마 케어'라는 별명이 붙은 국가 의료보험이나 사보험을 의무로 가입 해야 한다는 내용이에요. 의무로 의료보험에 가입해야 하는 것에 일부 미국인들은 동의하지 않기도 했어요. 앞으로 변수 가 있을 수도 있지만, 당분간은 오바마 케어가 지속될 것이라고 대부분 예측하고 있어요.

미리미리 준비하세요~ 병원 예약하기

미국에서는 병원에 가기 전에 예약을 하는 게 보편화되어 있어요. 그렇다면 병원 예약할 때 필요한 영어 표현은 미리 꼭 알고 있어야겠죠? 물론, 안 아픈 게 최고지만요!

리얼 Dialogue

A Hi, I'm calling to schedule an appointment.
안녕하세요. (진료) 예약을 하려고 전화를 드렸는데요.

B What's your first and last name?
이름과 성이 어떻게 되시나요?

A Summer Park.
썸머 박입니다.

B Is this your first time visiting Dr. Choi?
최 선생님에게 진료는 처음이신가요?

A Yes, we just moved into the area, so we're looking for a new doctor. A friend referred Dr. Choi to us.
네, 이 지역에 막 이사 와서 새로운 의사 선생님을 찾고 있었어요. 친구가 저희에게 최 선생님을 소개했죠.

B Are you making an appointment for any particular medical reason?
특별한 의료상의 이유로 예약을 하시는 건가요?

A I have some chest pains, so I'd like to have it looked at. I'd like to do an annual checkup while I'm at it.
가슴에 통증이 좀 있어서 진찰을 받아 보고 싶어요. 이왕 검사하는 김에 연간 정기 건강 검진도 하려고 해요.

B Okay. Looking at his calendar, the first available day is in exactly two weeks. Actually, it seems like two days are free: Tuesday or Wednesday. Which one would work best for you?
알겠습니다. 선생님 일정을 보니, 첫 번째로 가능한 날은 정확히 2주 후에 있네요. 사실, 이틀이 빈 것 같아요: 화요일 또는 수요일이요. 어느 요일이 가장 좋으세요?

A I'd like to come in on Wednesday.
수요일에 방문했으면 합니다.

B I can fit you in on that day at 5 p.m.
그날 오후 5시에 가능하실 것 같네요.

A That will work.

좋을 것 같아요.

B Great! Before I book your appointment, could you please email me a copy of your driver's license and your insurance card?

좋습니다! 예약해드리기 전에, 환자분의 운전면허증과 보험 카드 사본을 이메일로 보내주시겠어요?

A Sure, I'll send it right away.

그럼요, 바로 보내 드릴게요.

B Thank you! Have a nice day.

감사합니다! 즐거운 하루 보내세요.

A Thanks, you too!

감사합니다, 당신도요!

✓체크 Words

- **I'm calling to do** (저는) ~하기 위해 전화했습니다
- **schedule** 일정을 정하다[잡다]
- **appointment** 예약, 약속
- **particular** 특정한, 특별한
- **chest pain** 흉통, 가슴 통증

- **checkup** (정기) 건강 검진
- **available** 시간이[여유가] 있는
- **come in** 들어오다, 도착하다
- **book** 예약하다

* **while I'm at it**: '내가 그것을 하는 김에'라는 뜻이에요. while you're at it은 '당신이 그것을 하는 김에'라는 뜻이고요.

  ex • A: I'm going to clean my car. 나 세차할 거야.

    B: Can you clean the garage too **while you're at it**? 하는 김에 차고 청소도 할 수 있어?

  • A: Do you need anything from the store? 가게에서 뭐 필요한 거 있어?

    B: If you're going to the store, you might as well do the grocery shopping **while you are at it**.
    네가 가게에 갈 거면, 간 김에 장도 봐주면 좋겠어.

* **fit you in**: fit someone[something] in(to)은 '~이 들어갈 공간을 만들다', '시간을 내어 ~을 만나다'라는 뜻이에요.

  ex • I have no space in my bag. Can you **fit any more in** your bag?
    내 가방에는 자리가 없어. 네 가방에 더 들어갈 수 있을까?

  • You're never too busy to **fit exercise into** your life. 너는 운동을 시간 내어 하지 못할 만큼 바쁘진 않아.

✚ Bonus Info 알아두면 더 좋아요! (보험과 병원 관련 용어)

· **in network** 보험사와 계약된 의사와 병원들

· **out of network** 보험사와 계약되지 않은 의사와 병원들

· **primary care physician** 주치의

· **emergency care** 생명에 지장을 줄 수 있는 상황, 신체에 영구적인 손상이 예상되는 상황

· **urgent care** 바로 치료가 필요한 상황(ex. 화상 같이 생명에는 지장이 없으나 바로 치료가 필요한 경우)

Summer의 미국 생활 TIP

한국에서는 동네 병원에 갈 때 예약을 해도 되고, 하지 않고 가서 번호표를 뽑아 기다리는 것도 가능하지만 미국의 병원에 갈 때는 예약이 대부분 필수예요. 그런데 중요한 건 진료가 바로 오늘이나 다음날 가능한 게 아니라 오래 기다려야 할 수도 있다는 점이죠. 제가 최근에 치과에 가려고 했는데 원하는 요일로 예약을 잡으려 했더니 3주 정도를 기다려야 하더라고요. 물론 바쁘지 않은 병원도 있겠지만, 필요한 진료가 있을 때는 시간을 넉넉히 두고 연락을 하길 바라요.

병원을 찾고 예약하기 위해서 미국에서 흔하게 사용되는 앱으로 Zocdoc이라는 것이 있어요. 환자들의 진솔한 후기도 볼 수 있고, 예약 시간을 편리하게 신청하고 변경할 수도 있어요. 그리고 병원에 처음 가면 항상 진료 카드를 길게 작성해야 하는데, Zocdoc에서 미리 기입하고 가면 매번 병원에서 따로 작성하지 않아도 돼요.

타지에서 아파도 덜 서럽게! 영어로 증상 확실히 말하기

영어가 짧아서 병원에 가서 자신의 증상을 자세히 설명하지 못할 때는 정말 답답하죠. 가장 일반적인 증상들이라도 영어로 익혀서 적절한 치료를 받도록 하세요.

리얼 Dialogue

A It says here on your sheet that you are here for your annual checkup.

여기 기록에는 연간 정기 건강 검진을 받으러 오셨다고 되어 있네요.

B Yes, I am. However, I'm also here because I've been having some odd chest pains recently.

네, 맞아요. 하지만 최근에 가슴에 이상한 통증이 좀 있기도 해서 왔어요.

A Let's take a look at the chest pains first. What are your symptoms? What type of pain is it?

먼저 가슴 통증부터 살펴보죠. 증상이 어때요? 어떤 종류의 통증인가요?

B I have a sharp stabbing pain on my left side whenever I take a deep breath.

숨을 크게 들이 쉴 때마다 날카롭게 찌르는 듯한 통증이 왼쪽에 있어요.

A Did you have any prior illnesses that might have caused this?

이런 통증을 일으킬 만한 병을 전에 가지고 있었나요?

B I did have a mild cough a month ago. However, I stopped coughing and the chest pains started two weeks ago. I don't think the two are connected.

한 달 전에 가볍게 기침을 했었어요. 하지만 기침은 멈췄고 가슴 통증은 2주 전부터 시작됐어요. 제 생각에는 두 개가 연관성은 없는 것 같은데요.

A There is a very good chance that you developed complications from that cough. Happens frequently during flu season. Did you get a flu shot this year?

그 기침으로 인해 합병증이 생겼을 확률도 꽤 있어요. 독감이 유행하는 시기에는 종종 생기거든요. 올해 독감 예방 주사는 맞으셨나요?

B I did not.

아니요.

빛나는 상식

병원 진료과
- 산부인과:
  obstetrics and
  gynecology
  (= OB and Gyn)
- 안과:
  ophthalmology
- 정형외과:
  orthopedics
- 내과:
  internal medicine
- 이비인후과:
  otorhinolaryngology
- 외과: surgery
- 소아과: pediatrics
- 피부과: dermatology
- 비뇨기과: urology
- 심장내과: cardiology
- 한의원:
  oriental medicine
  clinic

A You really should always get a flu shot every year.

매년 독감 예방 주사는 정말 항상 맞으셔야 해요.

B I'll get it next year. The pain seems to come and go sporadically. Thankfully it doesn't hurt right now.

내년에는 맞을게요. 통증이 산발적으로 왔다가 사라지는 것 같아요. 다행히도 지금은 안 아프네요.

A The most likely diagnosis is that your mild cough resulted in a complication, which is the pain in your lung. I think for now the best way to tackle this is to drink lots of water and get a lot of rest.

아마도 가벼운 기침이 합병증, 즉 폐의 통증을 가져 왔다고 진단을 할 수 있겠네요. 일단 지금은 물을 많이 마시고 많이 쉬는 게 통증을 다스리는 가장 좋은 방법이라고 생각해요.

B OK, will do.

알겠습니다, 그렇게 할게요.

A Shall we move on to the annual checkup?

그럼 정기 건강 검진을 시작할까요?

B Let's do it.

그러시죠.

체크 Words

- **sheet** 기록, 종이 한 장
- **odd** 이상한, 특이한
- **symptom** 증상, 징후
- **stabbing** 찌르는 듯한
- **prior** 이전의, 사전의
- **illness** 병
- **mild cough** 약한 기침
- **chance** 가능성, 선택
- **develop** (병·문제가) 생기다, 개발하다

- **complication** 합병증, (상황을 더 복잡하게 만드는) 문제
- **frequently** 자주, 흔히
- **flu season** 독감 유행 시기
- **flu shot** 독감 예방 주사
- **sporadically** 드문드문, 산발적으로, 규칙적이지 않게
- **most likely** 아마도, 필시
- **diagnosis** 진단
- **result in** ~을 야기하다[낳다]
- **tackle** 다루다, (어떤 문제와) 씨름하다

* **take a look at**: '~에 관심을 두고 보다'라는 말로, have a look at도 같은 뜻을 가진 표현이에요.
  > *A*: I've just finished the task you asked me to do earlier. 앞서 저에게 요청하셨던 업무를 방금 끝냈어요.
  > *B*: Okay, thanks. I'll **take a look at** it in about 15 minutes.
  > 좋아요, 고마워요. 제가 약 15분 후에 그걸 살펴볼게요.

* **move on to**: '(새로운 주제, 일, 활동, 장소 등으로) 넘어가다[옮기다]'라는 뜻으로 쓰여요. to는 종종 생략되기도 해요.
  > • I felt that it was time to **move on to** a new job. 새로운 직장으로 옮겨야 하는 시간이라고 느꼈어.
  > • You should **move on** and get over her. 이제 그만 그녀를 잊어버려야 해.

✚ Bonus Info 알아두면 더 좋아요!(아픈 증상 표현)

· **I've got a rash on my neck.** 목에 발진이 났어요.

· **I've got a fever.** 열이 있어요.   · **I've got a sore throat.** 목이 아파요.

· **I've got a cut on my finger.** 손가락을 베었어요.

· **I have a runny nose.** 콧물이 나요.   · **I feel dizzy.** 어지러워요.

· **I have allergies.** 알레르기가 있어요.   · **I sprained my ankle.** 발목을 삐었어요.

· **I'm suffering from diarrhea.** 설사 때문에 고생하고 있어요.

· **I'm suffering from indigestion.** 소화불량 때문에 고생하고 있어요.

Summer의 미국 생활 TIP

미국의 병원 시스템은 한국과 꽤 다르고 돈도 많이 든다는 사실은 많이 알려져 있죠. 제가 대학원 다닐 때 친구들끼리 만약 죽을 만큼 아프지 않으면 절대 앰뷸런스를 부르지 말아 달라고 서로에게 부탁하기도 했어요. 그만큼 앰뷸런스 비용도 만만치 않기 때문이에요. 한국에서는 목이나 코가 아프면 바로 근처 이비인후과를 찾아 가지만, 미국에서는 일단 primary care physician(PCP, 1차 진료 의사, 주치의)을 만나서 진단을 받아요. 그러면 PCP가 진단 내용에 따라 specialist(전문의)를 소개해 주죠. 집이나 회사 근처에 사무실이 있는 PCP를 선택하면 되는데, 보험회사에서 추천하는 PCP 리스트가 있을 수 있고, 혹은 주변 지인에게 물어 좋은 PCP를 소개받을 수도 있어요. 미국에선 의사에 관한 리뷰도 온라인에서 쉽게 확인할 수 있으니 꼭 리뷰를 확인하고 선택하세요.

진짜 약이 되도록~ 약국에서 처방전으로 약 사기

의사에게 처방전을 받아서 약국에서 약을 사는 것은 한국이랑 크게 다르지 않아요. 조금 다른 점은 약국에서도 보험 카드를 보여줘야 한다는 점이에요. 약국에서 처방 받은 약을 살 때 쓸 수 있는 단어와 표현을 배워 봐요.

리얼 Dialogue

A I'm here to pick up my prescription.
처방된 약을 가지러 왔어요.

B Let me take a look at your prescription. You're holding a copy, right?
처방전을 한번 볼게요. 복사본을 가지고 계시죠, 그렇죠?

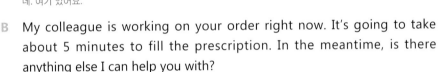

A Yes. Here you go.
네. 여기 있어요.

B My colleague is working on your order right now. It's going to take about 5 minutes to fill the prescription. In the meantime, is there anything else I can help you with?
제 동료가 지금 환자분 약을 짓고 있어요. 처방전대로 약을 만드는 데 한 5분 정도 걸릴 거예요. 그럴 동안, 제가 뭐 더 도와드릴 게 있을까요?

A Do you think ibuprofen will help with chest pain?
이부프로펜이 가슴 통증에 도움이 될까요?

B Yes, ibuprofen is a general pain reliever, so it should alleviate your pain at least somewhat.
네, 이부프로펜은 일반적인 진통제라서 환자분 통증을 적어도 조금은 덜어줄 거예요.

A I don't need a prescription for that, do I?
그건 처방전이 필요 없죠, 그렇죠?

B No, ibuprofen is an over-the-counter (OTC) drug.
네, 이부프로펜은 처방전이 필요 없는 약이에요.

A Does it have any side effects?
이거 부작용이 있나요?

빛나는 상식

한국과 마찬가지로 미국에도 처방전이 있어야 살 수 있는 약이 있고 처방전 없이 바로 약국에서 살 수 있는 약이 있어요. 보통은 병원에서 내가 지정한 약국으로 바로 처방전을 디지털로 보내주기도 하지만 처방전을 직접 약국에 가져가기도 해요. 동네 개인 약국도 많고, Rite Aid, CVS, Duane Reade 같은 큰 drug store(약뿐 아니라 화장품 등 다른 품목도 판매)에는 약국이 함께 있으니 참고하세요.

B It can make you feel drowsy.

좀 졸릴 수 있어요.

A Okay, could I get a small bottle of ibuprofen?

알았어요, 이부프로펜 작은 걸로 한 병 주시겠어요?

B Absolutely! Here you go. Take two of these pills three times a day. Please ensure to avoid alcohol while taking these pills. Also, here is your prescription. May I see your insurance card?

네! 여기 있어요. 하루에 세 번 2알씩 드세요. 이 약을 복용하는 동안은 확실히 술은 피해 주세요. 그리고, 여기 처방약이요. 환자분 보험 카드 좀 볼 수 있을까요?

A Here you go.

여기요.

B Your copay is $24.11. You saved a lot! Your insurance is covering $200.

환자분 부담금은 24달러 11센트예요. 많이 아끼셨네요! 환자분 보험이 200달러를 커버해드리네요.

A That's great! I'll be paying by card.

좋네요! 카드로 계산할게요.

B Swipe it right over here.

카드를 여기에 긁어주세요.

A OK.

네.

☑️체크 Words

- **prescription** 처방전, 처방된 약
- **fill a prescription** (약사가) 처방전대로 약을 만들다
- **in the meantime** 그 동안에
- **ibuprofen** 이부프로펜(소염·진통제)
- **pain reliever** 진통 완화제
- **alleviate** 경감하다, 완화하다

- **somewhat** 약간
- **over-the-counter** 처방전 없이 바로 살 수 있는
- **side effect** 부작용
- **drowsy** 졸리는, 나른하게 만드는
- **ensure** 반드시 ~하게 하다
- **swipe** (신용카드 같은 전자 카드를 인식기에) 대다[읽히다]

✚ Bonus Info 알아두면 더 좋아요!(보험 관련 용어)

· **deductible** 병원비에서 보험사가 의료비용을 커버해 주기 전까지 본인이 부담해야 하는 금액

· **coinsurance** deductible 지불 이후에 병원비 중 본인이 부담해야 하는 일정 비율의 금액

· **copay** deductible과 별개로 병원 진료비 혹은 처방된 약을 살 때 기본적으로 당일 바로 내는 돈

· **out of pocket maximum** 보험 적용 항목에 대해 본인 부담금의 최대 금액으로, 이후로는 보험사가 전적으로 부담

· **HMO(health maintenance organization)** 가장 보편적인 미국 보험 플랜의 형태로, 월 보험료를 납부하고 정해진 병원들과 의사에게 진료를 받았을 때 보험 혜택을 받을 수 있는 플랜이에요. HMO에 가입하면 반드시 주치의를 지정하게 돼요.

· **PPO(preferred provider organization)** 정해진 병원들을 벗어나도 어느 정도 보험 혜택을 받을 수 있는 플랜이에요. HMO보다는 보험비가 조금 더 비싼 편이죠.

· **EPO(exclusive provider organization)** 주치의는 정하지 않아도 되지만 정해진 병원들에서만 진료를 받을 때 혜택을 받을 수 있는 플랜이에요.

· **negotiated fee** 보통 병원에서 처음으로 청구한 비용을 보험사가 병원과 협상을 해서 낮춰요. 이 금액을 협상 가격 (negotiated fee)이라고 하죠. 보험 가입자는 최초로 청구된 비용이 아닌 negotiated fee에서 보험사가 부담하는 비용을 뺀 나머지 금액을 지불하면 돼요.

Summer의 미국 생활 TIP

미국 보험은 한국 보험보다 굉장히 복잡하고, 익숙하지 않은 용어와 개념이 많다고 느끼실 거예요. 하지만 건강과 돈이 연관된 만큼 이 새로운 개념들을 숙지하는 게 미국 생활에 꼭 필요해요. 미국 보험과 관련된 가장 기본이 되는 개념을 위에서 몇 가지 설명했는데, 이외에도 깊이 있게 보험 시스템을 미리 공부하고 미국에 가는 것이 좋을 것 같아요.

자유로운 도서관 이용의 기본, 회원 등록하기

도서관에서 책을 빌리려면 회원증이 필요해요. 아래 대화에 나온 회원 등록 과정을 따라 공립 도서관 회원이 되어서 도서관에서 누릴 수 있는 다양한 혜택을 마음껏 누려보세요.

리얼 Dialogue

A I'd like a ⚓library card, please.

도서관 카드를 하나 만들고 싶어요.

B May I have a form of identification please?

신분증을 좀 볼 수 있을까요?

A Is a student ID an acceptable form of identification?

학생증도 신분증으로 인정되나요?

B Unfortunately, it is not. I'm going to need a driver's license or passport.

안타깝지만, 안 돼요. 운전면허증이나 여권이 필요해요.

A Shoot! I left it in the car. I'll be back.

이런! 차에 두고 왔어요. 다시 올게요.

〰〰〰〰〰〰 *[after a while]* 〰〰〰〰〰〰

A Here you go.

여기 있어요.

B Thank you. I also need ⚓proof of residence. Do you have any kind of paper mail that has your name and address on it?

감사합니다. 거주 증명도 필요해요. 당신의 이름과 주소가 적힌 어떤 종류의 우편물이라도 있으세요?

A I wasn't aware I needed to bring a proof of residence.

거주 증명서를 가져와야 하는지 몰랐어요.

빛나는 상식

참고로 뉴욕에 살고 있거나, 일하고 있거나, 학교에 다니거나, 재산세를 내는 사람은 누구나 무료로 뉴욕 공립 도서관의 회원이 될 수 있어요. 이를 증명하기 위해서는 뉴욕주 운전 면허증, 뉴욕주 ID, 혹은 뉴욕시 신분증을 사용할 수 있죠. 위와 같은 신분증이 없다면 거주자라는 것을 증명할 수 있는 3개월 이내에 발송된 고지서로 대체할 수도 있어요.

B We need to make sure that only local taxpayers have access to our services, because they are the ones paying for this library.

전 저희는 분명 이 지역 납세자들에게만 서비스를 제공해야 하거든요, 왜냐하면 그분들이 이 도서관을 위해 세금을 내고 있으니까요.

A I do not receive any paper mail. I'm completely digital. Can I show you my online billing statement for my phone?

전 우편물은 받지 않아요. 모든 걸 다 디지털로 하고 있거든요. 제 핸드폰 요금 온라인 청구서를 보여드려도 되나요?

B Sure, as long as I can see your name and address, it will suffice.

그럼요, 제가 당신의 이름과 주소를 볼 수 있다면 충분할 거예요.

A Yes, you can see them. Here you go.

네, 보실 수 있어요. 여기요.

B Great! Final step, I need you to fill out this registration form. I need your name, address, birthday, and driver's license number.

좋아요! 마지막 단계로, 이 가입서를 작성해주세요. 이름과 주소, 생일, 그리고 운전면허 번호가 필요해요.

A OK.

네.

B That is it! Congratulations on being a new member of the Chester County Library! Enjoy our facility!

끝이에요! 체스터 카운티 도서관의 새 회원이 되신 걸 축하합니다! 우리 시설을 즐기세요!

A Thank you so much! I definitely will.

대단히 감사해요! 꼭 그럴 거예요.

체크 Words

- **identification** 신분증
- **acceptable** 받아들일 수 있는
- **proof of residence** 거주 증명서, 거주 증명
- **aware** 알고 있는, 의식하고 있는
- **taxpayer** 납세자
- **digital** 디지털을 쓰는, 디지털의

- **billing statement** 대금 청구서
- **suffice** 충분하다, 만족시키다
- **registration form** 가입서, 신청서
- **Congratulations!** 축하해요!(늘 복수로 쓰는 것에 주의)
- **facility** 시설, 기관, 편의

리멤버 Expressions

* **as long as**: '~하는 한', '~하는 동안은', '~이기만 하면'이라는 뜻이에요. 물론 long을 '(길이·시간이) 긴'이라는 본래의 의미를 사용해서 '~만큼 긴'이라는 뜻으로도 쓸 수 있죠.

  ex • I will respect you **as long as** you get it done on time. 시간 안에 끝내기만 하면 너를 존중할게.
  • Everything will be fine **as long as** the media remains quiet.
    미디어가 조용히 있어 주는 한 모든 게 괜찮아질 거야.
  • Don't worry. I can wait **as long as** it takes. 걱정하지 마. 난 필요한 만큼 오래 기다릴 수 있어.

Summer의 미국 생활 TIP

미국 대도시의 도서관들은 책을 빌려주는 역할 뿐 아니라 그 도시의 문화센터 역할도 많이 해요. 도서관에서 할 수 있는 다양한 행사도 많이 진행하고 있으니, 미국에 있는 집이나 회사 근처 공공도서관(public library) 웹사이트에 들어가서 최신 정보를 받아볼 수 있도록 이메일 계정을 등록해 두세요. 영어를 배우는 사람들을 위한 무료 영어 수업뿐 아니라 다양한 종류의 수업을 싼 가격, 혹은 무료로 제공하기도 해요. 또한, 저명한 작가들을 초청할 때도 있고, 구직에 관련된 행사도 열죠. 책만 읽고 빌리러 가는 장소가 아니라 그 도시에서 제공하는 다양한 혜택을 받을 수 있는 곳이 바로 도서관이에요. 그러니 도서관을 잘 이용하면 그만큼 미국에서의 삶이 풍요로워지겠죠?

Episode

17

보고 싶은 책 마음껏 볼 수 있는 도서관 이용하기

독서를 좋아한다면 어느 도시에 가건 도서관을 안 가볼 수 없죠. 공립 도서관이나 학교 도서관은 심지어 무료로 책을 빌릴 수 있는 곳이니 마음껏 원하는 책을 골라 읽어 보세요!

🗨️ 리얼 Dialogue

A I'd like to check out these books and DVDs, please.
이 책들과 DVD를 좀 빌리려고 하는데요.

B I'll be with you in one moment. Just need to finish something on the computer real quick.
금방 도와드릴게요. 컴퓨터로 잠깐 뭐 하나만 아주 빨리 끝내야 해서요.

A Not a problem, no need to rush.
괜찮으니까, 서두르지 마세요.

B Thank you for your patience. Let me get those books and DVDs for you now.
기다려주셔서 감사합니다. 이제 저 책들과 DVD 대여를 도와드릴게요.

A Thank you.
감사합니다.

B *Oliver Twist*! Wow, this is my favorite book!
〈올리버 트위스트〉! 와, 제가 제일 좋아하는 책이네요!

A Actually, I've already read it once. I lost my copy at home. I'm borrowing it so I can read it again.
실은 저는 이미 한 번 읽었어요. 집에서 제 책을 잃어버려서요. 다시 읽으려고 빌리는 거예요.

B I've told my kids to read it, but they haven't gotten around to it yet.
제 아이들에게도 그 책을 읽으라고 말했는데, 아이들이 아직 읽지 않더라고요.

A Oh, I'm sure they will read it eventually. It's such a great book.
아, 아이들이 결국에는 분명히 그 책을 읽을 거예요. 너무 좋은 책이니까요.

MEMO

....

....

....

....

....

....

....

60

B I hope so. A quick note. There is a $1 charge for every DVD that you borrow. You have three DVDs here, so your total is $3.

그랬으면 좋겠네요. 잠깐 알려드릴게요. 빌리시는 DVD마다 1달러의 요금이 있어요. 여기 DVD 3개를 빌리시니까, 총액은 3달러예요.

A Okay, I'll pay in cash.

알겠어요, 현금으로 계산할게요.

B That works. I hope you enjoy these movies, too.

그러세요. 이 영화들도 즐겁게 보셨으면 해요.

A Yes, I've heard many great things about *Forrest Gump*, so I'm looking forward to watching it.

네, 〈포레스트 검프〉에 대한 좋은 얘기를 많이 들어서 보는 걸 기대하고 있어요.

B You won't regret it! The movies are due back in one week, and the books are due back in three weeks. You can renew the library books twice, but you will have to pay a dollar to renew the DVDs. You can only renew them once.

후회 안 하실 거예요! 영화들은 일주일 후, 책들은 3주 후에 반납해 주셔야 해요. 도서관 책들은 두 번 연장할 수 있지만, DVD들을 연장하려면 1달러를 내셔야 해요. DVD들은 딱 한 번만 연장하실 수 있고요.

A That's good to know. Don't want to rack up any late fees! Thanks. Have a great day.

알게 돼서 다행이에요. 연체료 쌓이는 걸 원치 않거든요! 고맙습니다. 좋은 하루 보내세요.

B You too!

회원님도요!

📝 체크 Words

- **check out** (도서관에서) 대출받다
- **rush** (너무 급히) 서두르다
- **patience** 인내심, 참을성
- **copy** (책·신문 등의) 한 부
- **borrow** 빌리다

- **look forward to** ~을 기대하다[학수고대하다]
- **due** ~하기로 예정된, (돈을) 지불해야 하는; 회비, 낼 돈
- **rack up** 쌓아 올리다, 달성하다, 얻다
- **late fee** 연체료

* **no need to rush**: '서두를 필요가 없다'라는 표현이에요. 주어로 there is가 생략되었는데 이렇게 캐주얼하게 주어 없이도 흔히 말해요.

> **ex** A: Can you give me 10 minutes? Sorry, I'm kinda all over the place now.
>
> 10분만 시간 줄래? 미안한데, 내가 지금 정신이 없어서 그래.
>
> B: **No need to rush**. Take your time. 서두를 필요 없어. 시간 충분히 가져.

* **gotten around to**: get (a)round to는 '(오랫동안 하려고 작정했던 것을) 하다', '~까지도 하다', '(한참 시간이 지난 후) ~에 관심을 갖다', '~을 고려하다'라는 뜻이에요. to 뒤에는 명사형이 와요.

> **ex** • It's been at the back of my mind to call Bryan, but I haven't **got around to** it yet.
>
> 브라이언한테 전화해야겠다고 생각하고 있었는데, 결국 아직도 그러지 못했네.
>
> • Did you **get round to** buying the camera? 결국 그 카메라는 샀어?

✚ Bonus Info 알아두면 더 좋아요!(도서관 관련 용어)

· **due date** 반납 일자

· **overdue** (반납) 기한이 지난

· **carrel** (도서관 내의) 개인 열람실

· **return** 반납하다

· **put a hold on** 예약하다

> *ex*) Can you please **put a hold on** these books for me? 이 책들 제가 예약해둘 수 있을까요?

Summer의 미국 생활 TIP

미국에서 대학교나 대학원을 다니고 있다면, 혹은 다닐 예정이라면 도서관에서 책을 많이 빌리게 될 거예요. 책값이 워낙 비싼데 각 수업에서 읽어 오라는 책은 굉장히 많아서 학생들은 도서관에서 책을 많이 빌리죠. 하지만 도서관에서 똑같은 책을 여러 권 보유할 수는 없으니, 수업시간에 쓰는 책들은 빨리 대여하지 않으면 이미 다른 학생이 빌려 가 버려서 없는 경우가 많아요. 그래서 개강하고 교수님이 나눠주는 교수 요목(syllabus)에 적힌 필수 교재는 빨리 도서관에 가서 대여하는 것이 대학, 대학원 생활의 팁이죠. 혹여 그 책이 이미 대여된 상태라면 예약을 걸어놓을 수 있어요.

그리운 이에게 소식을~ 우체국에서 편지 보내기

미국의 우체국에서 우편을 보내는 것은 한국에서와 별반 다를 것이 없어요. 다만, 필요한 단어 몇 가지는 미리 알고 가는 게 좋겠죠.

리얼 Dialogue

A I'd like to buy a stamp, please.
우표를 하나 사려고 하는데요.

B What kind of stamp would you like to buy?
어떤 종류의 우표를 사실 건가요?

A I need to mail a letter.
편지 한 통을 보내야 해서요.

B We sell 50¢ first class stamps for letters. We have many many different designs. We have presidents, monuments, historical events, sports... the list goes on. You can buy a single stamp or a sheet of 10.
편지에 붙이는 일반 우편물 우표들은 50센트에 판매하고 있어요. 아주 많은 다양한 디자인이 있죠. 대통령들도 있고, 기념물들도 있고, 역사적인 일들도 있고, 스포츠에 관한 것도 있고…… 목록은 계속돼요. 한 장을 구입하실 수도 있고, 10개가 들어있는 한 시트를 사실 수도 있어요.

A I'll take a sheet of the president stamps please. How many stamps do I need for a letter?
대통령 우표들이 있는 시트를 하나 살게요. 편지 한 통에 우표가 몇 개 필요한가요?

B If you want to mail a letter, it costs 50¢, which is equivalent to one stamp. So, you can send a letter anywhere in the ⬉continental U.S. with one stamp.
만약에 편지 한 통을 보내고 싶으시면 50센트인데, 우표 하나가 그 값인 거예요. 그래서 우표 하나로 미대륙 전 지역 어디든 편지 한 통을 보내실 수 있어요.

A What if I want to send something heavier than a letter?
만약에 편지보다 더 무거운 뭔가를 보내고 싶으면요?

빛나는 상식 ✍

· **continental U.S.**
하와이주를 제외한 나머지 49개 주와 워싱턴 D.C.

· **contiguous United States**
하와이주와 알래스카주를 제외한 나머지 48개 주와 워싱턴 D.C.

B If you want to send something heavier, you have to use multiple stamps. I can weigh the package you want to send and I can give you the amount in stamps that you need to put on the package or ◤envelope.

만약 더 무거운 걸 보내고 싶으시다면, 우표 여러 장을 쓰셔야 해요. 제가 고객님이 보내고 싶어 하시는 소포의 무게를 재서 그 소포나 봉투에 붙여야 하는 수의 우표들을 드릴 수 있어요.

A What happens if I don't put enough stamps on it?

만약 소포에 우표를 덜 붙이면 어떻게 되죠?

B Then it gets returned to your address.

그러면 고객님 주소로 다시 돌아갑니다.

A I did not know that! Thank you so much for all the information. Is there anything else I should know before mailing this letter?

그건 몰랐어요! 모든 정보를 알려주셔서 대단히 감사해요. 제가 이 편지를 보내기 전에 알아야 할 다른 것이 더 있나요?

B Make sure you put the stamp in the top right-hand corner of the envelope, and then write your address and the address you want to send the letter to on the envelope itself.

반드시 봉투의 오른쪽 상단 구석에 우표를 붙이고 나서, 고객님의 주소와 고객님이 그 편지를 보내고 싶어 하시는 곳의 주소를 그 봉투에 쓰세요.

A Once I'm done, should I give it back to you?

일단 다 하면, 편지를 드리면 되나요?

B Nope, there are mail boxes in the corner on your right, one for domestic mail and the other for ◤international mail. Place your mail accordingly.

아니요, 고객님 오른쪽 코너에 우체통들이 있어요. 하나는 국내 우편용이고, 다른 하나는 국제 우편용이에요. 보내시는 우편에 따라 넣으시면 돼요.

A Okay. Thank you so much! I really appreciate your help.

알겠습니다. 대단히 감사해요! 도와주셔서 정말 감사해요.

B Happy to help.

도와드릴 수 있어서 기쁘네요.

☑ 체크 Words

- **first class** (미국) 제1종 우편(보통의 우편물. 2종은 신문 등 정기 간행물 대량 발송, 3종은 광고·카탈로그·식물류 발송, 4종은 소포 발송을 뜻함), (영국) 1급 우편
- **monument** 기념물, 유적, 유물
- **go on** 계속되다
- **equivalent to** ~에 맞먹는[동등한]
- **continental** 북미 대륙의
- **weigh** 무게를[체중을] 달다

- **package** 소포, 상자(영국에서는 parcel)
- **right-hand corner** 오른쪽 모퉁이[모서리]
- **once** 일단 ~하면
- **domestic mail** 국내 우편
- **international mail** 국제 우편
- **place** (조심스럽게) 놓다, 두다
- **accordingly** 그에 맞춰, 그러므로

☷ 리멤버 Expressions

* **is equivalent to**: equivalent는 '동등한', '맞먹는'이라는 뜻의 형용사예요. 가치나 양, 중요도에 대해서 말할 때 쓸 수 있어요.
  - Ten kilometers is roughly **equivalent to** six miles. 10킬로미터는 대략 6마일과 같아.
  - Some regulations **are equivalent to** censorship. 어떤 규제들은 검열이랑 맞먹지.

cf. equivalent는 '상응하는 것', '등가물(값이나 가치가 있는 물건)'이라는 명사로도 쓰일 수 있어요.
  - Drinking a lot of water is the **equivalent** of taking the best medicine.
    물을 많이 마시는 것은 최고의 약을 먹는 것에 상응해요.
  - Being a mom is the **equivalent** of 2.5 full-time jobs.
    엄마가 되는 것은 2.5개의 풀타임 일을 하는 것과 맞먹어.

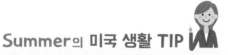

Summer의 미국 생활 TIP

오래 기다려온 우편이나 소포를 집을 비운 사이에 받지 못하게 되면 당황스럽죠. 한국의 등기처럼 사람이 직접 받아야 하는 우편일 경우 집에 사람이 없으면 그냥 돌아가요. 그러고는 다시 오겠다는 스티커 쪽지를 문 앞에 붙여 놓죠. 하지만 세 번 이상 이 우편을 받지 못하면 집 주변 우체국으로 찾으러 가야 해요. 꽤 귀찮은 일이 될 수 있죠. 그래서 USPS(미국 우체국) 웹사이트에서 informed delivery(배달 고지)라는 서비스를 가입하면 내 집 주소로 보내지는 우편물과 소포 정보를 볼 수 있고, pick up 시간을 설정할 수 있는 등 편리한 기능을 이용할 수 있어요.

급하다, 급해! 우체국에서 긴급 우편 부치기

빨리 보내고 받아야 하는 우편물은 괜히 애간장 태우지 말고 긴급 우편을 이용해서 보내요! 여러 가지 옵션이 있으니 아래 대화문을 통해 알아두고, 우체국 홈페이지를 통해 먼저 읽어 보고 가면 도움이 될 거예요.

리얼 Dialogue

A I'd like to ship this package as soon as possible. What is your fastest express service?

이 소포를 가능한 한 빨리 보내고 싶어요. 제일 빠른 게 어떤 건가요?

B We offer ✎priority mail express. It has a guaranteed delivery time of 1 to 2 business days.

우등 속달 우편이 있습니다. 영업일로 하루에서 이틀의 배송 시간을 보장하고 있어요.

A How much is it?

그건 얼마예요?

B Depends on what you want to ship. Up to 15 pounds, we don't weigh or measure what you want to send. You simply have to use one of our express envelopes or boxes. They have flat rates.

무엇을 보내고 싶으신지에 따라 달라요. 15파운드까지는 보내시고자 하는 것을 저희가 무게를 재거나 길이를 재지 않습니다. 간단하게 저희 속달 우편 봉투나 상자를 쓰시면 돼요. 가격은 고정되어 있습니다.

A Oh, that's cool. How much would it cost to send a small letter?

어, 좋네요. 작은 편지 한 통을 보내려면 비용이 얼마나 드나요?

B Our smallest express envelope costs $25.

제일 작은 속달 우편 봉투는 25달러예요.

A I'll take one of those, please.

그걸로 하나 주세요.

B Where do you want to send it?

어디로 보내고 싶으세요?

A Los Angeles, California.

캘리포니아주 로스앤젤레스요.

빛나는 상식

미국의 우체국 우편은 배송 시간, 요금 등에 따라 아래처럼 6가지로 나뉘어요. 자세한 사항은 USPS 웹사이트에서 살펴볼 수 있어요.

- Priority Mail Express: 우등 속달 우편
- Priority Mail: 우등 우편
- First-Class Mail: 일반 우편(편지나 엽서, 연하장 등)
- USPS Marketing Mail: 마케팅 우편(인쇄물, 전단지 등)
- Periodicals: 정기 간행물
- Package Services/ USPS Retail Ground: 패키지 서비스/일반 배송

66

B Okay, this will probably be delivered the day after tomorrow. Please write the delivery address in the top right corner.

알겠습니다, 아마도 내일 모레면 배송될 거예요. 오른쪽 상단 구석에 배송 주소를 써 주세요.

A Okay. Will I be notified when it's delivered?

알겠습니다. 편지가 배송되었을 때 제가 알게 되나요?

B You can sign up for notifications online. All the information you need, including your tracking number, will be on your receipt.

온라인으로 알림을 등록하실 수 있어요. 추적 번호를 포함한 필요한 모든 정보가 영수증에 있을 거예요.

A Got it, thanks.

알겠습니다, 감사해요.

체크 Words

- **ship** (배나 다른 운송 수단으로) 실어 나르다, 배송하다
- **as soon as possible** 가능한 한 빨리
- **express** 속달의, 긴급의; 급행, 속달
- **priority** 우선, 우선권, 우선 사항
- **guaranteed** 장담된, 확실한, 보장된
- **delivery time** 배송 시간
- **flat rate** 고정 금액
- **notify** 알리다, 통지하다
- **notification** 알림, 통지, 신고
- **tracking number** 추적 번호
- **receipt** 영수증

리멤버 Expressions

* **one of those**: 무엇인가를 주문할 때, 이렇게 one of those 혹은 one of these라는 표현을 많이 써요. 물론, I'll take that one, please. 혹은 I'll take it, please.라고도 말하지만, 같은 상품이 여러 개 배열되어 있거나 준비된 상황일 때는 I'll take one of those, please.라고 '그 중에 하나를 사겠다.'는 식으로 흔히 말해요.
  > • Can I get **one of those** blueberry muffins, please? 저 블루베리 머핀 중 하나 주시겠어요?
  > • Can I get **two of these** pepperoni slices, please? 이 페퍼로니 피자 중 두 조각 주시겠어요?

* **the day after tomorrow**: '내일 모레'라는 뜻이에요.
  cf. 날을 지칭하는 표현은 다음과 같아요.
  • 그제: the day before yesterday, two days ago
  • 다음 날[주, 달, 해]: the following day[week, month, year]
  • 격주로: biweekly, every other week
  • 격달로: bimonthly, every other month
  • 2일에 한 번: every other day
  • 1주일에 한 번: once a week

Summer의 미국 생활 TIP

미국에도 한국과 마찬가지로 정부에서 운영하는 우체국 외에도 많은 우편 회사들이 있어요. 세계적으로 가장 많이 이용하는 곳이 FedEx나 DHL일 거예요. 그리고 미국 내에서는 UPS도 많이 써요. 정부 우체국이나 우편 회사들이 받는 사람의 사인을 꼭 받아야 하는 물품을 배송하는 경우, 받는 사람이 배송지에 없을 때는 어떻게 하는지 회사마다 규정이 달라요. 대부분 배송지 근처에 있는 해당 회사 우편물 보관센터나 우체국에서 우편을 보관하게 되고, 받는 사람이 거기로 직접 찾으러 가야 하죠. 몇 번 재발송을 시도하다가 계속 받는 사람이 배송지에 없으면 어디에 보관되어 있으니 찾으러 오라는 스티커 쪽지를 문에 붙여 놓아요.

제가 최근에 한국에서 보낸 우편을 USPS(미 정부 우편 시스템)로 배송 받을 일이 있었어요. tracking number(추적 번호)로 배송 과정을 확인했는데, 부재중이라서 스티커 쪽지를 문에 붙여 놓았다는 업데이트를 볼 수 있었죠. 하지만 무슨 일인지 집에 가서 스티커 쪽지를 찾을 수 없었어요. 스티커가 분실된 거예요. 여러 번 우체국과 전화 시도를 했지만 대기시간이 무려 2시간이 되는 바람에 통화를 못 했고, 결국 어느 우체국에 보관되어 있는지 시간 내에 알아내지 못해서 한국으로 반송되었어요. 불편하겠지만 배송 받을 게 있다면 tracking number를 계속 확인하고, 부재중이라 못 받았을 때는 최소한 스티커 쪽지를 꼭 잘 챙겨서 저처럼 다시 반송되는 사태가 일어나지 않도록 사전에 방지하세요.

깨끗하고 정갈한 옷을 위해~ 세탁소 이용하기

뉴욕에서 커피숍 다음으로 많이 있는 가게는 세탁소인 것 같아요. 바쁜 도시 생활을 하는 뉴욕 사람들인데 집에 세탁기가 없는 경우가 많아서 세탁소의 세탁기는 항상 바쁘게 돌아가죠. 세탁소에서 일어날 법한 대화를 보면서 다양한 표현을 배워 보세요!

리얼 Dialogue

A Hi, Mrs. Rhee. How's it going?
안녕하세요, 리 여사님. 잘 지내셨어요?

B Hi, Summer. I'm good, thanks.
안녕하세요, 썸머. 잘 지냈어요, 고마워요.

A I'd like to drop off some clothes. I need not only dry cleaning but also alterations.
옷을 몇 벌 맡기고 싶어요. 드라이클리닝도 해야 하지만 수선도 필요해요.

B What do you need dry cleaned?
어떤 걸 드라이클리닝 해드리면 될까요?

A This black dress, two scarves and this shirt.
이 검은색 원피스랑 스카프 두 개, 그리고 이 셔츠요.

B What do you need altered?
어떤 걸 수선해드릴까요?

A I want to shorten the length of these pants.
이 바지 기장을 줄이고 싶어요.

B How much do you want to shorten them?
얼마나 줄이고 싶으세요?

A Just one inch, please.
딱 1인치만 부탁드릴게요.

B OK, your total will be $56. You can pay when you come to pick them up.
알겠어요, 총액은 56달러가 될 거예요. 가지러 오실 때 계산하시면 돼요.

A When should I come to pick them up?
언제 찾으러 오면 될까요?

빛나는 상식

뉴욕에 있는 평범한 세탁소에는 laundromat (동전을 넣고 돌리는 세탁기)이 카운터에 쭉 줄지어져 있고, 드라이클리닝 할 세탁물은 따로 받아요. 어떤 세탁소는 수선을 같이 하기도 하고, 어떤 곳에서는 세탁만 맡아서 하기도 하죠.

B Everything should be completed in 3 days.

3일이면 다 돼 있을 거예요.

A So sorry, but I need to wear the dress tomorrow evening. Is it possible to expedite the process a bit?

정말 죄송하지만, 제가 이 원피스를 내일 저녁에 입어야 해서요. 혹시 좀 더 신속하게 처리해주실 수 있을까요?

B Okay, we can do 24 hour express for an extra $5.

알았어요, 5달러 더 내시면 24시간 신속으로 할 수 있어요.

A Yes, let's do the express. Thanks, but are you really sure it will be ready by tomorrow? How I look tomorrow evening will **make or break** my life!

네, 신속으로 해주세요. 감사해요, 그런데 정말 내일까지 되는 게 확실하죠? 내일 저녁에 제가 어떻게 보이느냐가 제 인생의 운명을 좌우할 거예요!

B Okay, okay. It must be a date or something. Don't worry. I **give you my word**. They will be ready by tomorrow morning.

알았어요, 알았어. 데이트나 뭐 그런 건가 보네요. 걱정 말아요. 약속해요. 내일 아침까지 준비되어 있을 거예요.

A Thank you so much. I really appreciate it. Your store is hands down the best laundry shop in New York.

정말 감사해요. 진짜 고맙습니다. 여기가 명백히 뉴욕 최고의 세탁소예요.

B Thanks.

고마워요.

MEMO

✅ 체크 Words

- **drop off** ~을 갖다 주다, ~을 내려놓다
- **dry cleaning** 드라이클리닝
- **alteration** 수선, 변화
- **alter** (옷을) 수선하다, 고치다

- **shorten** (기장을) 줄이다, 단축하다
- **expedite** 더 신속하게 처리하다
- **a bit** 조금, 다소, 약간
- **hands down** 명백히, 문제없이, 쉽사리, 노력하지 않고

🔖 리멤버 Expressions

★ **make or break**: '~의 성패를 좌우하다'라는 표현이에요. 성공이냐 실패냐의 갈림길에 서 있을 때, 성패의 운명을 좌우하는 것을 말할 때 쓰이죠. make-or-break라고 쓰면 '운명을[성패를] 좌우하는'이라는 뜻의 형용사가 돼요.

> **EX** • This book can **make or break** for Professor Kim. 이 책이 김 교수의 성패를 좌우할 수 있어.
> • This book will **make or break** her as a professor. 이 책이 교수로서 그녀의 성패를 좌우할 거야.

★ **give you my word**: give (someone) one's word는 '(~에게) 진심으로 약속하다'라는 뜻으로, 약속에 무게를 싣고 믿음을 주기 위해 하는 말이에요. 진지한 약속을 할 때 쓸 수 있는 표현이죠.

> **EX** • I **give you my word** that I will do everything I can. 내가 할 수 있는 모든 것을 할 거라고 진심으로 약속해.
> • I've **got his word** that he will pay me tomorrow. 나한테 내일 돈을 내겠다고 그가 진지하게 약속했어.

Summer의 미국 생활 TIP

뉴욕으로 이사했는데 집에 세탁기가 없으면 주기적으로 동네에 있는 laundromat 가게에 가게 될 거예요. 대부분의 전자기기가 한국처럼 최첨단이 아니라서 뉴욕 공용 세탁기를 사용할 때 카드 사용은 안 돼요. 그러니 세탁소 갈 때는 항상 quarter dollar(25센트) 동전을 가져 가세요. 지폐를 동전으로 바꿔주는 기계가 있는 세탁소도 있지만 아닌 곳도 있어서 준비해 가는 것이 좋아요. 세탁기 사용은 한 번에 2달러 25센트에서 3달러 50센트 정도 해요. 세탁 한 번에 약 40분 정도가 걸리는데, 세탁소에서 이 시간을 기다리는 것은 너무 지루하죠. 그래서 보통은 주변 커피숍에 가거나 다른 일을 할 게 있으면 하고, 혹은 집에 다시 갔다가 시간 맞춰서 돌아와서 세탁물을 빼요. 미국은 건조기(dryer) 사용이 굉장히 일반화되어 있어서 세탁소에서 셀프로 건조기까지 사용할 수 있어요. 자주 가는 세탁소가 있다면 세제(detergent)를 세탁소에서 보관해 주기도 해요.

원하는 헤어스타일을 말해 봐! 미용실 가기

모처럼 시간 내에 미장원에 갔는데 머리 스타일이 내 마음에 들지 않게 나오면 그것만큼 성가시고 신경 쓰이는 일이 없죠. 그래서 미용사에게 내가 원하는 헤어스타일을 잘 설명하는 게 가장 중요해요. 헤어스타일에 관한 몇 가지 기본적인 표현들을 꼭 알아두세요.

리얼 Dialogue

A My sister and I are both here for a haircut. She'll be joining me in just a minute; she's getting parking sorted out.

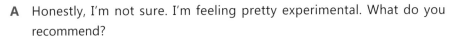

누나랑 저랑 둘 다 머리를 자르러 왔어요. 누나도 금방 올 거예요, 지금 주차 중이거든요.

B Sure! Take a seat. How would you like your hair cut?

네! 앉으세요. 어떻게 자르고 싶으세요?

A Honestly, I'm not sure. I'm feeling pretty experimental. What do you recommend?

솔직히, 잘 모르겠어요. 좀 실험적인 걸 해보고 싶어요. 어떤 걸 추천하세요?

B Well, I think short sides would look pretty good on you. I could also give you a hard part.

글쎄요, 옆 머리가 짧은 게 고객님께 꽤 잘 어울릴 것 같아요. 그리고 하드 파트를 해드릴 수도 있어요.

A What's that?

그게 뭔가요?

B A hard part is where I buzz the part of your scalp where your hair parts. So there would be a line where your hair parts.

하드 파트는 가르마가 있는 두피 부분을 아주 짧게 깎는 거예요. 그러면 가르마가 있는 부분에 선이 생기거든요.

A Sure! Let's do that.

그래요! 그걸로 하죠.

B Would you also like me to trim your beard for you?

제가 고객님의 수염도 깎아드릴까요?

MEMO

72

A Hmmm... I've been on the fence about whether or not I should keep my beard. What do you think?

홈…… 수염을 계속 기를까 말까 고민하는 중이에요. 어떻게 생각하세요?

B I think you would look better without the beard. I can give you a full shave.

제 생각에는 수염이 없는 편이 더 좋아 보일 것 같아요. 완전히 다 밀어드릴 수 있어요.

A How much extra is that?

그러면 얼마나 돈을 더 내야 하나요?

B Only $14. Your total is $44.

14달러밖에 안 돼요. 총액은 44달러예요.

A OK! Take it all off.

알겠어요! 다 밀어주세요.

B What does your sister want done with her hair?

누나 분은 머리를 어떻게 하고 싶어 하세요?

A I think she just wants to trim her bangs and dye her roots.

제 생각에는 누나는 그냥 앞머리를 조금 다듬고 뿌리 염색을 하려는 것 같아요.

B That shouldn't take too long. Let's get your hair done, first. When did you last wash your hair?

아주 오래 걸리지는 않겠네요. 일단, 손님 머리를 먼저 해드릴게요. 머리를 언제 마지막으로 감으셨나요?

A Yesterday evening.

어제 저녁이요.

B Let's shampoo you first. Follow me.

샴푸를 먼저 해드릴게요. 따라오세요.

✒️ 체크 Words

- **sort out** ~을 처리하다[해결하다, 정리하다]
- **experimental** 실험적인, 시험적인
- **short sides** (남자의 옆머리 양쪽을) 아주 짧게 깎은 것
- **look good on** ~와 잘 어울리다
- **hard part** 가르마 부분을 스크래치 하듯 면도한 것(= a shaved part, line in haircut)
- **buzz** 머리를 바짝 자르다
- **scalp** 두피

- **trim** 다듬다, 손질하다
- **beard** (턱)수염
- **full shave** 삭발
- **bangs** 앞머리
- **dye** 염색하다
- **root** (머리카락 등의) 뿌리
- **shampoo** (머리를 샴푸로) 감다

🧑‍🦰리멤버 Expressions

* **been on the fence**: be on the fence는 '결정을 내리지 않고 있다', '기회를 살피다'라는 뜻이에요. fence가 '담장' 이라는 뜻이라서 이 표현을 직역하면 '담장 위에 있다'라는 말인데요, 담장의 이쪽도 저쪽도 아닌, 어느 쪽으로도 기 울이지 않고 딱 담장 위에 걸쳐 있는 그림을 그려 보시면 쉽게 이해가 될 거예요.

  ex We can't **be on the fence** any longer. We have to choose between Argentina and Mexico for our honeymoon, right now.
  더는 시간을 지체할 수 없어. 우리 지금 당장 신혼여행지로 아르헨티나랑 멕시코 중에서 선택해야 해.

✚ Bonus Info 알아두면 더 좋아요!(머리 할 때 쓸 수 있는 다양한 표현)

· **Cut a little off the top and sides, please.** 위쪽이랑 양쪽을 좀 잘라주세요.

· **Just a little shorter at the front, please.** 앞쪽을 좀 더 짧게 해주세요.

· **Can you cut it a little above the ears?** 귀 위쪽을 좀 잘라주시겠어요?

· **Can you please cut my hair to shoulder length?** 머리를 어깨 정도까지 잘라주시겠어요?

· **I'd like to get my hair permed[straightened].** 머리를 파마하고[펴고] 싶어요.

· **I'd like my hair thinned out.** 머리숱 좀 쳐 주세요.

· **Could you layer my hair, please?** 머리 층 좀 넣어 주시겠어요?

· **Please remove my split ends.** 갈라진 끝 좀 잘라주세요.

· *A*: **Where do you want your hair parted?** 가르마를 어느 쪽으로 원하세요?

  B: **Put the part on the left, please.** 왼쪽으로 해주세요.

  I usually part my hair in the middle. 저는 보통 가운데 가르마를 타요.

Summer의 미국 생활 TIP

미국에서는 서비스업 종사자에게 팁을 주는 것이 일반화되어 있어요. 레스토랑에서 팁을 주는 것은 많이 알려져 있고 어느 정도 줘야 하는지 도시마다 통용되는 규정이 있어서 어렵지 않아요. 미용실도 서비스업에 속하기 때문에 미국에서는 헤어 디자이너에게도 팁을 줘요. 도시마다 조금씩 다르겠지만, 만족스러운 서비스를 받았다면 금액의 20% 혹은 그 이상의 팁을 주죠. 미국에서 머리하는 것이 안 그래도 비싼데 거기에 팁까지 줘야 하는 문화가 아직 어색한 저는 한국에 갈 일이 있을 때마다 항상 미용실에 가요.^^

74

**Life is a journey,
not a destination.**

인생은 여정이지 목적지가 아니다.

- Ralph Waldo Emerson -

Chapter 2
Food & Eating

영어 울렁증 노노~ 전화로 식당 예약하기

안 그래도 잘 안 되는 영어인데, 전화로 하려면 상대방의 영어가 더 안 들리는 것 같고 말도 긴장해서 더 안 나오게 돼요. 전화로 식당 예약을 할 경우도 마찬가지죠. 하지만 어떤 말을 해야 하고 상대방이 어떤 말을 할지 어느 정도 알아두면 어렵지 않게 예약에 성공할 수 있어요.

 리얼 Dialogue

A Fiat Restaurant, how can I help you?
피앳 레스토랑입니다, 어떻게 도와드릴까요?

B Hi, I'd like to make a lunch reservation for two people on the 5th.
안녕하세요, 5일에 2명 점심 예약을 하고 싶은데요.

A By the 5th, I'm assuming you mean February?
5일이라면, 2월을 말씀하시는 거죠?

B Yes, in two weeks' time.
네, 2주 후에요.

A Sure, I can check to see if we have any availabilities. You said lunch, right?
네, 남는 자리가 있는지 확인하겠습니다. 점심이라고 하셨죠, 맞죠?

B Yes, noon would be great.
네, 정오면 좋겠어요.

A Let's see... I'm sorry, we don't have any openings at 12.
한번 볼까요…… 죄송하지만, 12시에는 자리가 없네요.

B What about at 1?
1시는 어떤가요?

A I can squeeze you in at 1:30, if that works for you.
괜찮으시다면, 1시 30분에는 가능합니다.

B Wow, seems like your restaurant is in demand.
와, 식당이 굉장히 인기가 많은가 봐요.

A It's also Restaurant Week, so we're even busier than usual.
레스토랑 위크이기도 해서 보통 때보다 훨씬 더 바쁘네요.

빛나는 상식 ✐

Restaurant Week
미국의 큰 도시에서 1년에 두 번씩, 여름과 겨울에 열리는 행사예요. 고급 식당들이 다양한 코스 메뉴를 고정가격으로 제공하는데요, 보통 때보다 저렴한 가격으로 식사를 할 수 있어서 이 행사에 참여하는 식당은 이 기간 동안 더욱 인기가 많아요. Restaurant Week가 열리는 시기는 도시마다 달라요.

B Oh, that's right. I see. Well, I think 1:30 will work.

아, 그렇죠. 알겠어요. 그럼, 1시 30분 괜찮을 것 같네요.

A Great, can I have your name and phone number please?

좋습니다, 이름과 전화번호 좀 알려주시겠어요?

B It's Summer, like the season. S-u-m-m-e-r and my number is 646-111-2234.

썸머예요, 계절 이름처럼요. S-u-m-m-e-r 그리고 전화번호는 646-111-2234입니다.

A Got it. Do you have any other requests?

잘 알겠습니다. 다른 요청사항이 있으신가요?

B No, that's all. Thanks.

아니요, 그게 다예요. 감사합니다.

A We'll see you in two weeks, on the 5th, at 1:30 p.m.!

그럼 2주 후, 5일 오후 1시 30분에 뵙겠습니다!

B Looking forward to it. Bye.

기대되네요. 안녕히 계세요.

✅ 체크 Words

- **make a reservation** 예약을 하다
  (*cf.* 저녁 예약하다: make a dinner reservation /
  점심 예약하다: make a lunch reservation)
- **assume** 추정하다, 간주하다
- **in two weeks' time** 2주 후에

- **availabilities** 이용할 수 있는 것[사람]
- **opening** 빈자리, 좋은 기회
- **squeeze (someone, something) in**
  ~을 위한 짬을[자리를] 내다
- **in demand** 수요가 많은

🔖 리멤버 Expressions

* **noon would be great**: 보통 조동사 would를 사용한 That would be great.이라는 표현은 '그럼 좋죠.'라는 말이
에요. 앞의 대화문에서는 정오에 빈자리가 있을지 없을지 모르는 상황에서 '정오가 가능하다면'이라는 뉘앙스로 말
하는 것이기 때문에 will이라는 조동사보다는 추측으로 '(아마) ~일 것이다'라는 의미의 would를 쓰는 것이 더욱 자
연스러워요.

* **Looking forward to it.**: look forward to는 한국말로 해석할 때 보통 '기대합니다' 혹은 '고대해요'라고 하는데, 우
리말로는 이런 식으로 말을 잘 안 하지만 영어에서는 굉장히 자주 쓰이는 표현이에요. 무엇이 일어나기를 긍정적으
로 기대할 때 쓸 수 있는 좋은 표현이죠. <look forward to + 명사/동명사> 형태로 써요.

> **ex** They were **looking forward to** seeing their grandson again. 그들은 손자를 다시 보기를 고대하고 있었어.

Summer의 미국 생활 TIP

미국의 대도시들에서는 요즘 모바일 앱으로도 예약을 받는 식당이 많기 때문에 영어 울렁증 때문에 전화 통화가 너무 힘
들다 싶으면 앱으로도 예약이 가능하니 한 시름 놓을 수 있을 거예요. 하지만 어떤 식당은 예약을 받고, 어떤 식당은 예약
을 받지 않아요. 만약 예약을 받지 않는데 인기가 많은 식당이라면 보통 바(bar)가 같이 있어서 자리가 나기를 기다리
는 동안 바에서 칵테일이나 맥주, 혹은 와인을 마시면서 기다리기도 해요. 굳이 테이블에 앉아서 식사할 필요가 없다면
바에서 식사하기도 하죠. 바에서 테이블을 기다리는 상황이 있을 수 있으니 자신이 좋아하는 칵테일이나 맥주의 이름,
브랜드 등을 한 두 개 정도 기억해 놓으세요.

전화로도 참~ 쉬워요! 식당 예약 변경하기

전화로는 표정을 볼 수 없기 때문에 원어민의 영어를 알아듣기가 더 힘들뿐 아니라 한마디라도 살짝 놓쳐 버리면 당황해서 그 다음 말도 계속 놓치기 일쑤예요. 하지만 전화로 식당 예약을 변경해야 할 때, 어떤 대화들이 오고 갈지 예상하고 있으면 그렇게 힘들지 않아요!

리얼 Dialogue

A Fiat Restaurant, how can I help you?

피앳 레스토랑입니다, 어떻게 도와드릴까요?

B Hi, I'm calling to change the reservation I made earlier.

안녕하세요, 먼저 한 예약을 좀 변경하고 싶어서 전화했어요.

빛나는 상식

식당에 바쁜 시간에 전화할 경우 Name?이라고 짧게 물어보기도 해요.

A Name?

성함이요?

B Summer.

썸머입니다.

A Is that spelled S-o-m-e-r?

철자가 S-o-m-e-r인가요?

빛나는 상식

전화로 이름 스펠링을 말할 때 헷갈리는 철자를 L as in Larry (Larry의 L), D as in Daniel(Daniel의 D)처럼 잘 알려진 이름이나 익숙한 단어를 예로 들거주어 상대방이 헷갈리지 않게 말해주는 게 좋아요.

B No, summer as in spring, summer, fall, and winter. Summer. I made a reservation for the 5th.

아니요, 봄, 여름, 가을, 겨울 할 때 summer예요. Summer요. 5일로 예약을 했어요.

A Oh, I see. I found you. For 1:30 p.m., right?

아, 네. 찾았습니다. 오후 1시 30분에 하신 거 맞죠?

B Yes, that's me, but I'd like to push the reservation back a bit.

네, 그게 전데요, 예약을 좀 미루고 싶어서요.

A What time?

몇 시로요?

B Would 2 p.m. work?

2시 괜찮을까요?

A What about 2:10 p.m.?

2시 10분은 어떠신가요?

B   Sure.
좋아요.

A   We'll see you at 2:10 p.m. then.
그럼 2시 10분에 뵙겠습니다.

B   Would we still be able to order from your brunch menu?
여전히 브런치 메뉴에서 주문할 수 있을까요?

A   It's Restaurant Week, so our menu is prix fixe anyway.
레스토랑 위크라서 저희 메뉴는 어차피 정식입니다.

B   Oh, that's right. Got it. Thanks.
아, 맞아요. 알겠어요. 감사합니다.

A   Let us know if you have any changes. Also, just want to let you know in advance that your entire party has to be present in order to be seated.
다른 변경사항이 있으시면 알려주세요. 그리고 모든 참석자가 도착하셔야 테이블에 앉으실 수 있다는 것을 미리 말씀드립니다.

B   Okay, thanks.
네, 고마워요.

✅ 체크 Words

- **spell** 철자를 말하다[쓰다]
- **as in** ~ 같이, ~라는 의미에서
- **prix fixe** (레스토랑의) 정식, 정식의 가격
- **in advance** 미리, 앞서서
- **entire** 전체의, 온
- **party** (여행, 방문 등을 함께 하는) 일행, 단체
- **present** 참석한, 현재의; 제시하다
- **in order to do** ~하기 위해서

👥 리멤버 Expressions

* **push the reservation back**: push ~ back은 '(약속 등을 뒤로) 미루다'라는 말이에요. push는 무엇을 민다는 말인데, 약속을 뒤(back)로 미는 것이니 멀어지는 느낌을 상상하면 쉽게 기억할 수 있어요.
  - ex • Can we **push back** our meeting to Thursday? 우리 회의를 목요일로 미룰 수 있을까요?
    • Do you mind if we **push back** our appointment an hour? 우리 약속을 한 시간 미뤄도 괜찮을까요?
    • Would it be okay if we **pushed back** our dinner from 6 p.m. to 7 p.m.?
    우리 저녁 식사를 6시에서 7시로 미뤄도 괜찮을까요?
  - *cf.* '약속을 앞당기다'라는 말을 할 때는 up이라는 전치사를 사용해요. 예를 들어, 약속을 바꾸기는 하는데 달력에서 3번째 주에 걸려있던 약속을 2번째 주로 올리는 이미지를 상상하면 돼요. 동사는 move를 사용해요.
    - ex Can we **move up** the schedule? 일정을 당길 수 있나요?

Summer의 미국 생활 TIP

뉴욕 맨해튼에서 음식점들이 많이 몰려 있는 동네의 식당에는 항상 사람들이 넘쳐나요. West Village(맨해튼의 한 동네) 같은 곳의 식당은 기본적으로 30분을 기다려야 자리를 얻을 수 있기도 해요. 그런데 이렇게 바쁜 식당들은 예약을 따로 받지 않는 경우가 많아요. 그냥 가서 한참을 기다려야 하죠. 저의 팁은 당연한 것일 수 있지만 여건이 되면 식당 문이 열리는 시간보다 조금 전에 도착하거나 딱 맞게 도착하면 비교적 덜 기다릴 수 있다는 거예요. 바쁜 시간에 예약 없이 식당에 가게 되면 어떤 곳에서는 1시간 30분 이상을 기다려야 할 수도 있어요!

망설이지 말자! 원하는 자리는 말하는대로~

식당에 갔을 때 여러 가지 이유로 자리를 바꾸고 싶을 때가 있죠. 자리를 바꾸면 좋겠는데 영어로 말하기는 어렵고…… 참으면서 불편하게 식사하지 말고, 어떻게 정중하면서도 명확하게 의사전달을 할 수 있는지 배워서 기분 좋고 쾌적하게 식사하세요!

🗨️ 리얼 Dialogue

A Excuse me.
저기요.

B How can I help?
어떻게 도와드릴까요?

A Could we possibly move to another table?
저희 다른 테이블로 옮길 수 있을까요?

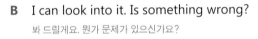

B I can look into it. Is something wrong?
봐 드릴게요. 뭔가 문제가 있으신가요?

A I feel a draft, and it's bothering me.
찬바람이 느껴지는데, 그게 좀 신경 쓰이네요.

B Maybe it's because of the air conditioning that's blowing right above you.
아마 손님 바로 위쪽에서 나오는 에어컨 때문에 그럴지도 모르겠네요.

A Oh, I didn't even notice that it was above me!
아, 제 위에 에어컨이 있었는지도 몰랐네요!

B Yes, it's not very noticeable. Would you like to move more towards the front?
네, 잘 안 보이죠. 좀 더 앞쪽으로 옮기고 싶으세요?

A Would that be possible?
가능할까요?

B Sure, I think that table over there is empty. Let me double check.
물론이죠, 저쪽에 있는 테이블이 비어 있는 것 같아요. 다시 한 번 확인해 보겠습니다.

A Thanks, appreciate it.

고마워요, 감사합니다.

\\\\\\\\\\\\\\\\\\\\ *[in a minute]* \\\\\\\\\\\\\\\\\\\\

B You're all set to move. Let me lead you to your new table. You can leave your utensils and glasses behind, I'll grab them for you.

옮기실 준비가 다 됐습니다. 새 테이블로 안내해 드릴게요. 식기 도구와 잔들은 놔두세요, 제가 옮겨 드릴게요.

A My friend just went to the restroom. Could you guide her to our new table?

제 친구가 방금 화장실에 갔어요. 새 테이블로 친구 좀 안내해 주시겠어요?

B Not a problem.

그럼요.

체크 Words

- **possibly** 아마, 어쩌면
- **look into** 조사하다, 주의 깊게 살피다
- **bother** 신경 쓰다, 괴롭히다
- **notice** 알아차리다, 의식하다
- **noticeable** 눈에 띄는

- **double check** 재확인하다
- **all set** 준비가 다 된
- **utensil** (가정에서 사용하는) 기구, 도구
- **grab** 가져다주다, 붙잡다, 움켜잡다

🗣️ 리멤버 Expressions

* **Would that be possible?**: 무엇을 할 수 있는지, 혹은 무엇을 가질 수 있는지 정중하게 물어보고 싶을 때 사용하는 표현이에요. 이보다 더 구체적으로 물어보고 싶다면 이 문장 다음에 아래 예문처럼 to부정사를 붙여서 말을 만들면 돼요.

  ex **Would it be possible** to reschedule our meeting? 우리 회의 시간을 다시 잡아도 괜찮을까요?

* **appreciate it**: 고맙다고 말할 때 보통 thank you를 가장 많이 사용할 텐데, thank you를 말하고 나서도 조금 더 정중하게, 혹은 격식 있게 고맙다고 말하고 싶다면 appreciate it이라고 하면 돼요. 원칙대로라면 I appreciate it. 혹은 We appreciate it.인데, 구어체로 말할 땐 I나 We를 빼는 경우가 많죠. Thank you.와 이 표현을 합쳐서 Thank you. I really appreciate it.이라고도 많이 말해요.

➕ Bonus Info 알아두면 더 좋아요!(bathroom, restroom, toilet 구별)

영어에는 화장실을 나타내는 단어가 여러 개 있어요. 미국에서 가장 흔하게 사용하는 말은 bathroom이긴 한데, 이보다 조금 더 격식 있게 사용하는 말은 restroom이죠. toilet을 화장실이라고 잘못 알고 있는 경우도 많이 있는데, 정확하게 말하자면 toilet은 변기를 지칭하는 말이에요. 앞으로 화장실이 어디냐고 물어볼 때는 Where is the toilet?말고, Where is the bathroom? 혹은 Where is the restroom?이라고 하세요!

참고로 영국 영어로는 화장실을 loo, lavatory라고도 해요.

Summer의 미국 생활 TIP

미국에서는 보통 식당에 처음 들어가서 웨이터가 자리를 안내해 줄 때까지 기다려요. fast food(패스트푸드)점이나 take-out restaurant(포장 음식 식당)은 손님이 알아서 자리를 찾아서 앉으면 되는데, 보통의 sit-down restaurant(테이블에 앉아 천천히 식사하는 레스토랑)은 웨이터가 자리를 안내해 주죠. sit-down restaurant에 들어 갔는데 문 앞에 웨이터가 없다고 해서 맘대로 빈자리에 가서 앉지 말고 웨이터가 나타날 때까지 기다리세요.

먹고 싶은 것을 자유롭게 말해봐! 음식 주문하기

식당에서 영어로 주문할 때 웨이터에게 어떻게 말해야 할지 잘 몰라서 자신감이 떨어진다면 아래 대화문을 통해 식당에서 하게 될 대화를 미리 익혔다가 자신 있게 음식을 주문해보세요. 아래 대화문에는 나오지 않아도 자신이 좋아하는 음식의 영어 이름 정도는 기억해 두면 좋겠지요?

리얼 Dialogue

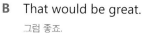

A Are you ready to order?
주문하시겠습니까?

B We might need some help.
저희가 도움이 좀 필요할 것 같아요.

A Sure! Let me **run through** our specials for you.
물론이죠! 저희의 특별 메뉴를 설명해 드릴게요.

B That would be great.
그럼 좋죠.

A Tonight, for an appetizer, we have bacon-wrapped 🔖dates stuffed with goat cheese which are served beside an asparagus salad. For an entrée, we have a roasted Chilean sea bass with lemon sauce on a bed of mashed sweet potatoes.
오늘 밤에 애피타이저로는 염소젖 치즈로 채운 대추를 베이컨으로 말아 아스파라거스 샐러드와 함께 제공합니다. 메인 요리는 레몬 소스가 곁들여진 구운 칠레산 농어로, 으깬 고구마 위에 얹혀져 나옵니다.

B They both sound amazing. Andrea, what do you think?
둘 다 맛있겠네요. 안드레아, 넌 어때?

C They both sound delicious.
다 맛있게 들리네.

A The sea bass is definitely one of my favorites. You won't regret it.
이 농어 요리는 제가 가장 좋아하는 음식 중 하나입니다. 후회 안 하실 거예요.

B Well, then we'll get the sea bass for an entrée. And we'll also get a plate of grilled asparagus from the appetizer menu.
음, 그러면 메인 요리로 농어를 할게요. 그리고 또 애피타이저 메뉴에서 구운 아스파라거스 한 접시를 할게요.

빛나는 상식 ⭐

date
대추야자는 사막에서 주로 자라는

나무 열매로 이라크, 이집트, 북아프리카 등지가 원산지예요. 세상에서 가장 달콤한 과일로 알려져 있고, 생명의 나무라고도 불릴 만큼 열매는 영양분이 풍부해요. 빈혈과 소화불량 등에도 좋다고 해서 많은 이들이 찾고 있어요.

빛나는 상식 📐

식당에서 보통 음식이
한꺼번에 나오길 바라
는지, 아니면 음식이 준
비되는 대로 하나씩 나
오길 바라는지 물어봐
요.

A And would you like your appetizer first?

그럼 애피타이저 먼저 드릴까요?

B Actually, could we get everything at once? We're going to share the entrée and appetizer. It'll be enough for us.

시실, 한꺼번에 모든 것을 같이 주실 수 있을까요? 메인 요리와 애피타이저를 같이 먹으려고요. 그러면 충분할 것 같아요.

A Sure, it probably will. Is that all, then?

그럼요, 그럴 것 같네요. 그러면 다 시키셨나요?

B Andrea, what do you think?

안드레아, 니 생각은 어때?

C That's fine with me.

나도 괜찮아.

B OK. Can we keep a menu just in case we want to order more later?

좋아. 나중에 더 시킬 경우에 대비해 저희가 메뉴판을 가지고 있어도 될까요?

A Not a problem. I'll leave one behind for you.

그럼요. 하나를 남겨두겠습니다.

빛나는 상식 📐

많은 식당에 디저트와
와인 메뉴가 따로 있어
요. 와인 메뉴는 식사
메뉴와 함께 처음부터
제공되고, 디저트 메뉴
는 식사가 끝난 후 웨이
터가 가지고 오는 경우
가 많죠.

MEMO

....
....
....
....
....
....
....

✅ 체크 Words

- **specials** 특별요리, 때에 따라 바뀌는 메뉴
- **appetizer** 전채 요리, 애피타이저
- **wrap** 둘러싸다, 포장하다
- **date** 대추야자
- **be stuffed with** ~로 채워지다
- **entrée** 주요리, 앙트레
- **Chilean** 칠레의

- **sea bass** 농어
- **on a bed of** ~가 아래 깔려서(침대처럼 음식 아래에 놓여 있어서 음식을 받쳐 주는)
- **mashed** 으깬
- **definitely** 분명히, 틀림없이
- **at once** 한꺼번에, 동시에
- **just in case** 만약을 대비해서

🧑 리멤버 Expressions

* **run through**: Let me run through our specials for you.는 '손님을 위해서 저희 특별 메뉴를 살펴 드릴게요.'라는 뜻이에요. run through는 어떤 것을 빨리 간략하게 토론하거나, 읽거나, 반복해서 보거나 검토할 때 사용할 수 있죠.

  ex • I'll just **run through** the itinerary for you.
      당신을 위해서 여행 일정표를 잠깐 간략히 읽어 드릴게요.
  • We **ran through** what we have studied since last month.
      우리가 지난달부터 공부한 것을 빨리 검토했어요.

Summer의 미국 생활 TIP

서양 식당에 가면 테이블 위에 냅킨이 가지런히 놓여 있죠. 냅킨을 쓰는 게 어려운 일은 아니지만 알아두면 좋을 에티켓이 몇 가지 있어요.

- 먼저, 식당에서 테이블에 앉으면 바로 냅킨을 펴서 무릎 위에 두세요. 만약 지인의 집에 초대 받아서 갔다면 호스트 (집주인)가 냅킨을 펴서 본인 무릎에 두는 것이 식사를 시작한다는 표시예요. 그때 같이 냅킨을 펴면 돼요.
- 식사하는 도중 냅킨을 사용해서 입 주위를 깨끗하게 닦아 주면 좋아요. 그런데 양 옆으로 문질러서 닦는 것이 아니라 꾹 꾹 눌러주면서 입 주위에 혹시 묻어 있을 음식물을 제거해 내요. 음료를 마시기 전에 이렇게 한 번씩 입 주위를 청결하게 해주는 것도 좋아요.
- 아기들이 밥을 먹을 때 목에 냅킨을 꽂는 것처럼 하지 않아요.
- 자리를 비울 때는 냅킨을 의자 위에 둬요.
- 식사를 다 마치고 나서는 냅킨을 접어서 그릇 왼쪽에 둬요. 그릇이 없을 경우에는 중앙에 두면 돼요.

여럿이 다양한 메뉴를 맛보고 싶다면? 단체 음식 주문하기

대부분의 서양 나라에서는 한국과 달리 보통 각자 자기의 음식을 시키고 자기 것만 먹어요. 하지만, 미국에서도 다양한 메뉴를 먹어 보고 싶을 때 친구끼리 단체로 음식을 주문해서 나눠 먹기도 하죠. 단체로 음식을 주문하는 대화문을 통해 어떤 단어와 표현을 쓸 수 있는지 미리 알아보세요.

리얼 Dialogue

A Is everyone ready to order?
다들 주문하실 준비되셨나요?

빛나는 상식 ✍️
여러 음식을 시켜서 다 같이 나눠 먹는 것을 family style이라고 표현해요.

B Yes, we'll be ordering family style.
네, 저희 패밀리 스타일로 주문할 거예요.

A That's the best way to get a little bit of everything!
그게 모든 것을 조금씩 다 먹어볼 수 있는 최고의 방법이죠!

B Yes, we're going for variety. What are your recommendations?
네, 다양하게 먹을 거예요. 추천해 주실 음식들이 무엇인가요?

A Since you're a group of six, I'd say choose three to four appetizers and four entrées. Our portions are pretty big. If you want to start with a soup and salad, I would suggest getting three bowls of soup.
여섯 분이시니까 제 생각에는 3~4개의 애피타이저를 시키시고 메인 요리를 4개 시키시면 좋을 것 같습니다. 저희는 양이 꽤 많거든요. 수프나 샐러드로 시작하고 싶으시면 수프 세 그릇을 주문하시는 것을 추천합니다.

빛나는 상식 ✍️
soup의 사이즈는 1인용인 컵(cup) 사이즈도 있고, 2인용 혹은 나눠 먹을 수 있게 좀 크게 나오는 그릇(bowl) 사이즈도 있어요.

B Would three bowls be better than six cups?
세 그릇이 여섯 컵보다 더 나을까요?

A Definitely. If you're not too hungry, you could even do with just two bowls.
확실히 그렇죠. 만약 많이 배고프지 않으시다면, 그냥 두 그릇만 하셔도 될 것 같습니다.

B Okay, then could we get two bowls of clam chowder?
좋아요, 그럼 클램 차우더 두 그릇 주시겠어요?

빛나는 상식 ✍️
웨이터가 손님이 주문한 것을 받아 적으면서 확인 차 주문한 음식 이름을 따라 말해요.

A Two bowls of clam chowder.
클램 차우더 두 그릇 하셨고요.

cobb salad

미국의 가든 샐러드 종
류인데, 다양한 채소들
을 먹기 좋은 크기로 잘
게 썰어 넣은 샐러드를
말해요. 보통 상추와 아
이스버그 레터스를 썰
어 넣고, 토마토, 베이
컨, 구운 치킨, 삶은 달
걀, 아보카도, 치즈, 블
랙 올리브와 비네그레
트 드레싱을 섞어 먹죠.

B For our other appetizers, we'd like two cobb salads and two plates of fried oysters. Is that too much?

다른 애피타이저로는 콥 샐러드 두 개와 튀긴 굴 두 접시 주세요. 너무 많을까요?

A Just one cobb salad might do.

콥 샐러드 한 개도 괜찮을 것 같습니다.

B Okay. For the entrées, can we get two whole branzinos with lemon, and two smoked salmon with green beans?

알겠어요. 메인 요리로는 레몬과 함께 나오는 유럽 농어 두 개와 껍질 콩과 함께 나오는 훈제 연어 두 개를 주시겠어요?

A Two branzinos and two smoked salmons. Got it.

유럽 농어 두 개와 훈제 연어 두 개요. 알겠습니다.

B Do you think that'll be enough?

그러면 충분할까요?

A Definitely. I'll bring out individual plates for you so that it's easier to share.

확실히요. 나눠 드시기 더 쉽도록 제가 개인 접시를 가져다드릴게요.

B Thanks!

고마워요!

📋 체크 Words

- **go for** ~을 선택하다, ~을 달성하기 위해 시도하다
- **variety** 여러 가지, 종류, 다양, 변화
- **portion** (음식의) 1인분, 부분
- **suggest** 추천하다, 제안하다
- **clam chowder** 클램 차우더(조갯살을 넣은 야채수프)
- **cobb salad** 콥 샐러드
- **oyster** 굴
- **branzino** (유럽) 농어
- **salmon** 연어
- **green bean** 껍질 콩(긴 콩깍지를 그대로 요리해 먹는 야채)
- **bring out** 가져 오다
- **individual plate** 개인 접시

👥 리멤버 Expressions

* **I'd say**: I would say의 줄임말로, 간단하게 설명하자면 '내 의견으로는', '내 생각으로는'라는 뜻이에요. '당신이 내 말을 듣는 게 가치가 있다고 생각한다면, 내 생각으로는 ~'이라는 의미가 함축되어 있죠.

  ex This t-shirt doesn't have a tag, but **I'd say** it's a size S.
  이 티셔츠에 태그는 없지만 내 생각에는 스몰 사이즈인 거 같아요.

* **would**: 영어에서는 동사를 무엇으로 쓰느냐에 따라 뉘앙스가 결정되죠. 특히, 조동사를 잘 써야 원하는 느낌을 잘 전달할 수 있어요. would라는 조동사를 쓰면 가정이나 상상의 의미를 나타낼 수 있어요.
  앞의 대화문에서 Would three bowls be better than six cups?는 '만약 우리가 나눠 먹기 위해서 클램 차우더를 시킨다면 6개의 컵보다 3개의 그릇이 나을까요?'라고 가정을 해서, 혹은 상상을 하며 물어보는 뉘앙스예요. 반면에, 이 말을 Are three bowls better than six cups?라고 한다면, '항상[일반적으로, 혹은 사실로서] 6개의 컵보다 3개의 그릇이 낫나요?'라고 물어보는 말이에요.
  이렇게 항상 있는 일이 아니라 어떤 일을 가정하고 상상해서 말한다면 be동사 보다는 would를 써서 그 뉘앙스를 살려주는 게 좋아요.

  ex • I can imagine how busy she **would** be. 그녀가 얼마나 바쁠지 상상할 수 있어요.
  • I know how busy she is. 그녀가 (보통, 일반적으로) 얼마나 바쁜지 알아요.

➕ Bonus Info 알아두면 더 좋아요!(식당 관련 용어)

- **No BYO** 식당 앞에 붙어 있는 문구일 수 있는데요, No Bring Your Own.의 약자로 '외부 음식이나 음료를 가지고 들어 오지 마세요.'라는 뜻이에요.

- **all you can eat** 뷔페처럼 계속 먹을 수 있는, 양껏 먹을 수 있는 곳을 나타내요.

잠시만요! 음식 주문 전 특이사항 체크하기

미국 사람들 중에는 음식물 알레르기가 있거나 주의가 필요한 민감성을 지닌 사람들이 많은 편이라 식당에서도 보통 이에 대한 질문을 꼭 하고, 조심하는 편이에요. 식당에서 음식에 대한 특이사항에 대해 물어보는 경우를 대비해서 이와 관련된 단어들을 미리 알아두세요.

리얼 Dialogue

A Before I take your order, do you have any food allergies or sensitivities?

제가 주문을 받기 전에, 음식 알레르기나 민감하게 반응하는 것들이 있으신가요?

B Yes, we have quite a few.

네, 꽤 많이 있어요.

A Okay, can you walk me through them?

좋습니다, 저한테 그것들에 관해서 설명해 주시겠어요?

B I'm on a gluten-free diet, and I'm ☜vegan. And my friend here is allergic to legumes and peanuts.

저는 글루텐이 안 들어간 음식으로 다이어트 중이고, 철저한 채식주의자예요. 그리고 여기 제 친구는 콩류랑 땅콩에 알레르기가 있어요.

A Did you say you're vegan or vegetarian?

철저한 채식주의자라고 하셨나요, 아니면 고기를 드시지 않는 채식주의자라고 하셨나요?

B I'm vegan. My friend is pescetarian, so no meat for us.

저는 철저한 채식주의자예요. 제 친구는 부분 채식주의자라서 저희는 고기는 안 돼요.

A Got it. We actually have a great vegan menu, so you're at the right place.

알겠습니다. 저희는 사실 철저한 채색주의자를 위한 아주 훌륭한 메뉴를 가지고 있는데, 딱 맞게 잘 오셨습니다.

B That's what we heard from our friends!

저희 친구들에게도 그렇게 들었어요!

A Everything on the third page is for vegans, and there are mostly peanut-free items. We also only cook with locally sourced, organic produce, so everything's fresh.

3페이지에 있는 모든 것이 철저한 채식주의자들을 위한 것이고, 대부분 땅콩이 안 들어가 있어요. 저희는 또 지역에서 재배된 유기농 농산물로만 요리를 해서 모든 것이 신선합니다.

B Which ones have legumes in them?

그럼 그것들 중에 어떤 게 콩류가 들어가 있죠?

A Anything that says hummus.

후무스라고 쓰여 있는 것은 다요.

B I see. Got it. Wow, there are so many options!

알겠습니다. 파악했어요. 와, 정말 많은 옵션이 있네요!

MEMO

A Right? There's something for everyone! It's all very healthy.

그렇죠? 모두를 위한 것이 있습니다! 다 아주 건강에 좋은 것들이에요.

B It sure looks like it. Could you give us a few minutes?

정말 그렇게 보이네요. 몇 분만 시간을 주시겠어요?

A Sure! I'll be back in a bit. Let me know if you have any questions.

그럼요! 잠시 후에 돌아오겠습니다. 질문 있으면 알려주세요.

B Thanks.

고맙습니다.

✅ 체크 Words

- **sensitivity** 예민함, 민감함
- **walk (someone) through (something)** (누군가에게) 한 단계 한 단계 천천히 (무엇을) 보여주다[설명해 주다]
- **gluten-free** 글루텐이 들어가지 않은
- **vegan** (고기, 어류, 우유, 유제품, 가죽 등을 먹지 않고 사용하지 않는) 철저한 채식주의자
- **allergic to** ~에 대해 알레르기가 있는
- **legume** 콩과 식물

- **vegetarian** 고기를 먹지 않는 채식주의자
- **pescetarian** 생선은 먹지만 육고기는 먹지 않는 사람
- **locally sourced** 현지에서 조달된
- **organic** 유기농의
- **produce** 산물, 농산물
- **hummus** 후무스(병아리콩 으깬 것과 오일, 마늘을 섞은 중동 지방의 음식)
- **in a bit** 잠시 후에

리멤버 Expressions

* **quite a few**: '꽤 많은'이라는 뜻임에 주의하세요. a few라는 말이 '몇몇', '조금의'라는 뜻이라서 quite a few도 비슷하게 '조금의'라고 오해하기 십상이에요. 하지만, a few가 quite와 함께 쓰이면 '꽤 많은'이라는 뜻으로 변해요. quite a bit도 a bit 자체는 '조금'이라는 뜻이지만 quite가 붙어서 '상당한 양의'라는 말이 되죠. quite a few 다음에는 셀 수 있는 명사가 나온다는 것도 잊지 말아야 해요.

  ex • There were **quite a few** cars on the road today. 오늘은 도로에 꽤 많은 차가 있더라.
  • All fruits contain **quite a bit** of water. 모든 과일에는 꽤 많은 수분이 들어 있어.
  • He drank **quite a lot** of water. 그는 꽤 많은 물을 마셨어.

  cf. quite(꽤)와 quiet(조용한)의 발음을 헷갈리는 분들이 많아요. quite는 [콰잇], quiet는 [콰이엇]입니다.

* **at the right place**: '적당한 곳에'라는 말로, 이와 관련하여 함께 자주 쓰이는 표현이 있어요. in the right place at the right time으로 딱 좋은 장소와 딱 좋은 시간에 무엇이 혹은 누군가가 있을 때 관용적으로 많이 사용해요.

  ex I saw Natalie Portman at a bar last night. Wow, I was **in the right place at the right time**.
  어젯밤에 바에서 나탈리 포트먼을 봤어. 와, 내가 때맞춰 좋은 곳에 있었던 거야.

✚ Bonus Info 알아두면 더 좋아요!(채식주의자 관련 용어)

· **vegan** 완전 채식

· **lacto-vegetarian** 우유나 유제품은 먹지만 고기, 생선, 해물, 달걀은 먹지 않아요.

· **ovo-vegetarian** 달걀은 먹지만 생선과 고기, 해물, 우유와 유제품은 먹지 않아요.

· **lacto-ovo-vegetarian** 달걀, 우유, 유제품은 먹고 생선과 해물, 고기는 먹지 않아요.

· **pollo-vegetarian** 달걀, 우유, 조류와 어류는 먹지만 붉은 육고기는 먹지 않아요.

· **pesco-vegetarian / pescetarian** 달걀, 우유, 어류는 먹지만 가금류나 조류, 붉은 육고기는 먹지 않아요.

Summer의 미국 생활 TIP

저는 채식주의자가 아니지만 미국에서 채식주의자인 친구들을 많이 봤어요. 같이 식당에 갔는데 메뉴를 포함해서 식당 안 어디에도 채식주의를 위한 음식이 따로 표시되어 있지 않았어요. 친구가 채식주의자를 위한 메뉴를 달라고 하니까 가져다 주더군요. 모든 식당이 그렇지는 않겠지만 미국엔 워낙 채식주의자가 많아서 메뉴가 따로 있는 곳이 꽤 많아요. 만약 채식을 한다면 혹여 따로 메뉴가 있을지 모르니 Do you have a separate menu for vegetarians?(채식주의자를 위한 메뉴가 따로 있나요?)라고 물어보세요!

Episode
07

목을 축여보자! 음료 주문하기 팁

음식 주문을 마쳤는데 음료를 주문할 때 영어가 막힐 수 있어요. 물의 종류라든가, 술의 종류를 영어로 어떻게 말하는지 모르고 있으면 당황할 수 있죠. 나중에 알고 보면 굉장히 간단하고 쉬운 단어인데 말이죠. 음료와 관련된 단어를 익혀서 완벽하게 식사를 주문해 보세요.

리얼 Dialogue

A What can I get for you to drink?
음료는 무엇으로 드릴까요?

B Do you have a separate drink menu?
음료 메뉴가 따로 있나요?

A Yes! Sorry, did I not give you one? **Let me grab** one for you. *(in a minute)* Here it is.
네! 죄송해요, 제가 안 드렸나요? 하나 가져다드릴게요. *(잠시 후)* 여기 있습니다.

B I'd like a glass of wine, please.
와인 한 잔 주세요.

A White or red?
화이트 와인이요, 아니면 레드 와인이요?

B Do you have rosé?
로제 와인 있나요?

A We do, and how about you?
있습니다, 손님은요?

C Do you have any non-alcoholic beverages?
술이 안 들어간 음료가 있나요?

A We have iced tea and soft drinks like Sprite and Coke.
아이스 티와 스프라이트와 콜라 같은 탄산음료가 있습니다.

C Is the iced tea sweetened?
아이스 티는 단가요?

A Yes, but it's not too sweet.
네, 하지만 아주 달지는 않습니다.

빛나는 상식

서양 식당에서는 보통 음식을 시키기 전에 음료부터 주문하는 것이 일반적이에요. 음료를 마시면서 천천히 이야기하며 어떤 음식을 시킬지 결정하곤 하죠.

빛나는 상식

탄산음료는 나라마다, 또 지역마다 다양한 이름을 가지고 있어요. soft drink, soda, pop, Coke(코카콜라에서 유래), fizzy drink 등 여러 이름으로 불리죠.

96

C I see. I'll take a closer look at the drink menu. So for now, we'll just order the glass of rosé.

알겠습니다. 음료 메뉴를 한번 더 자세히 살펴볼게요. 지금으로서는, 일단 로제 와인 한 잔 주문할게요.

A Sure. Would you like some water as well?

알겠습니다. 물도 좀 드릴까요?

B Yes, please.

네, 부탁해요.

A ⚐Still, sparkling or tap?

생수, 탄산수, 혹은 수돗물 중에 뭘 드릴까요?·

B Tap is fine. With ice, please.

수돗물 괜찮아요. 얼음이랑 같이 부탁해요.

빛나는 상식 📐

생수를 말하는 still water에서 still에는 '움직이지 않는'이라는 뜻이 있어요. 병에 들어가 있으면 수돗물처럼 흐르지 않고 가만히 있어서 생긴 말이에요.

📝체크 Words

- **rosé** 로제(연분홍빛이 나는 포도주)
- **non-alcoholic** 알코올이 포함되지 않은
- **beverage** (물 외의) 음료
- **iced tea** 아이스 티
- **soft drink** 탄산음료
- **sweetened** 달게 만들어진

- **closer** 더 면밀한[철저한]
- **for now** 우선은, 현재로는
- **as well** 또한, 역시, ~도
- **still water** 생수
- **sparkling water** 탄산수
- **tap water** 수돗물

🧑 리멤버 Expressions

* **Let me grab**: let은 '…가 ~하게 허락하다'라는 뜻의 사역동사예요. 〈let + A(목적어) + B(동사원형)〉는 '목적어(A)가 동사(B)하게 하다'라는 말이죠. let은 윗사람이 아랫사람에게 허락한다는 의미로도 쓰이지만, '내가 ~할게'라는 느낌으로도 자주 쓰여요.

  ex • **Let me know** if you have any questions. 질문이 있으시면 저한테 알려 주세요.
  • I'll **let him know** that you're interested in the program.
    당신이 그 프로그램에 관심 있다는 것을 그에게 알려 줄게요.

✚ Bonus Info 알아두면 더 좋아요!(음료 관련 용어)

• **cider** cider는 우리가 알고 있는 사이다가 아니라 사과 주스를 말해요. 우리가 알고 있는 사이다는 lemon-lime soda 또는 lemon-lime soft drink라고 하죠. 하지만 보통은 상표명으로 Sprite나 Seven Up으로 주문해요.

• **sports drink** 포카리 스웨트나 파워에이드와 같이 이온 음료로 알려져 있는 것들은 sports drink(스포츠 음료)라고 해요.

Summer의 미국 생활 TIP

한국의 대부분 식당에서는 물이 공짜로 제공되는 반면에 미국에선 꼭 그렇지는 않아요. 물의 종류를 보통 3가지로 나눠서 구분하는데, still water(증류수 혹은 생수), sparkling water(탄산수), 그리고 tap water(수돗물)예요. 한국은 수돗물을 바로 마시는 문화가 아니지만 미국은 지역에 따라 수돗물을 바로 마시는 것이 보편화되어 있는 곳이 있어요. 미국에서 식당에 들어갔을 때, 수돗물을 마시는 지역이라면 tap water에는 따로 돈을 내지 않아도 되지만 만약 still water나 sparkling water를 선택하면 이에 대한 비용이 추가될 거예요. 무엇을 마시겠냐는 웨이터의 질문에 Water, please. (물 주세요.)라고 한다면 대부분 Still or sparkling?이라는 식으로 뒤에 water를 빼고 다시 물어볼 텐데, 이렇게 water라는 말이 없더라도 물의 종류를 물어보는 의미라는 것을 기억하세요!

스테이크, 내 취향에 맞게 먹기

스테이크는 부위에 따라 맛도 다르고 이름도 참 다양해요. 한국어로만 알고 있는 소고기 부위와 얼마만큼 익혀달라고 말하는 표현까지 영어로 알아 둔다면 원하는 맛의 스테이크를 먹을 수 있겠죠!

리얼 Dialogue

A What can I get you?
무엇을 드릴까요?

B I can't decide between the porterhouse and the filet mignon. What cut is the porterhouse?
포터하우스랑 안심 중에서 결정할 수가 없네요. 포터하우스는 어느 부위인가요?

A Porterhouse is a large T-bone steak.
포터하우스는 큰 티본 스테이크입니다.

B Why is it so much more pricey than other options?
왜 다른 것들보다 그렇게 훨씬 더 비싼가요?

A Well, it's actually two portions.
그게, 사실은 2인분 양이거든요.

B Oh! Never mind then. I'll have the filet mignon. It's your most tender cut, right?
아! 그럼 됐어요. 안심을 먹을게요. 그게 이 식당에서 가장 부드러운 부위죠, 맞죠?

A It sure is. It'll melt in your mouth. How would you like that cooked?
맞습니다. 입안에서 녹을 거예요. 어떻게 요리해 드릴까요?

B What's the difference between medium rare and medium?
미디엄 레어랑 미디엄이랑 무슨 차이가 있나요?

A Medium rare gives you a warm red center, while a medium has just a pink center.
미디엄 레어는 고기 중간 부분이 주홍빛인 반면, 미디엄은 그냥 중간 부분에 핑크빛이 돌아요.

B I'll have it done medium.
미디엄으로 할게요.

빛나는 상식

포터하우스가 티본 스테이크(T-bone steak)이고 필레미뇽은 안심을 뜻해요. 미국에서는 음식점에서 티본 스테이크라는 표현을 잘 안 쓰고, 안심을 filet mignon(혹은 filet)이라고 불러요.

빛나는 상식

your는 말하고 있는 상대방인 웨이터를 뜻하는 것이 아니라 웨이터가 일하고 있는 그 식당 것이라는 뜻이에요.

A Medium it is. Do you want any sides with that?

미디엄으로 하시고요. 사이드로 어떤 것을 원하시나요?

B Would you recommend the creamed spinach or a slice of thick cut bacon?

크림이 섞인 시금치를 추천하시겠어요, 아니면 두껍게 자른 베이컨을 추천하시겠어요?

Rare
Medium Rare
Medium
Medium Well
Well Done

A That's hard... My personal favorite is the bacon. You can't go wrong with our bacon. But if bacon sounds too meaty, you are always safe with the creamed spinach.

어렵네요…… 제가 개인적으로 가장 좋아하는 것은 베이컨이에요. 우리 식당의 베이컨은 잘못된 선택일 수가 없거든요. 하지만 베이컨이 너무 고기가 많게 느껴지신다면, 크림이 섞인 시금치가 항상 안전한 선택일 수 있죠.

B Maybe I'll just get both.

두 개 다 먹어 볼게요.

A That would be the best solution!

그게 최고의 해결방안이겠네요!

B Great.

좋습니다.

MEMO

체크 Words

- **porterhouse** 포터하우스(티본 스테이크로 2~3인이 나눠먹을 수 있는 크기)
- **filet mignon** 안심(꼬리 쪽에 해당하는 세모꼴 부분으로 부드러운 안심살)
- **cut** 부위, 덩어리
- **T-bone steak** 티본 스테이크(소의 허리 부분 뼈가 붙은 T자형 스테이크)
- **pricey** 값비싼
- **tender** 부드러운, 연한

- **melt** 녹다
- **rare** (스테이크가) 덜 구워진
- **sides** 반찬, 곁들여 내는 요리(= side dish)
- **meaty** 고기가 많은
- **safe** 안전한, 틀림없는(위험성이 없는 '안전한'이라는 뜻도 있지만 결정이 잘못될 가능성이 없다는 뜻의 '틀림없는'이라는 뜻으로도 많이 쓰임)
- **solution** 해결책, 해법

리멤버 Expressions

* **How would you like that cooked?**: 스테이크를 주문하면 웨이터가 어느 정도로 스테이크를 익히기를 원하는지 꼭 물어봐요. How would you like it?이나 How would you like it done?, How would you like it[that] cooked? 등으로 물어볼 테니 어떻게 대답할지 준비해 두세요!

* **can't go wrong with**: '~은 잘못되는 법이 없다'라는 뜻의 표현이에요. '~을 선택하면 언제든지 만족할 것이다'라는 말인데, 어떤 분야나 주제에서든지 상관없이 굉장히 자주 쓰이는 표현이죠.
> **ex** You **can't go wrong with** a black suit. 검은색 정장으로는 잘못되는 법이 없지.

Summer의 미국 생활 TIP

서양 식당에 가면 포크와 나이프가 이미 식탁 위에 세팅되어 있을 거예요. 포크와 나이프가 하나씩이 아니라 2개 이상씩 놓여 있을 텐데요, 애피타이저와 메인 요리를 먹을 때 다른 포크와 나이프를 쓰기 때문에 2개 이상이 놓여 있죠. 가장 바깥쪽에 있는 포크와 나이프, 혹은 수저부터 사용하면 돼요. 음식을 먹는 도중 포크와 나이프, 혹은 수저를 내려놓아야 한다면 접시 위에 팔(八)자로 내려 놓으면 돼요. 식사가 끝나면 접시 오른쪽에 가지런히 모아 두세요. 그러면 웨이터가 식사가 끝났다는 것을 알아차리고 그릇을 치우러 올 거예요.

더 먹고 싶다면 망설이지 마세요~ 음식 추가 주문하기

시킨 음식을 다 먹고서도 뭔가 배가 덜 찬 느낌이라면 음식을 추가로 주문하고 싶죠. 영어로 어떻게 말해야 할지 걱정돼서 더 먹고 싶은데도 참고 그냥 나오는 일은 없어야겠죠! 메뉴판을 다시 달라고 해서 충분히 시간을 갖고 미리 익혀 둔 표현을 자신 있게 활용해보세요.

리얼 Dialogue

A Would you like to have some more wine?
외인 조금 더 드릴까요?

B We're good. Well, actually could we take a look at the menu again? We'd like to order more food.
괜찮아요. 음, 사실 메뉴를 다시 좀 볼 수 있을까요? 음식을 더 주문하고 싶어서요.

A Sure! Here's one.
당연하죠! 여기 있습니다.

B Hmm... could we have a minute?
흠…… 우리가 시간을 좀 가져도 괜찮을까요?

A Not a problem.
문제 없습니다.

\\\\\\\\\\\\\\\\\\ *[5 minutes later]* \\\\\\\\\\\\\\\\\\

B I think we're ready.
(주문할) 준비가 된 것 같네요.

A What can I get you?
무엇을 드릴까요?

B We're still a bit hungry, but not hungry enough to each eat an entire entrée.
우리가 아직도 조금 배가 고프지만, 각자 메인 요리 하나씩을 다 먹을 정도로 배고픈 것은 아니거든요.

빛나는 상식 🔺

전채요리를 불어로
는 hors d'oeuvre, 영
어로는 starter 혹은
appetizer라고도 말해
요.

A What about an hors d'oeuvre or two?

애피타이저 한 두 개는 어떨까요?

B Aren't they all pretty heavy? We want something light.

그건 좀 무겁지 않나요? 우리는 좀 가벼운 것을 원해요.

A We have a lot of veggie options on page three, if you're looking for something light.

만약 가벼운 것을 찾으시면 3페이지에 채소 옵션이 많이 있습니다.

B I must have missed that page.

제가 그 페이지를 지나쳤나 봐요.

A What about the roasted beet salad with chicken?

닭고기와 함께 나오는 구운 비트 샐러드는 어떠신가요?

B That sounds like it would be a nice finishing touch.

마무리하기에 좋을 거 같네요.

A I'll go put in your order.

가서 주문 넣어드릴게요.

📋 체크 Words

- **We're good.** 괜찮습니다.(어떤 제안을 거절할 때 쓸 수 있음)
- **hors d'oeuvre** (프랑스어) 전채요리, 애피타이저
- **heavy** (음식이 양이 많거나 기름져서) 무거운(↔ light 가벼운), (술이) 독한, (음료) 알코올을 넣은
- **veggie** 야채(vegetable의 줄임말); 채식주의(자)의

- **look for** ~을 찾다[탐색하다]
- **beet** 비트, 사탕무
- **finishing touch** 마무리, 마무리 손질
- **put in order** 주문 넣다

🗣️리멤버 Expressions

* **could we have a minute?**: 음식을 고르는 데 시간을 더 갖고 싶을 때 쓸 수 있는 표현이에요. a minute이라고 해서 딱 1분이 필요하다는 것이 아니고, 몇 분 정도 필요하다는 말을 이렇게 관용적으로 Could we have a minute? 이라고 해요. 꼭 식당에서뿐만 아니라 여러 상황에서 잠깐 시간이 필요할 때 a minute이라는 시간 단위를 관용적으로 많이 사용하죠. 예를 들어, '잠깐 시간 있으세요?'라고 물어보고 싶을 때 Do you have a moment?도 괜찮지만 Do you have a minute?이라고 많이 말해요.

* **must have missed**: must는 '~임이 틀림없다'라는 뜻의 조동사죠. 이것은 보통 현재나 미래에 관한 상황을 표현할 때 써요. 예를 들어, You must be tired.는 '당신이 현재 피곤한 게 틀림없다.'라는 말이에요. 현재 말고 과거에 이미 벌어진 상황을 놓고 '과거에 ~했던 것이 틀림없다'라고 하고 싶을 때는 〈must have + 과거분사(p.p.)〉를 쓰면 돼요.

  ex
  - Did she hike for 6 hours? She **must have been tired**.
    그녀가 6시간 동안 하이킹을 했어요? 피곤했겠네요.
  - He didn't have breakfast? He **must have been hungry**. 그가 아침 식사를 안 했다고요? 배고팠겠어요.
  - They **must have got lost**, or they'd be here by now.
    그들이 길을 잃어버린 게 틀림없어요, 그렇지 않으면 지금쯤 여기에 도착했을 거예요.

Summer의 미국 생활 TIP 🧑‍💼

음식이 입에 있으면 삼키고 말을 하는 것이 동양에서나 서양에서나 마찬가지로 예의인 것 같아요. 그런데 한국에서는 복스럽게 음식을 먹는 것 또한 미덕이라고 생각해서 음식을 정말 맛있게 먹죠. 그래서 한 번에 음식물을 입에 많이 넣고 먹을 때가 있어요. 그러다보니 말을 할 찰나에 거의 항상 음식물이 입안에 있는 경우가 많죠.

서양에서는 음식이 입안에 있을 때 말을 안 하는 것에 대한 에티켓이 훨씬 중요하게 여겨지는 것 같아요. 입안에 음식물이 있다면 깔끔하게 다 삼키고 말을 하는 것이 예의죠. 만약 누가 나한테 말을 시켰는데 입에 음식물이 있으면 기다리게 하는 것이 괜히 미안해서 다 삼키기 전에 입을 열고 싶을 거예요. 하지만 입에 아직 음식이 있다고 손으로 살짝 표시를 해주고, 시간을 갖고 다 삼키고 물을 한 모금 마시고 말을 하는 것이 더 예절을 지키는 일이랍니다. 그래서 제가 미국 생활을 하면서 배운 점은 아무리 맛있는 음식도 많은 양을 한꺼번에 입에 넣지 않고 작게 잘라서 넣어야 대화에 참여할 때 훨씬 편리하다는 거예요.

디저트 배는 따로 있지^^ 디저트 주문하기

서양은 디저트 문화가 발달했어요. 워낙 맛있는 디저트가 많기 때문에 보통 메인 요리 식사가 다 끝나고 나면 웨이터가 후식 메뉴를 따로 가져오거나 구두로 설명을 해줘요. 아래 대화문을 통해서 디저트를 주문할 때 요긴하게 쓸 수 있는 단어와 표현을 살펴봐요.

 리얼 Dialogue

A Ready for dessert? Or are you done for the day?
후식 드릴까요? 아니면 오늘은 이걸로 식사를 마치시겠어요?

B There's always room for dessert!
후식 배는 항상 있죠!

A I agree. Here's our dessert menu.
저도 동의합니다. 여기 저희 후식 메뉴입니다.

B What are the portions like?
양이 어떻게 되나요?

A I'd say it's fine for two people to share one plate.
두 분이 한 접시를 나눠드시는 것이 괜찮을 것 같습니다.

B What would you recommend?
무엇을 추천하시겠어요?

A You can never go wrong with our house-made peach sorbet.
저희가 직접 만든 복숭아 셔벗을 주문하시면 절대 후회하지 않으실 거예요.

B That does sound good.
맛있게 들리네요.

빛나는 상식
웨이터들이 고객에게 메뉴를 추천할 때 My personal favorite is ~라고 흔히 말해요.

A My personal favorite is the chocolate lava cake.
제가 개인적으로 가장 좋아하는 것은 초콜릿 라바 케이크입니다.

B Do you have any specials?
특별 메뉴가 있나요?

A Yes! We have an apple pie with coconut ice cream.

네! 코코넛 아이스크림과 함께 나오는 애플파이가 있습니다.

B Is the pie nut-free?

그 파이에는 견과류가 안 들어가 있죠?

A It is. It's also dairy-free, including the ice cream.

네. 아이스크림을 포함해서 유제품도 안 들어가 있습니다.

B I think I'll get that one. We'll share one.

그거 하나 할게요. 하나를 나눠 먹을게요.

A Good choice. Would you like whipped cream on it?

좋은 선택이시네요. 파이 위에 휘핑크림을 올려드릴까요?

B Yes, as long as it's dairy-free.

네, 유제품이 안 들어가 있으면요.

A It is. I'll be back with your dessert. You won't regret it.

안 들어가 있습니다. 후식을 가지고 오겠습니다. 후회하지 않으실 거예요.

B Thanks.

감사합니다.

📋 체크 Words

- **house-made** 집에서 만든
- **sorbet** 서벳(과즙에 물, 설탕 따위를 넣어 얼린 것. 흔히 디저트로 먹음)
- **lava cake** 라바 케이크(초콜릿 케이크 종류로 케이크 안에 액상 초콜릿이 들어 있음)

- **nut-free** 견과류가 안 들어가 있는
- **dairy-free** 유제품이 안 들어가 있는
- **whipped cream** 휘핑크림
- **as long as** ~이기만 하면, ~하는 한

🔖 리멤버 Expressions

* **are you done for the day?**: Are you done ~?은 '~을 끝냈니?'라는 뜻이에요. 명사형과 함께 쓰려면 뒤에 with를 붙여 말하고, 동사형이 올 때는 동사를 동명사로 바꿔 써요.
  - **ex** • **Are you done** with your project? 너 프로젝트 다 끝냈어?
  - • **Are you done** with your homework? 너 숙제 다 끝냈어?
  - • **Are you done** talking? 할 말 다 했어?
  - • **Are you done** washing the dishes? 너 설거지 다 했어?

* **There's always room for dessert!**: 한국말로도 자주 쓰이는 표현인 '후식배는 따로 있지.'와 같은 의미예요. room 은 '방'이라는 뜻 외에도 '여유 공간'의 뜻으로도 자주 쓰여요. 예를 들어, 치즈케이크 먹을 공간을 좀 남겨 놓으라고 하고 싶을 때는 Leave room for some cheesecake, please.라고 말할 수 있죠.

* **does sound**: 보통 주어 다음에 동사가 바로 오기 마련인데 이렇게 동사 앞에 does, do, did를 쓰면 그 동사를 강조 하는 거예요. I understand.라고 말할 때보다 I do understand.라고 하면 이해했다는 말을 더 강조해 주는 느낌이 에요. 마찬가지로 I finished it.이라고 말하는 것보다 I did finish it.이라고 하면 그것을 끝냈다는 것을 더 강조해서 말하는 느낌이죠.

Summer의 미국 생활 TIP

우리나라에서는 식당에서 웨이터를 부를 때 큰소리로 '여기요~'라고 부르는 것이 다반사이지만 외국 식당에서는 큰소리 로 웨이터를 부르는 것을 일반적으로 무례하다고 생각해요. 보통은 웨이터가 자주 테이블에 와서 뭐가 더 필요한지 물어 보지만, 자주 오지 않거나 혹은 필요한 것이 있는데 웨이터가 멀리 있을 때 웨이터의 주의를 끌어야 한다면 다음과 같이 해보세요. 웨이터와 눈을 마주치려고 노력합니다. 보통은 이 단계에서 웨이터의 주의를 끌 수 있지만, 웨이터가 바빠서 나와 눈을 못 마주치고 있으면 Excuse me.라고 적당한 크기의 소리로 웨이터를 부릅니다. 이렇게 했는데도 웨이터가 나 를 보지 못했다면 손을 살짝 들어서 웨이터의 주의를 끌죠.

먹을 것에 민감한 나, 음식점에서 항의하기

식당에서 음식에 뭔가 이상이 있거나 서비스가 좋지 않으면 이에 대해 컴플레인을 할 수 있죠. 다만, 다짜고짜 직원에게 화를 내는 것보다는 불편을 겪은 상황을 조곤조곤 이야기하는 것이 좋겠죠. 예의를 갖춰 항의하면 원하는 서비스를 받게 될 거예요.

🗣️ 리얼 Dialogue

A Excuse me.
여기요.

B Yes, how may I help you?
네, 무엇을 도와드릴까요?

A I am wondering when my entrée will come out. I've been waiting for over thirty minutes.
제 메인 요리가 언제 나오는지 궁금해서요. 제가 지금 30분이 넘게 기다렸어요.

B Let me check with the kitchen, but your food should be out in just a few minutes.
주방에 확인하겠습니다만, 몇 분 후면 금방 나올 거예요.

A I didn't realize it would take so long. I'm in a bit of a rush — it'd be great to have my steak sooner rather than later.
이렇게나 오래 걸릴 줄 몰랐어요. 제가 조금 급하거든요 — 제 스테이크를 지금 바로 먹을 수 있으면 좋을 것 같아요.

B I understand, and I apologize for the delay. Let me go check on your steak. *(after a while)* Here's your food! I am sorry to have kept you waiting. I hope you enjoy your meal.
알겠습니다, 늦어져서 죄송합니다. 금방 스테이크를 확인하고 오겠습니다. *(잠시 후)* 여기 음식이 나왔습니다! 기다리시게 해서 죄송합니다. 맛있게 드세요.

A Finally! Thanks.
드디어 나왔네요! 감사합니다.

\\\\\\\\\\\\\\\\\\\\\\\\ *[2 minutes later]* \\\\\\\\\\\\\\\\\\\\\\\\

MEMO

A This steak is really undercooked. I believe I ordered medium well done?

이 스테이크는 정말 요리가 덜 됐어요. 제 생각에는 제가 분명히 미디엄 웰던으로 시켰던 거 같은데요?

B I'm so sorry! That won't be a problem. You said you wanted it medium well done, correct?

정말 죄송합니다! 금방 해결해 드릴게요. 미디엄 웰던으로 주문하신 거죠, 맞죠?

A Yes, that's correct.

네, 맞아요.

B Let me take it back for you right now. I'll have it back out very soon.

지금 당장 다시 해드릴게요. 금방 다시 가지고 돌아오겠습니다.

\\\\\\\\\\\\\\\\\\\\ *[a few minutes later]* \\\\\\\\\\\\\\\\\\\\

B Here is your steak. It should be properly cooked now.

여기 스테이크를 가져왔습니다. 이제 제대로 요리가 되었을 겁니다.

A Thanks. It looks much better.

감사합니다. 보기에도 훨씬 더 나아졌네요.

B Please let me know if you need anything else.

혹시 뭐가 더 필요하시면 알려주세요.

A Will do.

그럴게요.

빛나는 상식

만약 음식물에 이물질
이 들어가서 항의를 할
경우, 웨이터의 잘못이
아니기 때문에 아래와
같이 말하면서 정중하
게 항의하는 것이 좋아
요.
예를 들어, I don't
want to make a
scene, but there is a
fly in my dish. 혹은 I
hate to make a fuss,
but there is a fly in my
dish.처럼요. 둘 다 '소
란 피우기는 싫지만 제
음식에 파리가 있네요.'
라는 뜻이에요.

✅ 체크 Words

- **wonder** 궁금하다, ~일지 모른다
- **in a rush** 아주 바쁘게, 황급히
- **sooner rather than later** 지체 없이 곧
- **apologize for** ~에 대해 사과하다

- **check on** ~을 (이상이 없는지) 확인하다
- **undercooked** 설익은(↔ overcooked 너무 익힌)
- **properly** 제대로, 적절히

📇 리멤버 Expressions

* **I am wondering**: '~가 궁금한데요'라는 뜻으로 현재 진행을 썼는데, 공손하게 질문할 때는 I was wondering으로 과거 진행형을 쓰기도 해요. 문법적으로 해석하자면 과거 진행형 시제를 썼기 때문에 '제가 궁금해 했었는데요'지만, 질문을 보다 공손히 할 때 자주 쓰는 표현이에요.

ex
- **I was wondering** if I could stop by your office tomorrow.
  제가 내일 당신 사무실에 잠깐 들러도 될지 궁금하네요.
- **I was wondering** whether you would like to come to the movies with me.
  저랑 영화 보러 가고 싶은지 궁금해요.

Summer의 미국 생활 TIP

영어가 짧으면 불이익을 받더라도 어떻게 항의할지 몰라 망설이게 되고, 안 되는 영어가 쑥스러워서 제대로 항의하지 못할 수도 있어요. 하지만 미국은 이민자의 나라이기 때문에 영어가 유창하지 못한 사람들도 꽤 많아요. 영어를 잘하지 못하는 손님에게 더 불친절하게 대하거나, 혹은 무시한다면 굉장히 기분 나쁘죠. 별로 큰일이 아니라면 넘어갈 수도 있지만, 만약 공정하지 않은 대우를 받았거나 꼭 항의해야 할 경우 어느 나라에서건 가장 중요한 것은 자신감인 것 같아요. 영어를 못 한다면 주눅이 들어서 목소리가 작아지기 마련인데, 정말 항의를 해야 할 경우에는 짧은 영어더라도 자신감 있게 큰 소리로 만족스럽지 못한 부분을 표현하는 것이 중요해요. 바디랭귀지와 내가 뿜어내는 에너지도 언어이니까요! 보통은 앞의 대화문처럼 주변 시선을 너무 끌지 않으면서 서비스나 음식에 대해 불만을 표시하면 곧바로 정정되지만, 만약 정정이 되지 않고 계속 불만족스러운 상황이 벌어질 경우 다음과 같은 말을 해보세요.

- In that case, I'd like to speak to the manager. 그렇다면 매니저랑 이야기를 나누고 싶네요.

- Sorry but this is unacceptable. 미안하지만 이건 용납되지 않아요.

팁도 자리에서 계산? 알고 가면 아주 쉬워요~

미국 식당에서는 무엇보다 계산할 때가 가장 헷갈릴 수 있어요. 한국에서와 달리 팁을 주는 문화가 보편화되어 있고, 카운터가 아니라 내가 앉은 테이블에서 계산하기 때문이죠. 하지만 어느 정도 프로세스를 알고 가면 결코 어렵지 않을 거예요.

🗨️ 리얼 Dialogue

A Could we have our check, please?
계산서 좀 주시겠어요?

B Absolutely! Would you like a box for the △leftovers?
물론이죠! 남은 음식 포장해가실 상자를 드릴까요?

A That would be great.
그러면 좋겠어요.

B I'll be right back with your check and the box.
계산서랑 (남은 음식을 싸갈 수 있는) 상자를 가지고 금방 돌아오겠습니다.

A Thank you! Could we split the bill among the six of us? We have six cards.
감사합니다! 우리 6명이 나눠 계산할 수 있을까요? 카드 6개로요.

B I'm sorry, we can only take up to two cards.
죄송하지만, 저희는 카드 2개까지만 받을 수 있습니다.

A Oh, I see. Then we'll put everything on one card. I'll pay, and everyone can △Venmo me.
아, 알겠습니다. 그러면 카드 한 개로 모두 결제할게요. 내가 계산할 테니까 모두 나한테 돈을 줘.

B Sure.
알겠습니다.

A Actually, could you also break this ten dollar bill into ones for me?
혹시, 이 10달러 지폐를 1달러짜리로 바꿔주실 수 있나요?

B I'm not sure we have ten ones. Could I give you one five dollar bill and five ones?
저희한테 1달러짜리가 10장 있는지 잘 모르겠네요. 5달러짜리 한 장과 1달러짜리 다섯 장은 어떠세요?

빛나는 상식 🌟
어떤 식당에서는 남은 음식을 가져가서 상자에 담아 주기도 하고, 어떤 식당은 빈 상자를 가져다 주고 손님이 직접 남은 음식을 담아 가게 하는 곳도 있어요.

빛나는 상식 🌟
Venmo는 간편하게 돈을 송금하고 받을 수 있는 모바일 앱으로 미국 동부 지역에서 많은 사람이 쓰고 있어요. 너무 많이 쓰다 보니 Venmo를 이렇게 동사로 사용하기도 해요.

A That's fine. I just need some change to tip the valet.

좋아요. 그냥 주차원에게 팁을 주려면 잔돈이 필요해서요.

B Sure. By the way, if you have any parking tickets, I can validate them for you.

알겠습니다. 그나저나, 혹시 주차권이 있으시면 저희가 확인해 드릴 수 있습니다.

A That nearly slipped my mind! Thanks for the reminder. That would be great. We have one.

그걸 깜빡 잊을 뻔했네요! 상기시켜 주셔서 감사해요. 그래 주시면 좋죠. 차 한 대에요.

B My pleasure.

무슨 감사는요.

\\\\\\\\\\\\\\\\\\\\\\\\ *[a few minutes later]* \\\\\\\\\\\\\\\\\\\\\\\\

B Sorry for the wait, here's your card. A 20% gratuity has already been added since you're a party of six.

기다리게 해드려 죄송합니다, 고객님 카드 여기 있습니다. 6인 단체라서 20% 팁이 이미 추가되었습니다.

A Thanks for letting us know.

알려주셔서 감사합니다.

빛나는 상식

미국에서는 앉아서 식사하고 웨이터가 서빙을 해주는 곳이라면 팁을 내요. 팁의 %는 지역마다 다른데, 대도시의 경우는 15%~20%가 보통이에요. 서비스가 만족스럽지 않았다면 10%를, 서비스가 굉장히 만족스러웠다면 20% 이상을 내죠. 뉴욕에서는 tax의 2배를 내요.

흔치는 않지만 어떤 식당에선 항상 영수증에 팁이 계산되어서 나오는 경우가 있으니 영수증을 꼼꼼하게 확인해 보세요.

체크 Words

- **check** 계산서(영국 영어를 쓰는 곳에서는 계산서를 bill이라고도 함)
- **leftover(s)** (식사 후) 남은 음식
- **split the bill** 돈을 각자 내다, 더치페이 하다
- **put ... on ~** ~에 …을 부과하다
- **Venmo** 돈을 내다
- **break** (지폐를 동전으로) 바꾸다
- **bill** 지폐, (식당의) 계산서
- **change** 잔돈, 동전

- **valet** 주차원
- **by the way** (화제를 전환할 때) 그런데
- **parking ticket** 주차권, 주차 위반 딱지
- **validate** 승인하다, 확인하다, 검증하다
- **slip one's mind** 잊어버리다
- **gratuity** 사례금, 팁
- **party of** ~명이 포함된 단체

🧑‍🤝‍🧑 리멤버 Expressions

* **Would you like a box for the leftovers?**: 음식이 남았을 경우 그것을 집에 싸 가져가고 싶냐고 웨이터가 물어볼 때 이런 표현을 써요. 이 외에도 Do you want to take home anything?, Would you like a box?, Can I pack up that for you? 같이 다양한 표현을 사용할 수도 있어요.

* **break this ten dollar bill into ones**: 금액이 큰 지폐를 잔돈으로 바꿔 달라고 요청할 때 break(깨다) 또는 change(바꾸다)라는 동사와 into라는 전치사를 사용해요. bill은 '계산서'라는 뜻도 있지만 여기서는 '지폐'라는 뜻이에요. 1달러짜리 지폐는 ones, 10달러짜리 지폐는 tens, 50달러짜리 지폐는 fifties라고 말하죠.
   - ex • Could you please **break** this $50 (bill) **into** 2 tens, 4 fives and 10 ones?
     이 50달러 지폐를 10달러 2장과 5달러 4장, 1달러 10장으로 바꿔주시겠어요?
   - • Can you **change** this $10 bill **into** coins? 이 10달러 지폐를 동전으로 바꿀 수 있을까요?

Summer의 미국 생활 TIP 👩

한국 식당에서는 계산할 때 보통 카운터에 가서 하는데 미국 식당에서는 웨이터가 계산서를 가져다주고 앉은 자리에서 계산해요. 처음 식당에서 계산하면 헷갈릴 수 있지만 아래 과정만 알고 있으면 당황하지 않을 거예요.

〈카드로 계산할 경우〉

① 계산서(check, bill)를 웨이터가 가져다준다.

② 직불카드나 신용카드를 계산서 위에 올려놓고 테이블 가장자리에 둔다.

③ 웨이터가 계산서와 카드를 가져가서 카드 기계에 긁고 일종의 '가결제'를 해서, 영수증(receipt)을 가져온다. 두 개의 영수증이 있는데 하나는 고객용(guest copy), 하나는 식당용(merchant copy)이다.

④ 영수증에 내가 적당하다고 생각하는 팁을 적고, 총 결제 금액을 계산해서 적은 뒤 사인을 한다. 그리고 영수증을 테이블 위에 두고 가면 아까 가결제한 금액은 취소되고 새로운 합계 금액이 정확히 결제된다. 최종 결제되는 데 하루 이틀 걸리는 경우도 있다.

〈현금으로 계산할 경우〉

① 계산서를 웨이터가 가져다준다.

② 현금을 계산서와 함께 두고 테이블 가장자리에 둔다.

③ 웨이터가 계산서와 현금을 가져가서 거스름돈과 영수증을 가져다 둔다.

④ 영수증에 사인하고, 팁을 주고 싶은 만큼만 영수증에 껴두고 테이블 위에 둔다.

바(bar)에서 바텐더에게 칵테일 주문하기

한국에선 대부분 음식점이나 치킨 가게에서 음식을 안주삼아 술을 마시는데, 미국은 바에서 술만 시켜서 먹는 문화가 발달했어요. 저녁 식사 전후에 바에서 한두 잔 가볍게 마시는 경우가 많으니 바에서의 영어와 문화를 배워 두었다가 바에 갈 일이 있을 때 멋지게 활용해 보세요.

리얼 Dialogue

A Ready to order?

주문하시겠어요?

B I'm not sure. What would you recommend?

아직 잘 모르겠어요. 어떤 걸 추천해주시겠어요?

A Well, would you like something heavy or light?

글쎄요, 독한 걸 좋아하세요, 아니면 가벼운 걸 좋아하세요?

B Something light, please.

가벼운 걸로 부탁드려요.

A A beer or a cocktail?

맥주요, 아니면 칵테일이요?

B I feel like a cocktail today.

오늘은 칵테일을 마시고 싶네요.

A Okay. Something sweet and clean? Something creamy? Something a bit sour?

네. 좀 달콤하고 깔끔한 거요? 크림이 들어간 거요? 약간 새콤한 게 좋을까요?

B Something relatively sweet. I'm not feeling too adventurous.

비교적 단 거요. 너무 모험적인 것은 당기지 않네요.

A Alright, what about a simple piña colada or a margarita? They're both half price during ⤷happy hour.

알겠어요, 심플한 피나콜라다나 마르가리타 어때요? 해피 아워 동안 둘 다 가격이 반값이에요.

B What goes in a piña colada?

피나콜라다 안에는 뭐가 들어가 있죠?

빛나는 상식 ✍

happy hour
식당이나 바에서 저녁 식사 시간 전인 4시~6시, 혹은 4시~7시 사이에 몇 가지 술과 스낵을 할인된 가격에 파는 시간대를 말해요.

A It has a bit of coconut milk, some pineapple juice, a squeeze of lime and a shot of rum. I usually serve it blended with ice.

코코넛 우유와 약간의 파인애플 주스, 라임 짠 것과 럼 한 잔이 들어가요. 저는 보통 이것에 얼음을 함께 섞어서 드려요.

B Piña colada, it is!

피나콜라다로 할게요!

A Sure. ID, please?

그래요. 신분증 주시겠어요?

B Oh, sure. I got IDed at the door, so I didn't think I had to show you again.

아, 그럼요. 아까 문에서도 신분증 확인을 해서 또 보여줘야 할 줄 몰랐어요.

A Yes, it's a bit of a hassle, but we check twice at our bar.

네, 조금 귀찮을 수도 있지만 저희 바에서는 두 번 확인해요.

B I see. ✎Here is my ID and my credit card for the drink.

그렇군요. 여기 제 신분증하고 음료 계산을 할 신용카드요.

A Thanks! Do you want to open a tab?

감사합니다! 계속 여기에 계산을 달아 놓을까요?

B Sure.

네.

A Got you. I'll be right back with your drink.

알겠습니다. 금방 음료를 가지고 올게요.

빛나는 상식 📂

바에서 딱 한 잔만 하고 마는 경우보다는 한두 잔 더 하게 되는 일이 많죠. 그런데 음료를 주문할 때마다 매번 카드를 내고 계산하는 것이 번거로울 수 있으니 처음부터 바텐더에게 카드를 맡겨 놓고 계속 그 카드를 사용할 수 있어요. 다 마시고 카드를 다시 받으려면 Can I close the tab?이라고 말하면 되고, 그럼 바텐더가 여러분의 이름을 물어봐서 카드를 찾아 계산서와 함께 돌려줄 거예요.

📋 체크 Words

- **adventurous** 모험을 즐기는, 모험적인
- **piña colada** 피나콜라다(럼주에 파인애플 주스와 코코넛 크림을 넣은 칵테일)
- **margarita** 마르가리타(과일 주스와 테킬라(tequila)를 섞은 칵테일)
- **squeeze** 무엇에서 조금 짜낸 액체

- **shot** (독한 술) 한 잔
- **rum** 럼주
- **blend** 혼합하다, 섞다
- **get IDed** 신분증 확인을 당하다
- **hassle** 번거로움, 혼란, 귀찮은 일
- **tab** (음식점·술집의) 계산서[외상 장부], 비용, 가격

리멤버 Expressions

* **I feel like**: feel like는 굉장히 자주 쓰이는 표현인데, 두 가지 뜻이 있어요. 둘 중에 어떤 의미로 쓰였는지는 문맥을 통해 알 수 있죠.

　① ~하고 싶다(= want)
　　ex • I **feel like** a glass of wine. 와인 한 잔 마시고 싶어.
　　　　　• I **feel like** going home and reading. 집에 가서 책을 읽고 싶어.
　② …가 ~인 것 같다[~인 기분이다]
　　ex • I **felt like** an idiot. 내가 바보가 된 기분이었어.
　　　　　• She **felt like** a princess in the beautiful dress. 그 아름다운 드레스를 입고 그녀는 공주가 된 기분이었어.

* **a bit of a hassle**: 여기서 hassle은 '귀찮은 일', '번거로운 상황'을 뜻하는 명사로 쓰였어요. 어떤 상황, 혹은 어떤 일이 귀찮을 때는 It's a hassle for me.라고 말하면 돼요.
　ex It was a **hassle** dealing with my supervisor today. 오늘 상사를 상대하기란 정말 성가셨어.

* **open a tab**: 바쁜 바에서는 매번 술을 주문할 때마다 계산서를 받고 사인하는 번거로움을 덜기 위해, '신용[직불]카드를 정산하지 말고 열어 놓고 다음에 사는 술도 이 카드로 계산한다'라는 뜻으로 open a tab이라는 표현을 써요.
　ex A: Do you want to **open a tab**? 카드 열어둘까요?
　　　　B: No, I'll pay for my drink now. And I'll pay for my friend's drink as well. Thank you.
　　　　　아니요, 지금 음료 값을 낼 거예요. 그리고 제 친구 술도 제가 낼게요. 감사합니다.

Summer의 미국 생활 TIP

사람이 굉장히 많은 바에서 음료나 술을 주문하는 경험을 많이 해 보지 않았다면 바에서 음료를 주문하는 게 쉽지만은 않을 거예요. 바텐더가 매우 바쁜 상황이라면 그가 나에게 시선을 주고 주문을 받기까지 한참을 기다려야 하는데, 이건 생각보다 꽤 인내심을 필요로 하는 일이죠. 우선은 바텐더가 나를 잘 볼 수 있는 곳에 서 있어야 해요. 하지만 주의를 끌기 위해서 지폐를 공중에서 흔든다던가 계속 Excuse me.를 연발하는 등의 행동은 삼가는 것이 좋아요. 눈을 맞추려고 노력하세요. 사람들이 자신의 음료를 받고 빠져나가면 바의 맨 앞줄을 차지하게 될 것이고, 그때 명심할 것은 내가 어떤 음료를 마시고 싶다고 할지 어느 정도 생각하고 있어야 한다는 거예요. 어떤 특정한 술이나 음료를 마시겠다고 100% 결정지을 필요는 없지만 어떤 종류의, 어떤 맛의 음료를 마시고 싶은지 정도는 바텐더에게 말해주고 추천을 부탁하는 것이 좋죠.

미국에서는 바텐더에게 음료를 받을 때마다 팁을 주는데요, 현금으로 계산한다면 보통 맥주나 와인은 한 잔당 1달러~2달러를, 칵테일은 2달러~3달러를 내요. 카드로 마지막에 계산을 한다면 뉴욕 같은 대도시에서는 총액의 20% 정도를 팁으로 주죠.

116

가벼운 식사, 브런치 즐기기

미국 도시에는 브런치 식당들이 굉장히 많아요. 친구들끼리도 주말에 브런치 약속을 자주 잡아 브런치를 하면서 서로의 근황을 업데이트하죠. 브런치 주문하는 것에 익숙해져서 즐거운 '아점'하세요!^^

리얼 Dialogue

A Hello! Welcome to Jack's House. What would you like today?

안녕하세요! 잭스 하우스에 잘 오셨습니다. 오늘은 무엇을 드시겠어요?

B I'm feeling pretty hungry right now. Can you recommend some dishes that are very filling?

저 지금 배가 상당히 고파요. 포만감을 줄 수 있는 메뉴 좀 추천해주시겠어요?

A Most of the items on our menu have really big portions. I promise they will all hit the spot.

저희 메뉴에 있는 대부분의 것들이 정말 양이 많아요. 모두 딱 원하시는 걸 거예요.

B OK, do you have any specials that could do the job?

그렇군요, 특별 메뉴 중에도 그런 것들이 있나요?

A Absolutely! We have a couple options today. The first is a bacon, egg, and cheese sandwich with potato hash on the side. You have a choice of a white, wheat, or buttered biscuit for the bread.

물론이죠! 오늘 두 가지 옵션이 있습니다. 첫 번째는 감자 해시를 곁들인 베이컨, 달걀, 치즈 샌드위치예요. 빵은 흰 빵, 통밀빵, 버터 비스킷 중에 선택하실 수 있어요.

B Wow, that sounds really good!

와, 그거 정말 맛있겠네요!

A It's one of our most popular specials today. I guarantee you'll like it.

오늘의 스페셜 메뉴 중 인기가 가장 좋은 것 중의 하나예요. 장담하건대 좋아하실 거예요.

B I'll take it. Wheat, please. I'm trying to be health conscious!

그걸로 할게요. 빵은 통밀빵으로 주세요. 요즘 건강을 신경 쓰는 중이거든요!

MEMO

A Would you like anything to drink?

음료도 하시겠어요?

B I'll take a coffee, please. With cream and sugar in it.

커피 한 잔 주세요. 크림하고 설탕을 넣어서요.

A OK. What can I get for you?

알겠습니다. 손님은 어떤 것으로 하시겠어요?

C I think I'll go for the chicken and waffles. Maple syrup and butter on the side, please.

저는 치킨이랑 와플 주문할게요. 메이플 시럽과 버터는 따로 주세요.

A Absolutely! Do you want any sides with that?

네! 사이드 메뉴로는 어떤 것을 하시겠어요?

C I'd like two eggs with that.

달걀 두 개 할게요.

A Over easy, sunny side up, scrambled or boiled?

오버이지, 써니사이드업, 스크램블, 삶은 달걀 중 어떤 걸로 드릴까요?

C Over easy, please. Can I also get a glass of tap water?

오버이지로 주세요. 그리고 수돗물 한 잔도 주시겠어요?

A Gotcha. Coming right up.

알겠습니다. 바로 준비해드릴게요.

빛나는 상식

식당에서 달걀을 시키면 How would you like your eggs?라고 어떻게 달걀을 요리하기를 원하느냐고 물어봐요. 달걀 요리 방식을 영어로 알아 두면 정말 편리할 거예요.

참고로 sunny side up은 달걀 프라이인데 노른자가 마치 sun(해)같이 생겼고, 그게 위(up)를 향해 있어서 sunny한 쪽(side)이 up되어 있다고 해서 sunny side up이라는 이름이 붙었어요.

poached egg

Scrambled egg

Sunny Side up

boiled egg

✅ 체크 Words

- **filling** 포만감을 주는, 배부르게 하는
- **hash** 해시(고기와 감자를 잘게 다져 섞어 요리하여 따뜻하게 차려낸 것)
- **on the side** 곁들여져 나오는, 따로, 다른 접시에
- **have a choice** 선택권이 있다
- **guarantee** 장담하다, 약속하다

- **over easy** (달걀의) 양쪽 면의 흰자위만 살짝 익힌
- **sunny side up** 한쪽만 프라이한
- **scrambled egg** 휘저어 볶은 달걀
- **boiled egg** 삶은 달걀
- **gotcha** 알았다, 잡았다
- **Coming right up.** 바로 가져다 드릴게요.

📱 리멤버 Expressions

* **hit the spot**: '바로 이 맛이다', '만족감을 주다', '원하는 즐거움을 딱 주다'라는 의미의 표현이에요. 테니스나 야구 같은 구기 종목 운동에서 딱 적절한 곳(spot)에 공이 맞으면(hit) 굉장한 쾌감을 주는 것을 연상하면 기억하기 쉬울 거예요.

> **ex**
> - This pasta really **hits the spot**. 이 파스타, 바로 이 맛이야.
> - This dish is guaranteed to **hit the spot**. 이 요리는 완전 만족감을 준다고 장담해.

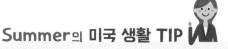

Summer의 미국 생활 TIP

제가 미국 생활을 시작하면서 신기해했던 점 중 하나는 미국은 아침으로 먹는 요리가 따로 있다는 점이에요. 한국에서는 (적어도 저는) 아침, 점심, 저녁 식사 메뉴가 크게 차이나지 않는데 서양에서는 아침 혹은 브런치로 점심과 저녁보다 훨씬 간단하게 식사를 하는 편이죠. 아침 식사 혹은 브런치로 주로 먹는 것들에는 식빵과 치즈, 잼, 달걀 요리, 우유와 시리얼, 프렌치토스트, 팬케이크, 에그 베네딕트(egg benedict: 구운 머핀 위에 햄과 수란 등을 얹고 홀란다이즈 소스를 뿌린 음식), 와플 등이 있어요.

〈다양한 달걀 요리 이름〉

- over easy: 한쪽을 살짝 익히고 뒤집어서 다른 한쪽도 익힌 방식. 양쪽 면의 흰자위만 살짝 익힌 달걀
- over medium: 양쪽을 다 프라이 한 것인데 달걀노른자를 중간 정도로 익힘
- over hard: 양쪽을 다 프라이 한 것인데 달걀노른자를 다 익힘
- Sunny Side up: 한쪽만 프라이함
- poached egg: 깨어서 삶은 것으로, 우리말로 '수란'이라고 하는 달걀 요리
- boiled egg: 삶은 달걀
- scrambled egg: 휘저어 볶은 달걀 요리

마음만 결정하면 쉬운 패스트푸드 주문하기

빨리빨리 음식을 시켜야 한다는 부담감이 큰 곳, 패스트푸드점. 하지만 어떻게 주문하는 것이 그 식당의 규칙인지 알고 무엇을 시킬지 결정만 하면 어렵지 않아요! 단, 패스트푸드점의 점원들은 말을 빨리 하니 귀를 쫑긋해서 들어야 해요. 무슨 대화를 나눌지 예상하고 가면 훨씬 도움이 되죠.

리얼 Dialogue

A Next?
다음 분이요?

B Hi.
안녕하세요.

A Hi, welcome to Chick-Fil-A! What would you like today?
안녕하세요, 칙필레에 오신 걸 환영합니다! 오늘은 어떤 걸 드시겠어요?

B Could I get a number nine, but with a fruit cup instead of fries, please?
9번을 주문하려는데 감자튀김 대신에 과일 컵으로 받을 수 있을까요?

A Number nine, spicy chicken deluxe sandwich with a fruit cup instead of fries. Anything else?
9번, 매운 치킨 디럭스 샌드위치와 감자튀김 대신 과일 컵이요. 다른 거는요?

B Oh, could you also remove the pickles from the sandwich?
아, 그리고 샌드위치에서 피클도 빼주실 수 있어요?

A Of course. What would you like to drink?
물론이죠. 음료는 어떤 걸로 하시겠어요?

MEMO

B Could I get a small milkshake?
밀크셰이크 작은 거 하나 주시겠어요?

A What flavor?
어떤 맛이요?

B I'll take the strawberry.
딸기 맛으로요.

A One spicy chicken deluxe sandwich with no pickles, a fruit cup instead of fries, and a small strawberry milkshake.

피클이 없는 매운 치킨 디럭스 샌드위치 하나, 감자튀김 대신 과일 컵, 그리고 딸기 밀크셰이크 작은 거 하나요.

B That's correct!

맞아요!

A Your total is $10.97. How will you be paying today?

손님의 총액은 10달러 97센트입니다. 어떻게 결제하시겠어요?

B Wow, that's really cheap! Debit, please.

와, 엄청 저렴하네요! 직불카드로 부탁드릴게요.

A OK, please ⚓swipe your card here.

알겠습니다, 여기에 카드를 긁어주세요.

B Still can't believe how affordable that was.

아직도 어떻게 이렇게 저렴한지 믿을 수가 없네요.

A Yes, we're all about affordable deliciousness.

네, 저희는 알맞은 가격대의 좋은 맛에 집중하죠.

B I can see that.

정말 그런 것 같네요.

A Let me get your milkshake for you real quick. The rest of your food will be right out.

제가 금방 손님의 밀크세이크를 가져다 드릴게요. 나머지 음식들도 바로 나올 거예요.

빛나는 상식

카드 결제할 때 카드 기계 옆 부분에 카드를 상하로 긁는(swipe) 방법이 있고, 카드 기계 하단에 카드를 insert(삽입)하는 방법이 있어요.

📋 체크 Words

- **instead of** ~ 대신에
- **fries** 감자튀김
- **deluxe** 고급의, 호화로운
- **pickle** 피클(채소를 소금과 식초물에 절인 것)
- **flavor** 맛, 풍미

- **affordable** (가격이) 알맞은, 감당할 수 있는
- **be all about** ~에 집중하다[관심이 많다]
- **deliciousness** 맛 좋음
- **rest** 나머지, 휴식

👥 리멤버 Expressions

* **I can see that.**: 직역하면 '나는 그것을 볼 수 있다.'이지만 여기서 see는 '보다'라는 의미보다 '(어떤 정보나 생각을 통해) 인식하다[알다, 이해하다]'라는 뜻으로 쓰인 거예요. 그래서 '그것을 알 수 있겠다.'라는 뜻이죠.

   ex • I can't **see** any other way to finish it. 그걸 끝낼 수 있는 다른 방법을 모르겠어.
   • I didn't **see** it coming. 그 일이 일어날 줄은 몰랐네.

* **let me get**: let은 직역하자면 '~하게 놔두다'라는 뜻이에요. let me get ~이라고 하면 '내가 ~을 get(얻다, 구하다) 하도록 놔두세요'라는 말인데, 의역하자면 문맥에 따라 '내가 ~을 가져올게' 혹은 '내가 ~을 살게'라는 뜻이에요.

   ex • Let me go get some beers. 내가 가서 맥주를 좀 사 올게.(내가 가서 맥주를 좀 가져올게.)
   • **Let me buy** you a drink. 내가 너한테 술 한 잔 살게.
   • **Let me talk** to him first. 내가 그에게 먼저 말할게요.

Summer의 미국 생활 TIP 🕯️

패스트푸드점에서 주문할 때 내 뒤로 사람들이 줄을 서 있으면 빨리빨리 주문해야 하고, 직원의 말을 빨리 알아들어야 한다는 심적 부담감이 크죠. 요새는 맥도날드 같은 패스트푸드점 말고도 건강식 패스트푸드점도 많아요. 각각의 패스트푸드점마다 제공하는 음식이나 고르는 스타일이 다르기 때문에 보통 음식점 안에 메뉴 고르는 순서가 크게 적혀 있죠. 제가 가본 건강식 패스트푸드점에선 먼저 샌드위치 식으로 먹을지 rice bowl((그릇에 담아주는 밥)로 먹을지 결정하고, 그 안에 넣을 것을 하나하나 선택해서 주문하게 되어 있어요. 보통 단백질(protein)을 소고기(beef)로 할지 두부(tofu)로 할지 고르고, 나머지 원하는 채소나 과일, 치즈 등을 고르죠. 안내판에 가격당 몇 개의 단백질과 몇 개의 나머지 재료들을 선택할 수 있는지 자세히 적혀 있으니 먼저 무엇을 먹을지 정하고 줄을 서면 마음 편하게 주문할 수 있을 거예요!

깊고 진한 커피의 세계, 카페에서 커피 주문하기

커피는 사람들이 가장 많이 마시는 음료 중 하나가 아닐까 싶어요. 그래서인지 유명 커피 전문점뿐 아니라 개인이 운영하는 개성적인 카페들도 많이 있죠. 커피를 주문할 때 사용하게 되는 다양한 표현들을 함께 알아봐요.

🗣 리얼 Dialogue

A Welcome to Dos Gatos Coffee Shop! How may I help you today?

도스 가토스 커피숍에 오신 것을 환영합니다! 어떻게 도와드릴까요?

B Hi! I'm new to the area, I really want to explore all the coffee shops in the area. I don't really know what kind of coffee to get today. What do you recommend?

안녕하세요! 제가 이 동네가 처음인데요, 정말 이 동네에 있는 모든 커피숍을 다 다녀보고 싶어요. 오늘은 어떤 종류의 커피를 마실지 잘 모르겠네요. 무엇을 추천해주시겠어요?

A We have so many different types of coffees! We have lattes, cappuccinos, espressos and macchiatos.

저희 가게에는 정말 많은 다양한 종류의 커피가 있어요! 라떼, 카푸치노, 에스프레소, 그리고 마키아또가 있어요.

B What's really popular? What's the specialty of this coffee shop?

뭐가 정말 인기가 있나요? 이 커피숍의 전문 메뉴가 뭐죠?

A Well, nowadays our cold brew is selling really well.

음, 요즘에는 콜드브루가 정말 잘 팔리고 있어요.

B What is cold brew?

콜드브루가 뭔가요?

A It's a popular new way of brewing coffee. Instead of running hot water through the beans, we just soak coffee grinds in cold water.

커피를 내리는 인기 있는 새로운 방식이에요. 뜨거운 물을 커피콩 사이로 통과시키는 것 대신에 커피 가루를 그냥 차가운 물에 적시는 방식이에요.

B What is the flavor like?

맛이 어떤가요?

MEMO

....

....

....

....

....

....

....

....

....

A It's much more caffeinated but a lot less bitter. There's a very clean aftertaste. I'm **a big fan of** cold brew coffee.

카페인이 훨씬 더 많이 함유되어 있지만 훨씬 덜 써요. 뒷맛이 아주 깔끔하죠. 저는 콜드브루 커피를 아주 좋아해요.

B That sounds pretty good.

꽤 맛있을 것 같네요.

빛나는 상식 📐

아이스 커피, 아이스 티처럼 한국말로는 아이스(ice)라고 말하지만 영어로는 형용사를 써서 iced coffee, iced tea처럼 iced라고 쓴다는 것 기억해요!

A Most people have it ⚓iced, but we also offer a hot version. We add hot water to the concentrate.

대부분의 사람들은 아이스로 먹지만 저희는 뜨겁게도 드려요. 농축액에 뜨거운 물을 넣어드리죠.

B Could I try a medium-sized iced cold brew? With just a little bit of extra ice. Skim milk and one pump of sugar, please.

중간 사이즈로 아이스 콜드브루를 먹어볼까요? 얼음을 조금만 더 추가해주세요. 무지방 우유랑 설탕 시럽도 한번 펌프 부탁드려요.

A Coming right up!

곧 나올 거예요!

MEMO

✅ 체크 Words

- **latte** 라떼(뜨거운[증기를 쐰] 우유를 탄 에스프레소 커피)
- **cappuccino** 카푸치노(진한 크림과 향료를 넣어 내놓는 뜨거운 에스프레소 커피)
- **espresso** 에스프레소(볶아서 빻은 커피 가루에 증기를 쐬어 만드는 진한 커피)
- **macchiato** 마키아또(우유를 약간 탄 에스프레소 커피)
- **specialty** 특제품, 전문
- **brew** (커피·차를) 끓이다[만들다]

- **soak** 흠뻑 적시다
- **grind** (갈거나 빻은) 가루
- **caffeinated** 카페인이 함유된
- **bitter** (맛이) 쓴
- **aftertaste** 뒷맛
- **concentrate** 농축액, 농축물
- **skim milk** 탈지우유(지방을 제거한 우유)

📇 리멤버 Expressions

* **a big fan of**: I'm a big fan of cold brew coffee.를 직역하면 '저는 콜드브루 커피의 열혈 팬이에요.'라는 말인데, 무엇을 굉장히 좋아할 때 I like it 혹은 I love it 대신에 a big fan of라는 말도 한 번 써보세요.

> ex A: Do you want to get a Thai massage with me? 나랑 타이 마사지 받아볼래?
> B: I'm sorry, but I'm not **a big fan of** massages. 미안, 나는 마사지 그렇게 좋아하지 않아.

Summer의 미국 생활 TIP 🧑‍💼

스타벅스에서 커피나 음료를 주문하면 이름을 물어봐요. 그럼 그 이름을 플라스틱이나 종이컵에 적은 뒤 음료가 준비되면 이름을 불러주죠. 이름이 불리면 음료 받는 곳에 가서 내 음료를 가지고 오면 됩니다. 그런 줄도 모르고 해외 스타벅스에서 처음 커피를 시켰을 때 속으로 '나한테 관심 있나? 왜 내 이름을 물어보지?'라고 엉뚱하게 공주병적인 생각을 했더랬죠. 스타벅스는 또 이름을 제대로 받아 적지 않는 것으로 유명해요. 아무리 원어민이 똑바로 자기 이름을 말하더라도 엉뚱한 이름으로 적는 경우가 굉장히 많아요. 그러다 보니 이게 스타벅스의 세일즈 전략이라고 하는 사람들도 있을 정도예요. 스타벅스 컵에 엉뚱하게 적힌 이름 사진들이 소셜 미디어(SNS)에 많이 올라오거든요. 구글에서 Starbucks name fails라고 검색하면 엉뚱하게 이름을 적어 놓은 사례를 볼 수 있을 거예요. 예를 들면, Erin을 EARN으로 적거나 Amy를 A-ME로 적은 것들이 있어요. 스타벅스 브랜드가 온라인에 계속 돌아다니게 만드는 참 똑똑한 마케팅 방식이죠?!

긴장하지 말아요~ 전화로 배달 음식 주문하기

안 그래도 안 들리는 영어, 전화로 들으면 더 안 들리죠. 그래도 사실, 전화로 배달 음식을 주문할 때 쓰는 표현은 어느 정도 정해져 있어요. 배달을 부탁한다고 말하고, 원하는 메뉴와 주소, 전화번 호를 알려주고, 특이사항을 말하는 정도이니 자주 쓰이는 표현을 미리 알아두세요.

 리얼 Dialogue

A Hey Summer, it's almost dinnertime, but I'm really tired so I was thinking we should just order delivery. My treat.

썸머, 이제 거의 저녁 식사 시간인데 내가 정말 피곤해서 그냥 배달 음식을 주문해야 할 것 같아. 내가 살게.

B Sweet! How about ordering pizza?

좋아! 피자 주문하는 게 어때?

A I'm down. Let's do it! I'll call the pizzeria right now.

좋아. 시키자! 내가 지금 바로 피자 전문점에 전화할게.

\\\\\\\\\\\\\\\\\\\ *[in a few minutes]* \\\\\\\\\\\\\\\\\\\

C Papiano's Pizza, how may I help you today?

파피아노 피자입니다, 어떻게 도와드릴까요?

A I'd like one large pepperoni pizza.

라지 페퍼로니 피자 하나 주세요.

C Are you ordering delivery or takeout?

배달시키시는 건가요, 아니면 포장인가요?

MEMO

A Delivery, please.

배달 부탁드려요.

C Would you like any other toppings on your pizza?

피자에 다른 토핑 원하시는 거 있으세요?

A What would you recommend?

어떤 걸 추천해 주시겠어요?

C Green pepper and mushrooms are two popular toppings with pepperoni pizza. You also can't go wrong by adding sausage or ham. And if you want something sweet, you could also add in some pineapple.

그린페퍼와 버섯은 페퍼로니 피자에 인기 있는 두 가지 토핑이에요. 소시지나 햄을 추가하는 것도 좋죠. 그리고 만약에 달콤한 걸 원하시면 파인애플을 좀 추가하실 수도 있어요.

A Could I add mushrooms to my pizza? And I'll have one large bottle of Coke, please.

피자에 버섯을 추가해 주시겠어요? 그리고 콜라 큰 병도 하나 부탁해요.

C Oh, a large bottle of Coke comes with your pizza. Your total is $16.50. What's your address? And a number we can reach you at?

아, 고객님 피자에 콜라 큰 병이 하나 포함되어 있어요. 총액은 16달러 50센트예요. 주소가 어떻게 되시죠? 그리고 저희가 연락할 수 있는 번호는요?

A I'm at 123 Korea Way. My number is 212-123-4567.

저는 코리아 웨이 123번지에 있습니다. 제 번호는 212-123-4567이에요.

C I see you're a regular customer!

단골손님이시네요!

A Yes, I try other places now and then, but I keep returning to your pizzeria.

네, 가끔 다른 곳들에 도전해보지만 계속 이 가게로 되돌아오네요.

C Great. Your pizza should be at your front door in about 30 minutes.

좋네요. 피자는 고객님 집 앞문에 30분이면 도착할 거예요.

A OK, thank you! Please give me a call when you arrive here. My doorbell doesn't work.

알겠어요, 감사합니다! 여기 도착하시면 저한테 전화를 주세요. 우리 집 초인종이 작동하지 않아서요.

빛나는 상식

미국에서 주소 쓰는 방식은 한국 주소 쓰는 순서랑 반대예요. 한국식 주소는 큰 단위부터 작은 단위로 내려오면서 쓰죠. '대한민국, 서울시 00구 XX동 ~' 이렇게요. 하지만 영어는 작은 단위부터 써요. '번지, 길 이름, 아파트 호수, 도시 이름, 주, 우편번호, 나라 이름' 순이로요.

예) 123 Korea Way, Apt 112, New York, NY 20976, USA

🗒️ 체크 Words

- **treat** 대접, 한턱
- **Sweet!** (동의·찬성을 나타내어) 좋아요!
- **pizzeria** 피자 전문점
- **takeout** 포장 음식
- **topping** 토핑, (음식 위에 얹는) 고명

- **add in** ~을 일부분으로 추가하다
- **come with** ~이 딸려 있다, ~의 일부로 포함되어 있다
- **regular** 자주 다니는; 단골손님
- **now and then** 때때로, 가끔
- **doorbell** 초인종

👥 리멤버 Expressions

★ **order delivery**: '배달 음식을 주문하다'라는 뜻으로, '주문하다'는 order라는 동사로 쓸 수 있지만 place an order로도 자주 써요. 만약 미리 주문하고 식당에 가서 직접 가져오고 싶으면 delivery만 pickup 혹은 takeout으로 바꿔서 말하면 되죠. I'd like to place an order for pickup[takeout].처럼요.

★ **My treat.**: 이 표현은 This is my treat.에서 This is를 생략한 것으로, 한국어로는 '내가 쏠게.', '이건 제가 한턱 내겠습니다.'라는 말과 같아요. 비슷한 표현으로는 This is on me., I got this.가 있어요.

★ **I'm down.**: 무엇에 동의하거나, 어떤 아이디어를 좋아할 때 I'm down.이라고 말할 수 있어요. I'm up.이라는 말도 비슷한 뜻으로 쓰이죠. up for something, down for[with] something 식으로 동의하는 내용을 뒤에 언급해 줄 수도 있어요.

> **ex** A: Do you want to order some Chinese food? 중국 음식 주문할까?
> B: **I'm** totally **down** with Chinese food and a movie tonight! 오늘 밤 중식이랑 영화 완전 좋은데!
> A: I don't think **I'm up** for a movie. Let's just do Chinese and go to bed early tonight.
> 나는 영화는 별론데. 중식만 먹고 오늘 밤은 일찍 자자.

Summer의 미국 생활 TIP

미국은 배달 음식을 시킬 때도 팁을 줘요. 배달 음식에 대한 팁을 얼마나 줄지는 미국 사람들 사이에서도 조금씩 생각이 달라요. 일반적으로는 적어도 3달러, 혹은 총 금액의 10%를 팁으로 주고 있어요. 만약 날씨가 안 좋거나 배달 조건이 좋지 않았다면 이보다 조금 더 주기도 하죠. 미국에서도 배달 앱을 이용해 배달 음식을 주문하는 게 흔한 일이 되었는데, 제가 사는 뉴욕에서 가장 인기 있는 배달 앱은 Seamless라는 거예요.

즐거운 요리를 할 때도 영어로 말해보기

요리를 정말 좋아하지 않는 이상 요리에 관한 영어에 노출될 경우는 적어서 요리할 때 자주 사용하는 단어와 표현들을 배울 기회가 별로 없죠. 그래서 미국 생활을 하면서 친구들과 함께 요리해서 같이 음식을 먹을 때 무슨 말을 해야 할지 몰라 답답할 수 있으니 미리 준비해 봐요!

🗣리얼 Dialogue

A Sam! Could you help me with dinner?
샘! 나 저녁 식사 요리하는 것 좀 도와줄 수 있어?

B Sure, I'll be your sous chef! What are you making?
그럼, 내가 너의 부주방장이 되어줄게! 뭐 만들던 중이야?

A I'm making spaghetti, but I'm also going to attempt to make fried oysters as an appetizer.
스파게티를 만들고 있는데, 굴 튀김도 애피타이저로 만들어 보려고 해.

B That sounds complicated. How can I give you a hand?
복잡할 거 같은데. 내가 어떻게 도와주면 될까?

A Could you help me with the oysters? I need you to shuck them, rinse them, and then pat them dry. I'll give you more instructions afterwards.
굴 준비하는 것 좀 도와줄 수 있어? 굴 껍데기를 벗긴 다음에, 물로 헹궈서 톡톡 쳐서 말려줘. 그러고 나서 내가 더 설명해줄게.

B On it!
내가 할게!

MEMO

\\\\\\\\\\\\\\\\\\ *[after a while]* \\\\\\\\\\\\\\\\\\

B Done! What would you like me to do next?
다 했어! 내가 다음에 뭘 하면 좋을까?

A Now grab two eggs from the fridge, crack them open, and whisk them until they're thoroughly mixed. When you are done, dip the oysters in the egg wash and then use the bowl of flour and breadcrumbs over there to coat the oysters.

이제 냉장고에서 달걀 두 개를 꺼내서 깬 다음에 완전히 섞일 때까지 저어 줘. 다 한 다음에, 굴들을 그 달걀 물에 담근 다음 저기 있는 밀가루와 빵가루를 잘 입혀줘.

B Gotcha. *(in a few minutes)* OK, the oysters have been battered and breaded. Do you want me to fry them?

알겠어. *(잠시 후)* 자, 굴들에 반죽을 입히고 빵가루를 묻혔어. 이제 내가 튀겨볼까?

A Oh shoot! I forgot to buy more oil. Can you quickly run to the store to buy some? I need a liter of canola oil.

아 제길! 내가 기름을 더 사는 걸 깜빡했네. 네가 빨리 가게에 뛰어가서 더 사 올 수 있어? 1리터의 카놀라유가 필요해.

B OK! I'll be right back.

알았어! 금방 다녀올게.

\\\\\\\\\\\\\\\\\\ *[after a while]* \\\\\\\\\\\\\\\\\\\

B I'm back! Here's your oil.

나 다녀왔어! 여기 네 기름이야.

A Thanks! Could you pour it into that skillet and then fry the oysters?

고마워! 프라이팬에 기름을 부은 다음에 굴을 튀겨줄 수 있어?

B On it. *(a few minutes later)* Oysters are done. Wow, these are really good!

알았어. *(몇 분 후)* 굴 요리가 다 끝났어. 와, 이거 진짜 맛있네!

A They look perfect! Great job.

진짜 완벽해 보인다! 너무 잘했어.

☑️ 체크 Words

- **sous chef** 부주방장
- **shuck** (~의 껍질을) 벗기다
- **rinse** (물로) 씻어내다
- **pat** 톡톡 가볍게 치다
- **afterwards** 그 뒤에, 나중에
- **crack open** 깨다
- **whisk** (달걀 등을) 휘젓다
- **thoroughly** 완전히, 철저히
- **dip** (액체에) 살짝 담그다

- **egg wash** 계란물
- **breadcrumbs** (요리용) 빵가루
- **coat** 덮다, 입히다
- **batter** 튀김옷을 입히다
- **bread** 빵가루에 묻히다
- **liter** (용량의 단위) 리터
- **canola** 카놀라(서양 유채)
- **skillet** 프라이팬(보통 프라이팬보다 더 깊은 팬)

🎴 리멤버 Expressions

* **give you a hand**: give someone a hand는 직역하면 '한 손을 ~에게 준다'라는 말인데, 의역을 하면 '~에게 도움을 준다'라는 의미예요.
  ex Can you **give me a hand** carrying this box? 이 상자 나르는 것 좀 도와줄 수 있어?

* **On it!**: I'm on it.에서 I'm을 생략하고 말하는 경우가 많아요. I'm on it.이라는 말은 I'll take care of it., I'm handling it.이라는 말로 '내가 그 일을 당장 할게.', '내가 맡아서 바로 해결할게.'라는 뜻이에요.
  ex I wonder if there are any good movies playing these days. **I'm on it.**
  요새 괜찮은 영화들이 상영되고 있는지 모르겠네. 내가 바로 찾아볼게.

Summer의 미국 생활 TIP 👩

미국의 아파트에 산다면 화재경보기가 있을 거예요. 미국에서는 이 화재경보기가 정말 정말 쉽게 울린답니다. 연기가 조금만 나도 바로 경보기가 울려요. 제가 아파트 형태의 대학원 기숙사에서 살 때 한밤중에도 이 화재경보기가 울려서 그 빌딩에 살고 있던 모든 사람이 밖으로 대피하는 경우가 여러 번 있었어요. 모든 학생이 알았죠, 요리하다가 연기가 났다는 것을. 그러니 요리할 때 연기가 심하게 나지 않도록 조심하세요! 화재경보기가 울려 소방차가 출동하면 비용을 지불해야 하는 경우도 있으니까요.

한국 음식, 이제 자신 있게 소개하기

한국 드라마와 가수, 영화에 대한 관심이 더 커져가면서 한국에 대한 긍정적 이미지와 흥미가 증가하고 있다는 것은 부정할 수 없어요. 적어도 내가 좋아하는 한국 음식에 대해서 영어로 소개할 수 있도록 준비해 보세요.

리얼 Dialogue

A What would you recommend?

뭘 추천해 줄래?

B Well, bibimbap is the way to go, if you're trying Korean cuisine for the first time. If you want a soup instead, you can try the Korean-style soft tofu soup. If you want a meat dish, you could always get LA galbi dish. They're all really good.

글쎄, 한국 음식을 처음 먹는 거라면 비빔밥이 딱 좋아. 만약에 대신 국물을 원한다면, 한국식 순두부찌개를 먹어봐도 좋아. 고기를 원한다면, 항상 LA갈비를 먹어 봐. 다 진짜 맛있어.

A All sound good. What's your favorite at this restaurant?

다 맛있겠네. 네가 이 레스토랑에서 가장 좋아하는 건 뭐야?

B I recommend the bibimbap. It's rice with tons of vegetables that you mix with the rice. It also comes with your choice of seasoned meat.

나는 비빔밥을 추천해. 섞을 수 있는 채소가 많은 밥이야. 그리고 양념이 되어 있는 고기를 선택하면 같이 나와.

A I'm not too big on veggies though. Maybe the LA galbi? Is LA galbi spicy?

나는 채소를 그렇게 좋아하는 편이 아니거든. 아마 LA갈비가 나을지도? LA갈비는 매워?

B Nope, it's marinated beef short ribs. It's slightly sweet.

아니야, 양념된 짧은 소갈비야. 살짝 달짝지근해.

A Sounds good. What are you getting?

맛있을 것 같네. 너는 뭐 먹을 거야?

B I think I'm going to get the kimchi stew. I feel like having some spicy hot soup today.

나는 김치찌개를 먹을 생각이야. 오늘은 맵고 뜨거운 국물을 먹고 싶은 기분이거든.

MEMO

A Suit yourself. By the way, what's kimchi?

좋을대로 해. 그런데, 김치가 뭐야?

B It's our national food — definitely a staple in all Korean households. There are many varieties, but the most common one is spicy fermented cabbage. I'm getting a stew made out of it.

우리의 국민 음식이야 — 확실히 모든 한국인 집에 있는 기본 식품이지. 다양한 종류가 있지만, 제일 보편적인 김치는 맵게 발효된 배추야. 나는 그걸로 만든 찌개를 먹을 거야.

A I feel like I've heard about it before.

예전에 들어본 거 같네.

B Now you get to try it!

이제 한번 먹어보면 되겠다!

A Let's see if Korean food lives up to its hype. What are all those small dishes the table next to us has?

한국 음식이 그 인기에 부응하는지 한번 보자. 우리 옆 식탁에 있는 저 작은 그릇들은 다 뭐야?

B They're called banchan. They're basically small side dishes that accompany your meal. They come with the meal.

그것들은 반찬이라고 불려. 반찬은 네 음식이랑 같이 나오는, 기본적으로 작은 곁들임 음식들이야. 메인 음식이랑 같이 나와.

A That's incredible. Sounds like a good deal!

믿을 수 없어. 정말 좋네!

체크 Words

- **cuisine** 요리, 요리법
- **seasoned** 양념을 한
- **big on** ~을 대단히 좋아하여, ~에 열광하여
- **marinated** 양념에 재워둔
- **stew** 스튜(고기와 채소를 넣고 국물이 좀 있게 해서 천천히 끓인 요리)

- **staple** 기본[필수] 식품, (한 국가의) 주요 산물
- **fermented** 발효된
- **make out of** ~로 만들다
- **live up to** (~의 기대에) 부응하다
- **hype** 인기, 과대광고
- **accompany** 동반하다, 동행하다

리멤버 Expressions

* **the way to go**: '진리다', '올바른 방법이다', '올바른 선택이다'라는 뜻이에요. 꼭 음식에 대한 이야기뿐만 아니라 다양한 주제에서 쓰일 수 있어요.
  - **ex** • I feel like working for a startup is **the way to go** for him.
    그한테는 신규 업체에서 일하는 게 맞는 길인 것 같아.
  - • It's clear to me that studying English is **the way to go**.
    영어를 공부하는 게 나에게는 올바른 선택이라는 게 명확해.

* **Suit yourself.**: '당신 마음대로 하세요.', '좋을 대로 하세요.', '원하는 대로 하세요.' 등의 뜻이에요. 말하는 문맥과 목소리 톤, 표정에 따라 부드럽게, 친근하게, 농담으로, 혹은 비꼬는 식으로 다양하게 사용할 수 있죠.
  - **ex** • A: I don't want to eat anything. 나 아무것도 먹고 싶지 않아.
    B: Alright, **suit yourself**. 그래, 네 맘대로 해.
  - • You can adapt the recipe to **suit yourself**. 그 요리법을 당신의 기호에 맞게 변경하실 수 있어요.

Summer의 미국 생활 TIP

한국에 대한 관심이 증가하면서 저도 예전보다 한국에 대한 구체적인 질문들을 많이 받고 있어요. 10년 전과 비교하면 현재 외국인들이 한국에 대해 알고 있는 정도가 훨씬 깊어진 것이 느껴져요. 한국 여행을 하고 왔다는 사람, 한국 역사나 문화에 관심이 있는 사람들이 정말 많아요. 이미 대도시뿐만 아니라 작은 규모의 타운 슈퍼마켓에서도 김치를 보는 것이 이상하지가 않을 정도죠. 많은 외국인이 한국의 다양한 분야에 대해서 깊은 질문을 던지기도 하는데요. 인기 음식뿐만 아니라 남북관계, 경제 발전의 역사 등 내가 스스로 생각을 정리하지 않고서는 한국말로도 쉽게 대답할 수 없는 질문들이 많아요. 외국에 나가기 전에 한국에 대한 다양한 주제에 대해 영어로 이야기해 보는 연습을 해보는 것도 좋을 것 같아요!

One cannot think well,
love well, sleep well,
if one has not dined well.

식사를 잘 하지 않은 사람은 생각도 사랑도
잘 할 수 없고, 잘 잘 수도 없다.

- Virginia Woolf -

Chapter 3
Transportation & Travel

볼 것 많은 도시, 교통카드로 무제한 즐기기

뉴욕에서 메트로카드(지하철표)를 사기 위해 처음 기계를 사용하려 하면 막막할 수 있지만 알고 보면 간단하고 쉬워요. 어떤 종류의 메트로카드가 적당한지, 다양한 옵션들을 잘 보고 선택해서 볼 것 많은 뉴욕에서 잘 활용해 보세요!

리얼 Dialogue

A How do I buy a subway card? I need one because I'm going into New York City tomorrow.

지하철 카드 어떻게 사? 내일 뉴욕에 갈 거라서 하나 필요하거든.

B It's super easy! You just have to use one of the machines that are available at almost every subway station. In New York, it's convenient because all machines give you the option of getting instructions in several languages — Korean is one of them.

정말 쉬워! 거의 모든 지하철역에서 이용할 수 있는 기계 중 하나를 그냥 사용하면 돼. 뉴욕에서는 모든 기계에서 설명을 여러 가지 언어로 선택할 수 있어서 편리한데, 한국어도 그 중 하나야.

A Is it expensive?

비싸?

B It's pretty cheap! One swipe is $2.75.

꽤 싸! 카드 한 번 긁는 데 2달러 75센트야.

A What is a swipe?

긁는 게 무슨 말이야?

B Swipe is just the way you explain how you swipe your card on a turnstile to get into a subway station. In New York City, the subway fare is a flat fee. Whether you decide to travel one station or ten stations, it's the same price. The money is deducted from your metrocard when you swipe to get inside.

긁는다는 건 그냥 지하철역에 들어가기 위해서 (지하철) 카드를 개찰구에 긁는 걸 설명하는 거야. 뉴욕에서 지하철 요금은 고정 요금이야. 한 정거장을 가든 열 정거장을 가든 같은 가격이야. 안으로 들어가려고 한 번 긁을 때 요금이 너의 메트로카드에서 빠져 나가.

빛나는 상식

fare VS. fee
fare는 교통 운임, 교통 요금을 일컫는 말이에요. 이와 비교해서 fee 는 입장료나 참가비, 또는 의사나 변호사 등 전문적인 서비스에 대한 비용을 말할 때 써요.

• bus fare, taxi fare, train fare, ...

• doctor's fee, counseling fee, lawyer's fee, ...

A I see. Are there any special deals available?

그렇구나. 이용 가능한 다른 특별한 것들이 있어?

B You can also get 🔖an unlimited metrocard. You can buy a one-week card or a one-month card.

무제한 메트로카드도 살 수 있어. 1주일 카드나 한 달 카드를 살 수 있지.

A How much is each card?

각각의 카드가 얼만데?

B The one-week card is $32 and the monthly card is $121. You can also use this card on buses!

1주일 카드는 32달러이고, 한 달 카드는 121달러야. 이 카드로 버스도 탈 수 있어!

A Is transferring free?

환승은 공짜야?

B You can transfer from one subway to another as long as you don't leave the station. It's free.

역을 떠나지 않는 한 하나의 지하철에서 다른 지하철로 환승할 수 있어. 공짜야.

A That's perfect! I'm in town for a week and I will be moving around a lot, so I think I will buy the one-week unlimited pass.

완벽하네! 1주일 동안 뉴욕에 있을 건데 엄청 왔다 갔다 할 거니까 1주일 무제한 패스를 사야겠네.

B Have fun exploring.

돌아다니면서 재미있는 시간 보내.

MEMO

🗒️ 체크 Words

- **convenient** 편리한, 간편한
- **get instructions** 지시를 받다
- **pretty** 꽤, 매우
- **turnstile** (회전식) 개찰구, 회전문

- **deduct** 공제하다, 제하다
- **unlimited** 무제한의, 무한정의
- **transferring** 환승 (cf. transfer 옮기다, 이동하다)
- **explore** 탐험하다, 답사하다

👥 리멤버 Expressions

* **Have fun exploring.**: '돌아다니면서[탐험하면서] 좋은 시간 보내.'라는 말이에요. Have fun.만 써도 '좋은 시간 보내.'라는 말인데, 무엇을 하면서 좋은 시간을 보내라는 건지 구체적으로 말하고 싶다면 이렇게 fun 뒤에 동사-ing 형태를 붙여서 표현할 수 있어요.

  ex *A*: Okay, I gotta head out. I'm going out with David tonight!
     좋아, 나 이제 가봐야겠어. 오늘 밤 데이비드랑 데이트하거든!

  B: Wow, second date! **Have fun getting** to know him.
     와, 두 번째 데이트! 그를 알아가면서 좋은 시간 보내!

Summer의 미국 생활 TIP

아무리 길치라도 맨해튼에서 길을 잃는 것은 힘들어요. 몇 동네를 빼놓고는 바둑판처럼 길이 나 있어서 내가 가야 할 곳이 동서남북 어느 쪽인지만 지도상으로 파악하고 있으면 되거든요. 맨해튼의 지하철은 대부분 위아래로 왔다 갔다 하기 때문에 지하철을 탈 때 나의 목적지를 위해 uptown(위쪽 동네)으로 가야 하는지 downtown(아랫동네)으로 가야 하는지만 파악하면 쉽게 이용할 수 있어요. 지하철 안내판에도 uptown과 downtown이 쓰여 있어요.

맨해튼의 지하철은 24시간 운영되는데 워낙 오래되어서 자주 고장이 나죠. 그래서 선로가 자주 바뀌고, 주말에 어떤 선로는 운영하지 않아서 다른 선로와 합쳐지는 등의 일이 비일비재해요. 이런 이유로 지하철 플랫폼에 있는 안내지를 항상 체크하는 게 좋아요. 미리 계획되지 않은 선로 변경 등은 기관사가 안내(예를 들어, You can transfer to the No. 1, No. 2, or No. 3 lines.)를 해주는데, 귀를 쫑긋하지 않으면 놓치기 십상이에요. 한국처럼 정해진 대사와 선명한 안내방송이 있는 게 아니라 기관사가 This stop is Bryant Park, Bryant Park. You can transfer to 7, B, D, M line.(이번 역은 브라이언트 공원, 브라이언트 공원입니다. 7호선, B, D, M 노선으로 갈아타실 수 있습니다.)이라고 간단하게 안내하는데요, 뉴욕의 경우 여러 가지 소음 때문에 안내 사항이 안 들리는 경우가 잦아 필히 몇 정류장 가는지 확인한 후 타는 게 좋아요. 그리고 안내 사항을 못 들었어도 당황하지 말고 주변 사람에게 I missed what he (or she) said. Where do I change?(뭐라고 했는지 못 들었어요. 어디에서 갈아타는 거죠?)라고 물어보세요!

종류가 이렇게 많아? 편리하게 택시 이용하기

모든 분야에서 다양한 선택을 할 수 있는, 자본주의의 끝판왕이라 할 수 있는 미국의 대도시! 여기
서는 전통적인 택시 외에도 다양한 종류의 택시를 만나볼 수 있어요.

리얼 Dialogue

A How do I hail a cab in New York City?

뉴욕에서는 택시를 어떻게 잡아?

B It's easy! When you see a cab, stick
your hand out and flag it down.
Sometimes you have to be a bit
aggressive to catch a cab in New York
simply because there are too many
who want to hail a cab. There's no sense of order.

쉬워! 택시가 보이면, 손을 내밀고 흔들어서 멈추라고 신호를 보내. 워낙 택시 잡으려고 하는 사람이 많아서
뉴욕에서는 가끔 택시를 잡으려면 좀 전투적인 자세로 임해야 해. 순서(대로 탄다는) 개념은 없어.

A Yeah, I have seen that aggressiveness in Hollywood movies. I'm ready for
that! Is there anything in particular I should say when I get in a cab?

그래, 할리우드 영화들에서 그런 과격함을 본 적 있어. 난 준비 됐어! 택시 탈 때 내가 특별히 말해야할 게 있
어?

B Just state the address of your destination. If you're going somewhere
in Manhattan, tell them the nearest intersection you're going to. For
example, 8th Avenue and 32nd Street.

그냥 목적지 주소만 말하면 돼. 맨해튼에 있는 어디를 가는 거면 가려는 곳에서 가장 가까운 교차로를 말해.
예를 들면, 8번 애비뉴와 32번가라고.

MEMO

A How do I pay?

요금은 어떻게 내?

B New York City cabs have meters. You'll pay a metered fare. At the end of
your ride, the amount you owe will show on a screen you can see from
the backseat. It's usually attached to the back of the front seat. Select
whether you want to pay with cash, credit or debit. If you want to pay
with cash, pay your driver directly. If you want to pay with either credit
or debit, push the buttons accordingly to pay.

뉴욕 택시에는 미터기가 있어. 미터 요금으로 지불하게 될 거야. 목적지에 도착하면 네가 낼 총 요금이 뒷좌석에서도 볼 수 있는 화면에 나타날 거야. 보통 이게 앞 좌석 뒤에 붙어 있어. 현금, 신용카드, 직불카드 중 원하는 지불 방식을 선택하면 돼. 현금으로 내고 싶으면 직접 기사에게 돈을 주면 돼. 신용카드나 직불카드로 내고 싶으면 지불하기 위해 그에 따른 버튼들을 누르면 돼.

A Good to know I can pay with either cash or credit.

현금이나 신용카드로 지불할 수 있다는 걸 알게 되니 좋네.

B Also, don't forget to give a tip! It's generally expected that you give a little bit extra as a sign of your gratitude.

그리고, 팁을 주는 걸 잊지 마! 감사의 표시로 네가 약간의 팁을 주는 걸 일반적으로 기대하거든.

A Oh yeah, tipping is big here, isn't it? Are there any alternatives to taxis?

아 맞아, 팁을 주는 게 여기선 중요한 일이지, 그렇지? 택시 말고도 다른 수단들이 있을까?

B You can also page cars using ride-sharing apps like Uber, Lyft or Via. Similar services, just different companies.

우버, 리프트, 또는 비아처럼 카풀을 할 수 있는 앱들을 이용해 차를 호출할 수 있어. 다 비슷한 서비스고 그냥 회사들만 다를 뿐이야.

A How does it work?

어떤 방식으로 운영돼?

B You do everything on your phone. You download the app, enter your card information, and page a car using the app.

네 폰으로 모든 걸 할 수 있어. 앱을 다운로드 받고, 카드 정보를 입력한 다음, 그 앱을 이용해서 차를 부르면 돼.

A Cool! I'll have to check it out.

좋다! 한번 살펴봐야겠네.

B However, don't forget! ✎Yellow cabs also have an app. The app is called Arro.

그런데, 잊지 마! 일반 노란 택시도 앱이 있어. 그 앱을 애로라고 불러.

A Ah, I see! So many choices.

아, 알겠어! 많은 선택지가 있는 거네.

B Yes, there are a few other ride-sharing apps that are local to New York, but I think yellow cabs, Uber or Lyft are good to start with.

맞아, 뉴욕 지역에 몇몇 다른 카풀 앱들이지만, 내 생각에는 처음에는 노란 택시나 우버, 리프트가 좋을 것 같아.

빛나는 상식
Manhattan에서는 노란색의 yellow cab이 운영되고 있고, the Bronx, Brooklyn, Queens, Staten Island에서는 boro cab이라고 불리는 연두색 택시가 운영되고 있어요.

✅ 체크 Words

- **hail** (택시·버스 등에[을]) 신호를 보내다[부르다]
- **stick out** ~을 내밀다[튀어나오게 하다]
- **flag down** 멈추라고 손을 흔들면서 신호를 보내다
- **aggressive** 공격적인, 적극적인
- **simply because** ~라는 이유만으로, 순전히 ~ 때문에
- **aggressiveness** 공격적임, 적극성
- **intersection** 교차로, 네거리
- **metered fare** 미터로 재는 요금

- **ride** 여정, 길
- **accordingly** 그에 맞춰, 부응해서
- **gratitude** 감사, 고마움
- **alternative** 대안
- **page** 호출하다, 연락하다
- **ride-sharing** (전화나 스마트폰 앱 등을 이용해서) 차를 함께 타는
- **to start with** 처음에는, 우선

👥 리멤버 Expressions

* **check it out**: check something out에는 다양한 뜻이 있어요. 여기서 쓰인 check out은 무엇을 좋아할지 싫어할지 살펴본다(examine)는 정도의 뜻이에요. 이 외에도 호텔에서 나가는 것도 check out, 도서관에서 책을 빌릴 때도 check out, 가게에서 무엇을 사고 계산할 때도 check out이라는 구동사를 사용해요.

ex
- You'll like the restaurant. **Check it out**. 너 그 식당 좋아할 거야. 한번 살펴봐.
- I'd like to **check out**. I was in room 507. 체크아웃 할게요. 507호에 묵었습니다.
- Are you **checking out** those three books? 그 책 세 권 빌리시는 건가요?
- Excuse me. Where can I **check out**? 실례해요. 계산은 어디서 할 수 있죠?

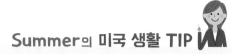

Summer의 미국 생활 TIP

한국에 비해서 미국은 택시비가 비싼 편인 데다 차가 많이 막혀 걷거나 지하철 타는 것을 많이들 선호해요. 불가피하게 택시를 타야 할 경우 택시비를 조금 아끼고 싶다면 카카오 택시와 비슷한 우버(Uber)나 리프트(Lyft) 같은 택시 대안 서비스 앱을 사용하는 것을 권해요. 가는 거리와 시간(출퇴근 시간 혹은 늦은 시간에는 요금이 더 비쌈)에 따라 총액은 차이가 나지만 만약 일행이 아닌 (같은 방향으로 가는) 여러 사람이 함께 탈 수 있는 옵션을 선택할 때는 가격이 좀 내려가요. 다만, 다른 사람도 승차할 수 있도록 경로가 조금 바뀔 수 있으니 시간이 넉넉하지 않은 상황에서는 ride-sharing을 안 하는 게 더 현명할 수 있어요.

> **도대체 여기가 어디지? 망설이지 않고 길 묻기**

요새는 핸드폰에 다운받은 지도 앱으로 길을 찾을 수 있지만, 영어 연습도 할 겸 지나가는 사람에게 길을 물어보면 좋을 것 같아요. 아래 대화문을 참고로 가는 길을 모를 때 이제는 망설이지 말고 길거리에서 주변 사람들에게 꼭 물어보세요!

 리얼 Dialogue

A Excuse me, could you help me? I think I'm lost. How do I get to the Spotted Pig?

실례해요, 도와주시겠어요? 제가 길을 잃은 것 같아요. 스파티드 피그로 어떻게 갈 수 있을까요?

B Where? I've lived in Brooklyn my entire life, and I've never heard of it.

어디요? 저는 브루클린에서 평생 살았는데 한 번도 들어본 적이 없는 곳이네요.

A The Spotted Pig? I'm supposed to meet my friend there, but my phone is dead so I can't check my map. She said it was at West 11th and Greenwich Street.

스파티드 피그요? 제가 거기서 친구를 만나기로 되어 있는데, 휴대폰 배터리가 다 돼서 지도를 확인할 수가 없어요. 친구가 웨스트 11번가와 그린위치 스트리트에 있다고 말했었어요.

B West 11th and Greenwich Street? That's definitely not in Brooklyn. Are you sure you have the right directions?

웨스트 11번가와 그린위치 스트리트요? 그건 분명히 브루클린에는 없어요. 제대로 된 방향이라고 확신해요?

A I clearly remember she said that I should meet her at the Spotted Pig, which is at West 11th and Greenwich Street.

제가 분명히 기억하는데 친구가 웨스트 11번가와 그린위치 스트리트에 있는 스파티드 피그에서 보자고 했었어요.

B Let me check my phone. Oh, that's in West Manhattan! That's very far away!

내가 휴대폰으로 확인해볼게요. 아, 거긴 맨해튼 서쪽이에요! 여기서 엄청 멀어요!

A Oh no! How do I get there?

오 이런! 거기에 어떻게 갈 수 있나요?

MEMO

....

....

....

....

....

....

....

B Well, you're at the Clark Street subway station! Take the A line until Chambers Street station. Then transit to the E until you get to the 14th Street and 8th Avenue station. From there, walk down about 8 blocks down 8th Avenue. Eight blocks will only take you eight minutes to walk.

글쎄요, 당신은 지금 클라크 스트리트 지하철역에 있어요! 여기서 챔버스 스트리트 역까지 A라인을 타고 가세요. 그러고 나서 E라인으로 갈아타서 14번가와 8번 애비뉴 역까지 가세요. 거기서 8번 애비뉴까지 여덟 블록 정도 걸어서 가면 돼요. 여덟 블록이라 해도 걸어서 8분 거리밖에 안 돼요.

A Wow, talk about going the wrong way.

와, 제대로 잘못 왔네요.

B It's not a bad day to get lost. The weather is gorgeous. Think of it as a nice detour.

길을 잃기에 나쁜 날은 아니네요. 날씨가 너무 좋아요. 괜찮은 길로 돌아간다고 생각하세요.

A That's true. I'll take the "glass half full" approach. Thanks.

맞아요. 긍정적으로 생각할게요. 고마워요.

B Not a problem! Good luck getting there. Hope you aren't too late.

천만에요! 거기 가는 데 행운을 빌어요. 너무 늦지 않길 바라요.

A Thanks for helping me! I'll try to pay it forward.

도와주셔서 감사해요! 저도 선행하려고 노력할게요.

B My pleasure. Have a great day.

별말씀을요. 좋은 하루 보내세요.

- **get to** ~에 도착하다[닿다]
- **be supposed to do** ~하기로 되어 있다
- **dead** (기계나 장비 등이) 작동을 안 하는
- **transit** 통과하다, 지나가다; 환승
- **block** 도로가 나뉘는 구역, 블록

- **gorgeous** 아주 멋진, 눈부신
- **detour** 둘러 가는 길, 우회로; 둘러 가다, 우회하다
- **pay it forward** 받은 호의를 또 다른 사람에게
  선행을 베풀면서 갚다

리멤버 Expressions

* **talk about**: 비격식적 표현으로 무엇인가가 매우 눈에 띄거나 아주 명확해서 그것을 강조하며 말할 때 '~하기가 말도 못 한다'라는 식으로 쓰는 표현이에요.

  ex A: Did you see how he reacted to the result? 그가 그 결과에 반응한 거 봤어?

  B: Yes, I did. **Talk about** being mean! 응, 봤어. 심술궂은 게 말도 못 해!

* **glass half full**: 유리잔이 반이 차있다는 말인데, 이 말은 Is the glass half full or half empty?에서 파생되었어요. 유리잔에 물이 들어있는 것을 보고 유리잔이 반이 차있다고 말할 것인지 반이 비어있다고 말할 것인지를 물어보는 질문인데, 똑같은 상황을 보고 긍정적으로 받아들일 것인지 비관적으로 받아들일지를 묻는 의미가 담겨 있죠.

  ex A: Why do you think so? 왜 그렇게 생각하세요?

  B: Well, I guess I'm a **glass half full** kind of guy. 글쎄요, 저는 좀 긍정적인 부류의 사람인 것 같아요.

Summer의 미국 생활 TIP

뉴욕에는 신호등이 엄청 많아요. 도로가 넓은 차선도 별로 없어서 보통 2차선에서 4차선의 도로가 많고, 신호등이 블록마다 있죠. 그래서 뉴욕에 사는 사람들은 신호를 그리 엄격하게 지키지 않는 편이에요. 빨간불이어도 차가 오지 않는다 싶으면 너나 할 것 없이 길을 건너요. 그래서 관광객과 뉴요커를 구별하는 방법 중에 하나가 빨간불에 길을 건너느냐 아니냐라는 우스갯소리가 있죠. 뉴욕에 오래 산 사람들은 이런 습관에 익숙해져서 차가 오는지 안 오는지 잘 확인하는 게 습관이 되어 있지만, 뉴욕을 여행하는 분들은 여러 번 좌우를 꼭 확인하고 건너길 바라요! 아무리 뉴요커라도 방심하다가는 사고가 나기도 하니까요.

버스와 지하철 환승이 무료라고? 뉴욕 지하철 타기

뉴욕은 많이 걸어 다니는 도시라고 하잖아요. 하지만 지하철역과 버스 정류장이 정말 곳곳에 있어서 대중교통을 이용하기 굉장히 좋은 도시예요. 노선도 꽤 많아서 도시 곳곳을 돌아다니려면 환승을 많이 해야 할 거예요.

리얼 Dialogue

A Andrea, how do I transfer from the bus to the subway? Do I have to pay more?

안드레아, 버스에서 지하철로 어떻게 환승해? 돈을 더 내야 해?

B Transferring is easy peasy! Up to one transfer is free.

환승은 아주 쉬워! 한 번 갈아타는 것까지는 공짜야.

A Do I use the same metrocard for buses and subways?

같은 메트로카드로 버스랑 지하철을 다 탈 수 있는 거야?

B Yes. That's right.

응. 맞아.

A Okay, I can do that.

그렇구나, 할 수 있겠다.

B I'm glad that you are familiarizing yourself with ⤢New York's transportation system. It's much cheaper than taking a taxi everywhere.

네가 뉴욕 교통 시스템에 친숙해지는 듯해서 기쁘네. 어디서든 택시를 이용하는 것보다 훨씬 더 저렴해.

A Agreed! By the way, do I have to swipe again when I transfer from the metro to a bus?

동의해! 그런데, 지하철에서 버스로 갈아탈 때 다시 카드를 긁어야 해?

B Unfortunately, yes, you will have to swipe again.

안됐지만 맞아, 다시 카드를 긁어야 해.

A Are there no bus terminals in the metro?

지하철에는 버스 터미널이 없지?

빛나는 상식

뉴욕의 버스

- 버스 요금은 현금으로도 낼 수 있어요. 단, quarter(25센트), nickel(5센트), dime(10센트) 동전으로는 낼 수 있지만, 지폐랑 penny(1센트)로는 낼 수 없어요.

- 뉴욕 버스에는 벨이 없고 줄이 창문에 걸쳐 있는데요, 그걸 당기면 다음 정거장에 내리겠다는 의사표시를 하는 거예요.

- 한국 버스는 문이 자동으로 열리지만 뉴욕 버스는 힘차게 문을 밀어줘야 문이 열려요. 그냥 가만히 있다가는 아무리 오래 서 있어도 안 열려요!

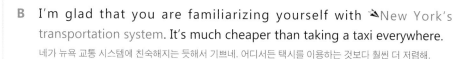

빛나는 상식 ✦

Amtrak(암트랙)은 미국 모든 지역을 운행하는 철도회사이자 기차 이름이에요.

B Generally, you have to exit the metro to catch a bus because metro stations are underground and bus stations are above ground. If you're transferring onto a train or ✦Amtrak or a bus at hubs like Penn Station, you can sometimes get away with staying underground, but you will have to pay different fees.

일반적으로 지하철을 나가서 버스를 잡아야 해. 지하철역들은 지하에 있고, 버스 정류장들은 지상에 있으니까. 펜역 같은 중심지들에서 기차나 암트랙, 또는 버스로 환승하려면 가끔 지하에 머물면서 밖에 나가지 않은 채 이동할 수도 있지만, 요금은 각각 내야 할 거야.

A Okay, that makes sense. Another question, how do I get from the Brooklyn Academy to La Perrada De Chalo in Jackson Heights, Queens?

그래, 알겠어. 다른 질문인데, 브루클린 아카데미에서 퀸즈 잭슨 하이츠에 있는 라 페라다 디 찰로로 가려면 어떻게 해야 해?

B Easy! First you have to go to the Atlantic Avenue station; it's a two block walk from here. Then, take the 4 to Grand Central. From Grand Central, take the 7 line to Roosevelt Avenue station. There, take the Q32 bus until you get to Northern Boulevard.

쉬워! 먼저 아틀란틱 애비뉴역으로 가. 여기서 두 블록 걸어가면 나와. 그리고 나서 거기서 4호선을 타고 그랜드 센트럴까지 가. 그랜드 센트럴에서 7호선을 타서 루스벨트 애비뉴역으로 가. 거기에서 Q32번 버스를 타고 노던 불러바드까지 가면 돼.

A I guess I'll have to keep my fingers crossed and hope I don't get lost.

내 생각엔 내가 행운을 기대하며 길을 잃지 않기를 바라야겠어.

B I have faith in you. Have fun navigating your way through the city!

난 널 믿어. 도시를 가로지르는 즐거운 여행을 하길 바랄게!

MEMO

....

....

....

....

....

....

✅ 체크 Words

- **easy peasy** 아주 쉬운
- **familiarize with** ~와 친숙하게 하다
- **Agreed!** 동감이야!, 동의해!
- **exit** 나가다, 떠나다

- **underground** 지하에, 지하의; 지하
- **hub** 중심지, 중추
- **two block walk** 두 블록[구역]되는 거리
- **navigate** 길을 찾다, 가로지르다

🔖 리멤버 Expressions

* **easy peasy**: '굉장히 쉬운'을 비격식적으로 나타내는 표현이에요. peasy에 어떤 특별한 뜻이 있다기보다는 음률이 맞아서 같이 붙여서 말하는 거예요. 이를 또 장난식으로 easy peasy lemon squeezy라고도 말해요. 이것은 예전에 영국의 한 세제 광고에서 써서 보편화된 표현이에요.
    > **ex** *A*: Hey, how did the exam go? 야, 그 시험 잘 봤어?
    > *B*: The exam was **easy peasy lemon squeezy**. 시험 짱 쉬웠어.

* **get away with staying underground**: get away with ~는 '~을 했을 때 어떠한 나쁜 결과나 처벌 없이 무사히 넘어간다'라는 표현이에요. 대화문에서는 '지하에 머물면서 밖에 나가지 않은 채 이동할 수 있다'라는 뜻으로 쓰였어요.
    > **ex** How can you **get away with treating** your boss like he's your friend?
    > 너는 상사를 친구처럼 대하면서 어떻게 무사히 넘어가는 거야?

* **I have faith in you.**: '난 널 믿어.'로 친구끼리 혹은 직장에서 흔히 사용하는 말이에요. '너(you)'가 아닌 다른 명사 앞에도 쓸 수 있어요. 신뢰를 표현하거나 응원의 한 마디로 사용되기도 하죠.
    > **ex** • **I have faith in** us. 난 우리를 믿어.
    > • **I have faith in** Google stocks. 난 구글 주식을 믿어.

Summer의 미국 생활 TIP

뉴욕의 메트로카드로 지하철과 버스를 모두 탈 수 있어요. 지하철에서 버스로, 버스에서 지하철로, 그리고 버스에서 다른 버스로 2시간 이내에 갈아타면 환승 요금이 무료예요. 하지만 지하철역에서 다른 지하철역으로 갈 때, 개찰구를 나와서 다른 지하철역 개찰구에 메트로카드를 긁어서 갈아타면 환승 요금이 적용되지 않아요!

버스 번호판을 보시면 여러 가지 알파벳이 앞에 붙는데, 아래와 같이 뉴욕의 여러 자치구를 뜻해요.

- M - Manhattan(맨해튼)
- Q - Queens(퀸즈)
- S - Staten Island(스태튼 아일랜드)
- B - Brooklyn(브루클린)
- BX - Bronx(브롱스)

버스 번호 앞에 Q를 붙는다고 퀸즈에서만 운영된다는 게 아니라, 보편적으로 지나는 자치구 혹은 종점이 있는 곳이 퀸즈라는 말이에요. 그뿐만 아니라 SBS(Select Bus Service)라고 앞에 쓰여 있는 버스가 있는데, 이 버스는 모든 정류장에서는 게 아니라 정해진 정류장에만 서기 때문에 목적지에 더 빨리 도착할 수 있어요. 특이하게도 보통 이 버스들은 타면서 표를 내는 것이 아니라 타기 전에 정류장에 있는 기계에 교통 카드를 삽입하면 영수증같이 생긴 표가 나오는데, 이 표를 꼭 지참하고 탑승해야 해요. 출입문이 보통 3개인 굴절 버스로 다른 버스와 달리 앞문, 뒷문 어느 문으로 탑승해도 상관없고, 표를 따로 검사하지는 않지만 간혹 경찰이 탑승하여 전체 수색을 하는 경우가 있기 때문에 이때 표 없이 탑승한 것이 적발되면 100달러 이상의 벌금을 물게 돼요.

뉴욕에서 운전을? 내가 잘 할 수 있을까?

워낙 바삐 돌아가는 도시로 유명한 뉴욕. 영화에서도 항상 뉴욕의 자동차들은 경적을 많이 울리죠? 그 사이에서 실제로 운전을 할 생각을 하면 긴장되죠. 운전면허 시험 신청부터 시작해서 무엇을 어떻게 하면 되는지 차근차근 알아볼까요?

리얼 Dialogue

A Andrea! I have a question. How do I apply for a driver's license?

안드레아! 나 질문이 있어. 운전면허증을 신청하려면 어떻게 하는 거야?

B Honestly, it's a pretty long and complicated process! First, I have a question. Do you feel ready to drive?

솔직하게 말하면, 꽤 길고 복잡한 과정이야! 먼저, 질문이 하나 있어. 운전할 준비가 된 거 같아?

A Yes! I feel very ready to drive. I have the money to buy my own car, and having a car would shorten my commute tremendously.

응! 운전할 준비가 진짜 된 것 같아. 차를 살 돈도 있고, 차가 있으면 출퇴근 시간이 엄청 단축될 거야.

B That's great! First, you need to apply for a learner's permit.

좋아! 먼저, 임시 운전면허증을 신청해야 돼.

A What's a learner's permit?

임시 운전면허증이 뭐야?

B A learner's permit is a limited driver's license. You need to hold it for six months before you can pass your driver's test and get your driver's license.

임시 운전면허증은 제한된 운전면허증이야. 운전면허 시험을 통과해서 면허증을 받기 전에 임시 운전면허증을 6개월간 유지해야 돼.

A Can you explain to me what the driver's test is like?

운전면허 시험은 어떤지 설명해줄 수 있어?

B Every state has different tests, but you go to the ⋆DMV to take them. The first test is a written exam, and the second is a driving test. Again, it depends on the state, but usually you need documents that prove your residency and Social Security number.

빛나는 상식 ⭐

DMV
Department of Motor Vehicles의 약자로 교통국을 의미해요. DMV는 주에 따라 다른 이름을 사용하기도 하는데, 예를 들어 애리조나주에서는 Motor Vehicle Division이라고 불러요.

주마다 시험이 다른데, 시험을 보려면 DMV에 가야 해. 첫 번째 시험은 필기시험이고, 두 번째는 주행시험이야. 말했듯이 주마다 다르지만 보통 거주와 사회 보장 번호를 증명할 수 있는 서류들이 필요해.

A What's the DMV?

DMV가 뭐야?

B The Department of Motor Vehicles is the government agency that registers all vehicles like cars and issues licenses. There are DMVs in every city; you should check online to see which one is closest to you. The wait times at DMVs can be a pain in the neck, but it's something you have to do. Again, I should remind you that you need to bring your Social Security card and Proof of Residency.

교통국은 자동차와 같은 모든 차량 등록과 면허 발급을 하는 정부 기관이야. 시마다 DMV가 있는데, 온라인으로 가장 가까운 교통국을 확인해야 해. DMV에서의 대기 시간이 힘들수도 있지만 반드시 해야 하는 일이야. 사회 보장 카드와 거주 증명서를 가져가야 한다는 걸 한 번 더 말할게.

A How do I upgrade my learner's permit to a driver's license?

어떻게 하면 임시 운전면허증에서 운전면허증으로 넘어갈 수 있어?

B First, you need to have had your learner's permit for 6 months. Then, you have to pass the driver's test. You can schedule a driver's test online or by a phone call.

먼저, 임시 운전면허증을 6개월간 유지해야 돼. 그리고 나서, 운전면허 시험을 통과해야지. 운전면허 시험은 온라인이나 전화 통화로 일정을 잡을 수 있어.

A Okay, I'll do that! What do I need to bring with me to my driver's test?

알겠어, 그렇게 할게! 운전면허 시험에는 뭘 가져가면 될까?

B You need to bring your learner's permit, car registration form, and vehicle insurance card. Additionally, you need someone to drive you to the driver's test, and they have to present their driver's license to the test proctor.

임시 운전면허증, 자동차 등록 양식과 차량 보험 카드를 가져가야 해. 부가적으로 운전면허 시험에 너를 태워다 줄 사람이 필요하고, 그 사람은 시험 감독관에게 자기 운전면허증을 보여줘야 해.

A Okay, I'll get the ball rolling with driving lessons ASAP. I can't wait to drive in NY! Thank you so much for your time. I really appreciate it.

알겠어, 운전 교습을 가능한 빨리 시작할게. 뉴욕에서 빨리 운전하고 싶어! 시간 내줘서 너무 고마워. 정말 감사해.

B No problem! Happy to help.

천만에! 도움이 돼서 기뻐.

✅ 체크 Words

- **apply** 신청하다
- **commute** 통근 시간; 통근하다
- **tremendously** 무시무시하게, 굉장히, 아주
- **learner's permit** 임시 운전면허증
- **Social Security number** 사회 보장 번호(미국에서 공식적으로 부여되는 개인 신원 번호)
- **issue** 발부하다, 교부하다

- **wait time(s)** 대기 시간, 기다리는 시간
- **Social Security card** 사회 보장 카드
- **proof of residency** 거주지 증명서
- **upgrade** 상위 등급으로 높이다
- **proctor** 시험 감독관
- **ASAP** 가능한 빨리(= as soon as possible)

🗣 리멤버 Expressions

* **pain in the neck**: 목에 걸린 가시처럼 골칫덩어리인 것이나 짜증나게 하는 존재, 문제를 일으키는 것을 말할 때 쓰는 표현이에요.
> ex
> • Working with that company is a **pain in the neck**. 그 회사랑 일하는 거 진짜 골칫덩어리야.
> • He can be a **pain in the neck** sometimes. 그는 가끔 골칫덩어리가 될 수 있어.

* **get the ball rolling**: 어떤 과정이나 활동을 시작할 때 get[start, set] the ball rolling이라고 해요. ball이라는 단어 때문에 운동 경기에서 유래했다는 것을 짐작할 수 있을 거예요. 축구 경기에서 어떤 선수가 공을 굴리면 경기가 딱 시작되는 장면을 연상하면 이 표현이 쉽게 이해될 거예요.
> ex
> A: What do you think the president will do after the upcoming summit?
> 다가오는 정상회담 후에 대통령이 무엇을 할 것 같아?
> B: I think he will try to **get the ball rolling** on the security talks.
> 내 생각에는 그가 안보 회담을 시작하려고 할 것 같아.

Summer의 미국 생활 TIP

한국에서 운전면허증이 있었고 미국에 와서도 그 운전면허증으로 운전을 하고 싶다면 한국에서 국제운전면허증을 신청해서 오는 게 좋아요. 국제운전면허증은 입국일로부터 1년이라는 유효기간이 있어요. 주마다 법이 다르겠지만 만약을 대비해서 꼭 여권이랑 같이 소지하고 다니는 것을 권해요. 1년 이상 머물 계획이라면 새롭게 미국에서 운전면허증을 따는 게 좋겠죠.

현재 미국에서 버지니아, 메릴랜드 등 22개주와 한국 정부가 운전면허 상호인정 약정을 맺어서 한국 운전면허를 미국 운전면허로 인정해주고 있어요. 각 주마다 필요 서류나 과정이 다를 수 있으니 각 주의 DMV에 문의하세요.

두근두근, 미국에서 운전면허 따기

운전을 원래 했더라도 미국에서 운전면허증을 새로 따는 것은 힘든 일일 수 있어요. 운전이 어려워 서라기보다는 영어로 시험관과 이야기를 해야 한다는 부담감 때문이죠. 운전에 관한 영어 단어 및 표현을 익혀서 영어 때문에 운전면허 시험에서 떨어지는 일이 없게 하세요!

리얼 Dialogue

A Andrea! I'm about to take my driving test! Do you have any last minute tips?

안드레아! 나 곧 운전면허 시험을 볼 거야! 마지막에 반드시 알아야 할 팁이 있을까?

B Good luck! Don't be nervous. Take deep breaths, and try to stay calm. Which DMV are you going to?

행운을 빌어! 긴장하지 마. 깊게 숨을 들이마시고, 침착함 을 유지하려고 해봐. 어떤 DMV로 가니?

A The one at the Granite Run Mall.

그래니트 런 몰에 있는 거야.

B What time is your test?

시험이 몇 시야?

A 3:30! I'm taking it in two hours.

3시 30분이야! 두 시간 후에 볼 거야.

B Don't forget to arrive fifteen minutes early! Always good to arrive early so you don't become rushed and stressed.

15분 일찍 도착하는 걸 잊지 마! 늘 일찍 도착하는 게 좋아, 그래야 서두르지 않게 되고 스트레스도 안 받아.

A Okay, anything else?

응, 다른 건?

B Don't forget to stay under the speed limit! Don't go over it at all.

속도 제한을 잘 지키는 걸 잊지 마! 절대 속도 제한을 넘으면 안 돼.

A Got it!

알겠어!

MEMO

B Also, this is an important one! When you get to a stop sign, stop completely and stay still for three seconds. A lot of my friends failed because they didn't stop for three seconds.

그리고, 이게 중요한 거야! 정지 표시가 보이면, 완전하게 멈춰서 3초 동안 정지해 있어. 많은 내 친구들이 3초를 멈추지 않아서 떨어졌어.

A Wow, that tip must have slipped through the cracks. I didn't know that. Thank you!

우와, 그 팁은 놓쳤었네. 그건 몰랐어. 고마워!

B Do you know how to parallel park?

평행 주차 하는 방법 알아?

A Yes! First, I have to pull up next to the car I want to park behind. I should leave about three feet between my car and the car. Then I turn my wheels all the way to the right and back up slowly. When I've backed up close to the curb, I stop and turn my wheels to the left and back up a little more. That's all there is to it.

응! 먼저, 내가 뒤에 주차하고 싶은 차 옆에 잠깐 멈춰야 해. 내 차와 그 차 사이에 3피트 정도의 거리를 남겨 둬야 하지. 그러고 나서, 운전대를 오른쪽으로 있는 대로 돌리고 천천히 후진을 해. 연석에 가깝게 후진을 다 했을 때 멈춰서 운전대를 왼쪽으로 돌리고 조금 더 후진을 하는 거야. 그게 전부야.

B Perfect! You got this, Summer!

완벽하네! 할 수 있어, 썸머야!

A Thanks. Wish me luck!

고마워. 행운을 빌어줘!

B Good luck! I'm sure you will pass.

행운을 빌게! 확실히 붙을 거야.

✅ 체크 Words

- **last minute** 막판의
- **rushed** 서두른, 성급한
- **under the speed limit** 속도 제한 이하로
- **go over** 넘어가다, 건너다
- **at all** (부정문에서) 조금도 (~ 아니다)
- **still** 움직이지 않는, 조용한

- **parallel park** 평행 주차
- **pull up** (운전할 때 잠깐 차를) 멈추다
- **back up** 후진시키다
- **all the way** 완전히, 내내
- **curb** (인도와 차도 사이의) 연석

👥 리멤버 Expressions

＊ **slipped through the cracks**: slip through the cracks는 '갈라진 틈새로 빠져나가다'라는 말인데, 부주의로 잊어버리거나 빠뜨리거나, 고의가 아니게 무엇인가를 알아차리지 못한 상황, 또는 무시된 상황에서 쓸 수 있는 표현이에요. slip(스르르 빠지다, 미끄러져 넘어지다)이라는 동사 대신에 fall(떨어지다)이라는 동사를 쓸 수도 있어요.

> **ex** • Many senior citizens **slip through the cracks** in the health system.
> 많은 노인이 의료 시스템에서 잊혀져 있어요.
> • Details often **fall through the cracks**. 세부적인 것들이 종종 무시되죠.

＊ **That's all there is to it.**: 구어로 '그게 전부야.'라는 의미를 나타내는 표현으로 That's it.과 바꿔 쓸 수 있어요.

> **ex** A: Kevin quit the job. 케빈이 일을 그만뒀어.
> B: Why? 왜?
> A: I don't know. **That's all there is to it.** 나도 몰라. (내가 아는 건) 그게 전부야.

＊ **You got this**: '할 수 있어'라는 말로, 성공할 수 있다고 믿으면서 격려해 주는 표현이에요.

Summer의 미국 생활 TIP

미국의 운전면허 시험은 한국과 마찬가지로 학과 시험과 도로 주행으로 나뉘어요. 시험은 DMV에서 보게 되죠. 한국과 마찬가지로 컴퓨터로 봐서 합격 여부를 시험이 끝나면 바로 확인할 수 있어요. 학과 시험에 통과하면 임시 면허 (learner's permit)를 받아서 도로에서 연습할 수 있어요. 그리고 준비가 되었을 때 예약을 하고 도로 주행시험을 보면 되는데요, 미국 대부분의 주는 한국처럼 시험용으로 제공되는 차가 없고 시험에 사용할 차를 자신이 직접 가지고 와야 해요. 자신의 차나 렌터카를 가져가죠. 이때 하나 더 기억해야 할 점은 그 주에 등록된 차를 가지고 가야 한다는 거예요.

155

나만의 공간이 필요해! 자동차 구입하기

어느 나라에서나 자동차를 사는 것은 정말 많은 정보를 알아보고 비교해야 하는 큰일인 것 같아요. 자동차를 사기 위해 자동차 대리점 직원과 나누는 대화를 통해 어떤 단어와 표현을 알고 있으면 좋을지 살펴봐요.

리얼 Dialogue

A I finally got around to saving up some cash to buy a car. I'm here to become a car owner!

제가 드디어 돈 좀 모아서 차를 살까 고려중이에요. 차 주인이 되려고 여기 왔어요!

B First of all, congratulations! First, let's determine your budget. How much money are you willing to spend?

먼저, 축하드려요! 우선, 예산을 정하죠. 얼마를 쓰실 의향이 있으신가요?

A A ballpark figure of $25,000? But honestly I'd like something cheaper.

어림잡아 2만 5천 달러 정도요? 그런데 솔직히 좀 더 싼 것을 원해요.

B Okay, have you thought about what kind of car you want to buy? What are your needs?

알겠습니다, 어떤 종류의 차를 사고 싶으신지 생각해보셨어요? 뭐가 필요하세요?

A I need to be able to drive myself to and from work every day. Also, I'll occasionally give rides to people. I think I'd like a four-door sedan.

매일 운전해서 출퇴근할 수 있어야 하고요. 그리고, 때때로 사람들을 태워줄 거예요. 제 생각에는 문 4개짜리 세단이면 좋을 것 같아요.

MEMO

B Have you thought about what **model and make** you want?

어떤 차종을 원하는지 생각해 보셨어요?

A Leaning towards a Hyundai. I think I want a Hyundai Sonata.

현대 쪽으로 마음이 기울고 있어요. 현대의 소나타요.

B You're at the right place! I'll look into prices on the Sonata for you.

잘 오셨네요! 제가 소나타 가격대를 좀 알아봐드릴게요.

A Thanks!

감사해요!

B Looks like we have a special promotion going where you could get a Hyundai Sonata for under $25,000. You could be the owner of a Hyundai Sonata for just $24,000.

때마침 특별 행사가 진행 중인데, 현대 소나타를 2만 5천 달러 아래로 사실 수 있을 것 같네요. 2만 4천 달러에 현대 소나타 주인이 되실 수 있어요.

A That sounds like a good number, but I'll regret it if I don't try to negotiate it down a bit. Every penny counts! Could I get a bit of a discount?

괜찮은 액수이긴 한데 협상해서 가격을 좀 내리지 않고 사면 후회할 거 같아요. 1원이라도 중요하니까요! 좀 더 싸게는 안 될까요?

B I know people usually don't want to pay the asking price. But this is a really good deal. I may be able to bring it down to $23,000.

보통 사람들이 부르는 가격대로 지불하고 싶어 하지 않는다는 걸 저도 알아요. 하지만 이건 정말 좋은 거래예요. 2만 3천 달러까지 내려드릴 수 있을 것 같아요.

A I'm trying to budget for car insurance, too. Extra costs like insurance really add up. What about $20,000? I can pay up front, so we don't even have to worry about monthly payments.

자동차 보험에 대해서도 예산을 세우려고 해요. 보험 같은 추가적인 비용이 더해져 늘어나니까요. 2만 달러는 어떨까요? 선불로 낼 수 있으니까 매달 지불을 걱정하지는 않아도 돼요.

B Let's meet in the middle. What about $21,500? I really can't go down anymore.

중간 지점을 찾죠. 2만 1,500달러는 어떠세요? 더 이상 아래로는 정말 안됩니다.

A Okay, fine. I can manage that. Can I take it out for a spin before I sign the papers?

알았어요, 좋아요. 그 정도는 할 수 있어요. 서류에 사인하기 전에 시험 운전을 해볼 수 있을까요?

B Definitely!

그럼요!

MEMO

체크 Words

- **budget** 예산; 예산을 세우다
- **be willing to do** 흔쾌히[기꺼이] ~하다
- **ballpark figure** 어림셈
- **asking price** 부르는 가격, 파는 사람이 원하는 가격

- **bring down** ~을 줄이다[낮추다]
- **add up** (조금씩) 늘어나다, 합산하다
- **spin** (자동차) 드라이브

리멤버 Expressions

* **model and make**: '차종'을 얘기할 때 가장 흔히 사용하는 표현이에요. 예를 들어, 〈기아 옵티마〉에 관심이 있다면 차 model(모델)은 〈옵티마〉이고, make(제조업체)는 〈기아〉예요.

* **Every penny counts!**: every ~ counts는 '작은 것이라도 하나하나 다 중요하다'는 것을 의미하는 표현으로 주로 돈과 시간, 투표 관련해서 많이 사용해요. '티끌 모아 태산'이라는 표현처럼 작은 것 하나하나가 모여 큰 것에 영향을 미칠 수 있다는 뜻을 나타내죠.
  - **ex** • **Every** second **counts**! 1초도 중요해!
    • **Every** vote **counts**! 투표 하나하나마다 중요해!

* **meet in the middle**: '중간 지점에서 만나다'라는 표현으로 실제 위치를 뜻할 수도 있지만, 흥정할 때나 의견 차를 좁힐 때 흔히 사용되는 표현이에요.

* **take it out for a spin**: take (something) for a spin이라고 하면 '(자동차 같은 차량을) 잠깐 시험 삼아 타본다' 혹은 '(자동차 같은 차량을) 여가 활동의 느낌으로 드라이브 한다'라는 뜻이에요.
  - **ex** *A*: I got a new car for my 30th birthday. 나의 30번째 생일 기념으로 새 차를 뽑았어.
    B: What a cool car! Can we **take it for a spin**? 진짜 멋진 차네! 우리 새 차 타고 드라이브 갈수 있어?

Summer의 미국 생활 TIP

미국에서 운전할 때는 스쿨버스도 조심해야 해요. 미국에서는 스쿨버스에 관한 규정이 굉장히 엄격해요. 미국의 스쿨버스는 노란색으로 칠해져 있고 School Bus라고 크게 써 있어요. 스쿨버스가 도로변에 멈춰서 학생들이 타고 내릴 때는 주변 차들이 같이 멈춰야 해요. 멈추지 않으면 최고 1,000달러 정도의 벌금을 내야 할 수도 있어요. 스쿨버스가 멈추기 전에 노란색 불을 켜고 미리 주의를 줘요. 스쿨버스가 멈추면 빨간색 Stop 팻말이 열리거나 스쿨버스 앞뒤 위쪽으로 빨간색 불이 깜박여요. 빨간색 불이 꺼질 때까지, 혹은 가도 된다는 신호를 받을 때까지 멈춰서 기다려야 해요. 주마다 구체적인 법이 조금씩 다르긴 한데, 뉴욕주를 기준으로 보면 스쿨버스로부터 적어도 20 feet(6미터) 전에 차를 세워야 해요. 뉴욕에서는 반대쪽에서 오는 차량도 멈춰야 하죠. 반면, 4차선일 때는 반대쪽 차량은 안 멈춰도 되는 곳도 있어요.

Episode 08

자동차 보험 들고 안전하게 운전하기

외국에서 운전한다는 것이 처음에는 꽤 두렵게 느껴질 수 있어요. 그런데 자동차 보험을 드는 것만으로도 심적으로 꽤 도움이 될 거예요. 미국에서 운전하게 된다면 보험을 꼼꼼히 잘 살펴보고 가입하세요.

빛나는 상식

자동차 보험 내용

- Liability: 의무 가입으로, 자신의 과실로 사고가 나서 타인의 자동차가 망가졌거나 타인이 부상을 당했을 때를 대비한 보험
- Collision: 자신의 과실로 충돌해서 자신의 차가 망가졌을 때를 대비한 보험
- Comprehensive: 사고로 인한 피해 보상뿐 아니라 도난이나 자연재해로 차가 손상된 경우를 대비한 보험
- Full coverage: 위 모든 사항을 포함하는 보험

리얼 Dialogue

A I'd like to purchase car insurance, please.

자동차 보험을 들고 싶은데요.

B Sure! I'll get you a quote. Please take a seat! How did you hear about us?

네! 견적을 드릴게요. 앉으세요! 어떻게 저희 지점을 알게 되셨죠?

A I did some online research and you had really good reviews, so I decided to swing by.

인터넷에서 좀 알아보니까 후기가 정말 좋더라고요. 그래서 잠깐 들르기로 했어요.

B Thanks for coming by! Have you ever had car insurance in the past?

들러주셔서 감사해요! 예전에 자동차 보험 드신 적 있으신가요?

A No, I am a first time driver.

아니요, 운전 처음 하는 거예요.

B Okay, that's totally fine. I'm going to need your vehicle registration, your government-issued ID, and driver's license.

네, 좋습니다. 고객님의 차량 등록증이랑 정부에서 발급한 신분증, 그리고 운전면허증이 필요해요.

A I have them all right here!

여기 다 있어요!

B Perfect! Let me type this up.

완벽하네요! 제가 이걸 좀 입력할게요.

A Do you have an estimate for how much it will be?

얼마 정도 나올지 추정치가 있나요?

159

B I won't know until I put everything into the system, but I can tell you about the main factor. It's a good driving record! But you are a first time driver, so that is not in your favor. It does make it more expensive.

시스템에 모든 것을 다 입력하기 전까지는 알 수 없지만, 주요 요소들에 대해서는 말해드릴 수 있어요. 운전 기록이 좋네요! 그런데 운전을 처음 하시는 것이기 때문에 고객님께 유리하지는 않네요. 운전을 처음 한다는 요인이 가격을 더 비싸게 만들거든요.

A Okay, how much is it?

네, 얼마인가요?

B $1,200 a year.

1년에 1,200달러예요.

A That sounds pretty reasonable.

꽤 합리적인 것 같네요.

B We're off to a good start. I'm guessing you want the usual?

좋은 시작이네요. 일반적인 것을 원하시겠지요?

A What does the usual entail?

일반적인 것에는 뭐가 포함되나요?

B Basically the average amount of coverage in all categories most first-timers need.

기본적으로 대부분의 초보자들이 필요한 모든 카테고리에 해당하는 평균적인 보상 담보액을 포함해요.

A That sounds about right.

괜찮은 것 같아요.

B We'll get you insured in a wink. Let me get your papers ready.

금방 보험에 가입해 드릴게요. 서류를 준비해 가져 올게요.

체크 Words

- quote 견적
- swing by 잠깐 ~에 들르다(= come[stop, drop] by)
- first time 생전 처음인
- type up 타이핑을 하다
- estimate 추정치, 추산

- factor 요인
- favor 이익, 유리
- be[get] off to a good start 출발이 좋다
- entail 수반하다, ~을 일으키다
- first-timer 처음으로 하는 사람

리멤버 Expressions

* **not in your favor**: '당신에게 유리하지 않은'이라는 뜻이에요. 반대로 in one's favor라는 말은 '~에게 유리하게'라는 말이죠.

   ex A: How was the game? 게임 어땠어?

   B: I was not doing great in the beginning, but it moved **in my favor** in the end.
   처음에는 잘 못했는데 끝에 가서 나한테 유리하게 움직였어.

* **in a wink**: '눈 깜짝할 사이에', '순식간에'라는 말이에요. 같은 말로 in the wink of an eye라고 말하기도 해요. 윙크한 번 할 시간만큼 짧다는 느낌이 딱 올 거예요.

   ex A: I need your help urgently, Lindsay! Can you come over here?
   린지, 긴급하게 네 도움이 필요해! 여기로 올 수 있어?

   B: Okay, I will be there **in a wink**. 그래, 금방 갈게.

Summer의 미국 생활 TIP

만약 뉴욕 같은 대도시에 살 계획이라면 아무래도 차를 많이 사용할 일이 없겠죠. 주말여행을 간다거나 장을 한꺼번에 많이 보고 싶을 때 정도 차가 필요할 텐데요. 워낙 이 정도의 일로 차를 필요로 하는 사람이 많아서 뉴욕 같은 대도시에는 차를 여러 사람이 공유하는 서비스가 많아요. 대표적인 예가 Zipcar라는 서비스로, 장기 멤버십 요금을 조금 내고 렌터카보다 간단하고 편리하게 예약하고 차를 시간 단위, 혹은 하루 단위로 바로 사용할 수 있게 되어 있어요. 멀리 여행을 가지 않고 가까운 장소로 잠깐 이동하는 목적으로 안성맞춤인 서비스예요.

속도위반은 하지 마세요!

미국은 속도 단위를 MPH(miles per hour)로 써요. 자동차들과 모든 교통 표지판들이 MPH를 사용하기 때문에 속도에 대한 감을 익히는 데 시간이 좀 걸릴 거예요. 혹여 이런 이유로 속도위반을 하게 될 경우를 대비해 교통경찰과 나눌 수 있는 대화를 미리 알아봐요.

리얼 Dialogue

A Ma'am, do you know why I pulled you over today?

부인, 제가 왜 차를 대게 했는지 아세요?

B Was I going too fast?

제가 너무 빨리 달렸나요?

빛나는 상식

MPH
'시속 ~마일'이라는 뜻으로 miles per hour의 약자예요. 참고로 1마일은 1.6km 정도죠.

A Yes, you were. You were going 60 MPH in a 40 MPH zone.

네, 맞습니다. 시속 40마일 구역에서 시속 60마일로 달리셨어요.

B I'm sorry.

죄송해요.

A May I see your license and vehicle registration please?

운전면허증과 차량등록증 좀 보여주시겠어요?

B Yes, here they are.

네, 여기 있어요.

A OK, everything looks good. I'm going to have to write you up for this. I'll be right back with your ticket.

네, 다 좋네요. 이에 대해서 보고를 써야 해요. 딱지 가지고 다시 오겠습니다.

B Okay.

네.

\\\\\\\\\\\\\\\\ *[after a while]* \\\\\\\\\\\\\\\\

A Here you go. This is your first speeding ticket, so it's only a mild fine, and you only get a couple of points on your driving record.

여기 있습니다. 이번이 운전자 분의 첫 번째 속도위반 딱지라서 가벼운 벌금과 함께 운전 기록에도 벌점을 조금 받을 거예요.

B   I'm sorry, but what does it mean to get points on my driving record?

실례지만, 제 운전 기록에 벌점을 받는다는 게 무슨 말인가요?

A   It affects your insurance. More points means that the price you are currently paying for insurance will go up next time to buy insurance. Additionally, if you accumulate too many points, your driver's license can be revoked.

보험에 영향을 줄 거예요. 벌점이 더 있다는 건 현재 내고 있는 보험료가 다음에 보험을 계약할 때는 올라갈 거라는 말이에요. 게다가, 만약 벌점이 너무 많이 쌓이면 운전면허증이 취소될 수 있어요.

B   That's a bummer. I'm so sorry, I wasn't aware I was going over the speed limit. I'll be more in the know from now on.

실망스럽네요. 정말 죄송해요, 제가 속도 제한을 넘어섰다는 것을 인식하지 못했어요. 앞으로는 더 잘 알고 있을게요.

A   Please do. You can pay your fine online, so do that as soon as you can. Also, were you aware that your left headlight is dead?

부디 그렇게 해주세요. 벌금은 온라인으로 낼 수 있으니 최대한 빠른 시일 내에 지불하세요. 그리고 혹시 왼쪽 전조등이 나갔다는 것을 알고 계셨나요?

B   What? I just bought this car!

네? 이 차 금방 샀는데요!

A   You need to replace your left headlight. It's illegal to drive with a dead headlight. I won't ticket you for that today because I know you are a new driver. Drive safely, and have a good day.

왼쪽 전조등 교체하셔야 해요. 작동하지 않는 전조등을 달고 운전하는 것은 불법이에요. 운전을 막 시작하신 분인 걸 아니까 오늘은 이걸로 딱지를 드리지는 않을게요. 조심해서 운전하시고, 좋은 하루 보내세요.

B   Thanks for the heads-up and for being gracious. I really appreciate it.

알려 주셔서, 그리고 봐주셔서 감사해요. 정말 감사합니다.

📝 체크 Words

- **pull over** (차를) 길 한쪽으로 대게 하다
- **write someone up** ~에 관한 불평 사항이나 행위에 대해 공식적으로 글로 쓰다
- **ticket** (교통 법규 위반에 대한 벌금을 부과하는) 딱지
- **fine** 벌금
- **accumulate** 축적하다, 모으다
- **revoke** 취소하다, 철회하다, 폐지하다
- **bummer** 실망(스러운 일)
- **replace** 교체하다, 바꾸다
- **heads-up** (미리 주는) 알림, 주의, 경고
- **gracious** 자애로운, 품위 있는, 우아한

👥 리멤버 Expressions

* **That's a bummer.**: bummer가 '실망스러운 일'이라는 뜻이라서 That's a bummer.는 '그거 참 실망스럽네.'라는 표현으로, 주로 비격식적 상황에서 쓰여요.

  ex *A*: I can't go out tonight. So sorry, but I need to get this paper done by tomorrow.
  오늘 밤에는 외출할 수 없어. 정말 미안하지만 내일까지 이 서류를 끝내야 해서.

  B: **That's a bummer**, but no worries. 실망스럽긴 하지만 괜찮아.

* **in the know**: '잘 알고 있는'이라는 표현이에요. 그래서 I'll be more in the know from now on.이라고 하면 '지금 부터는 더 잘 알 거예요.'라는 말이죠. in-the-know라고 하이픈으로 연결하면 형용사로 쓸 수도 있어요.

  ex *A*: I'm looking for web developers. Do you know anybody you can recommend?
  나 웹 개발자들을 찾고 있어. 추천해줄 만한 사람 있어?

  B: No, but Mike is **in the know** about that field. 아니, 하지만 마이크가 그 분야는 잘 알고 있어.

Summer의 미국 생활 TIP

- 만약 뉴욕에서 운전할 계획이라면 신호등 주변에서 보행자를 한국에 있을 때보다 더욱 주의 깊게 살펴야 해요. 차가 다니지 않을 때 보행자가 신호등의 색깔에 상관없이 길을 건너는 일이 흔하기 때문이죠. 이것은 보행자에게는 편할 수 있지만 운전자에게는 항상 긴장해야 하는 이유가 되죠.

- 방어운전교육이라는 프로그램을 이수하면 벌점을 낮출 수 있고, 더불어 운전면허가 정지되는 것을 막을 수도 있어요. 영어로는 Point and Insurance Reduction Program(PIRP), 혹은 Defensive Driving Course, Motor Vehicle Accident Prevention Course라고 불려요. 프로그램은 다양한 기관에서 온라인, 오프라인으로 제공하고 있어요.

- 교통위반 티켓을 받았다면 TIKD라는 서비스를 검토해 보세요. TIKD(TIKD.com)라는 회사는 현재 플로리다, 워싱턴 D.C., 캘리포니아주에 한해서 교통 티켓 벌금을 적게 지불하거나 벌점 없이 해결할 수 있도록 도와주는 서비스를 제공하고 있어요.

몸은 기름이니까~ 주유소에서 주유하기

미국에선 몇 개 주만 빼고 '셀프 주유'가 굉장히 흔해요. 주유소 직원이 주유를 해주는 곳은 비교적 많지 않죠. 주유소에서 할 수 있는 대화도 중요하지만 실제 주유를 어떻게 할 수 있는지 미리 알아 두는 것도 중요해요.

리얼 Dialogue

A Since we're at a gas station, can you teach me how to fill up the gas? I've never done it before.

우리 주유소 왔으니까 기름 넣는 방법 좀 가르쳐줄래? 내가 해본 적이 없어.

B Sure, let me help you. At all gas pumps like this one, you can either pay with your card, or you can pay with cash. If you want to pay with a card, you can sometimes directly pay at the pump.

물론이지, 도와줄게. 이것처럼 모든 주유기에서 카드로 계산할 수도 있고, 현금으로 할 수도 있어. 카드로 계산하고 싶으면 가끔 주유기에서 바로 결제할 수도 있어.

빛나는 상식

기름 가격

주마다 기름에 세금을 다른 비율로 부과해요. 어떤 주는 그래서 엄청 싸고, 어떤 주는 아주 비쌀 수 있죠. 10분 운전하고 가다가 두 주유소 가격이 급격하게 다른 것을 볼 수도 있을 거예요.

A What about cash?

현금으로 내려면?

B If you want to pay with cash, you have to go inside the gas station to pay the cashier.

만약 현금으로 계산하고 싶으면, 주유소 안으로 들어가서 직원한테 돈을 내야 해.

A How will they know which pump I'm going to use?

직원들이 내가 어떤 주유기를 쓸지 어떻게 알아?

B You let the attendant know which gas pump you are going to use and how much gas you want to pump. For example, "Pump number 7, $50 please."

직원에게 어떤 주유기를 쓸 거고 얼마만큼 주유할 건지 말해주면 돼. 예를 들어, '주유기 7번, 50달러어치요.' 라고.

A Okay! That makes sense. I overheard you once say, "Fill it up, regular." to an attendant at a gas station. What does that mean?

그렇구나! 이해가. 네가 언젠가 주유소에서 직원한테 '가득 채워 주세요, 레귤러로요.'라고 말하는 거 들었어. 그게 무슨 말이야?

B I meant please fill up my tank with regular gas.

일반 기름으로 연료통을 가득 채워달라는 말이었어.

A What type of gasoline should I use?

나는 어떤 종류의 기름을 사용해야 하지?

B That depends on your car. For most cars, it's fine to get the cheapest gas. Certain sports cars and luxury cars will require more expensive gas because of their engines. You can use the cheapest gas for your car — in other words, regular.

네 차에 따라 달라. 대부분의 차는 가장 싼 기름을 넣어도 괜찮아. 일부 스포츠카나 고급 차들은 엔진 때문에 더 비싼 기름을 필요로 할 거야. 네 차에는 그냥 제일 싼 기름을 넣어도 괜찮아. 즉, 일반 기름.

A So, show me the ropes now!

그래, 이제 어떻게 하는지 알려줘!

B I'm going to pay by card today. I've selected what type of gas I want and now I'll pay by inserting my card to pay for the gas I want.

난 오늘은 카드로 계산할 거야. 원하는 기름의 종류를 선택했으니, 이제 카드를 넣어 원하는 기름의 값을 낼 거야.

A I see. What's next?

그렇구나. 다음은?

B You take off the gas cap, remove the nozzle from the pump and insert the gas nozzle into the tank. Then, you pull up the nozzle trigger, locking it into place. Once the tank has filled up, the nozzle will unlock.

연료 탱크 뚜껑을 열고, 주유기에서 분사구를 뺀 다음에는 기름 분사구를 연료 탱크 안에 넣어. 그리고 나서, 분사구 손잡이를 당기면 제 위치에 고정돼. 일단 연료 탱크가 다 차면 분사구가 풀릴 거야.

A That was easier than I thought although I'm sure it's easier said than done.

생각보다 더 쉽네. 물론 말이 행동보다 쉽기야 하지만.

B It's really simple, I'm sure you can do it!

굉장히 간단해. 분명 너도 할 수 있을 거야!

☑️ 체크 Words

- **fill up** 가득 채우다
- **gas pump** 주유기
- **attendant** 점원, 종업원
- **overhear** (남의 대화 등을) 우연히 듣다
- **the ropes** (어떤 일의) 비결, 요령

- **insert** 삽입하다, 끼우다
- **nozzle** 분사구
- **trigger** 손잡이, 방아쇠
- **lock** 고정시키다, 잠가 두다(↔ unlock 풀리다)

📇 리멤버 Expressions

* **show me the ropes**: '방법[요령]이 어떻게 되는지 나에게 알려줘'라는 뜻이에요. show라는 동사 대신에 teach, know, learn 등을 써서 '방법이나 요령을 가르쳐 주다[알다, 배우다]'라고 표현할 수도 있어요.

  ex A: Summer, how do you become a YouTuber? I want to start my own channel.
  썸머, 어떻게 유튜버가 된 거야? 나도 내 채널을 시작하고 싶어.

  B: If you're really serious about it, I can **teach you the ropes**.
  네가 정말 그것에 대해 진지하게 생각하고 있는 거라면, 내가 어떻게 하는지 가르쳐 줄 수 있어.

* **easier said than done**: 말하기에는 쉬우나 실제 행동하거나 성취하는 것은 훨씬 어려운 상황을 말할 때 쓰는 표현이에요.

  ex • Finding a job is **easier said than done**. 직장을 찾는 건 말이 쉽지 정말 힘들어.

  • Are you saying I need to change my attitude? Well, **easier said than done**.
  내가 태도를 바꿔야 한다는 말이니? 글쎄, 말이야 쉽지.

Summer의 미국 생활 TIP

기름의 종류는 Regular, Midgrade(혹은 Plus), Premium 등으로 나뉘어요. 주유기마다 기름의 종류별 명칭은 조금씩 다르기도 해요. 대부분의 보통 차량에는 regular 기름을 넣을 수 있지만 차의 종류에 따라 regular로 주유하지 못하는 차량도 있어요. premium을 넣어야 하는데 계속 regular 기름으로 주유하면 파워가 약해지거나 엔진이 손상될 수 있어요. 해당되는 기름의 종류를 반드시 먼저 확인하세요!

차가 아프면 정비소로~ 자동차 수리 요청하기

한국에서도 차 수리를 위해 정비소를 찾게 되면 아무리 설명을 들어도 잘 모를 때가 많아요. 그러니 영어로 설명을 듣게 되면 더 못 알아들을 수도 있겠죠! 자, 그럼 자동차에 문제가 생겨서 정비소에 차를 수리하러 갔을 때 필요한 영어를 함께 살펴봐요.

 리얼 Dialogue

A I'd like to **get my car repaired**, please.
자동차 수리 좀 받고 싶어요.

B What is the problem with your car?
차에 무슨 문제가 있나요?

A After I start the engine, it occasionally comes to a dead stop after a minute or so.
자동차 시동을 켜면 가끔 엔진이 1분쯤 후에 멈춰요.

B There's a myriad of possible issues that could be the culprit.
원인이 될 만한 것이 무수히 많은데요.

A Such as...?
예를 들어서요?

B It could be a problem with the spark plug, a dirty carburetor, or maybe a dead battery.
점화 플러그에 문제가 있을 수도 있고, 기화기가 더러워서일 수도 있고, 어쩌면 배터리가 나갔을 수도 있어요.

A How expensive would it be to get it all checked out?
모든 걸 체크하는 데 얼마나 비쌀까요?

B Finding the problem isn't the expensive part. It's replacing the broken parts that can make it expensive. If it's a dead battery, all we would have to do is replace the battery, and that doesn't cost much. If you have to replace the carburetor, it could cost you a pretty penny.
문제를 발견하는 것은 비싸지 않아요. 비용을 비싸게 만드는 것은 망가진 부품들을 교체하는 거죠. 만약 배터리가 나간 거라면 배터리만 교체하면 돼서 비용이 많이 나오지 않아요. 만약 기화기를 교체해야 하면 꽤 많은 돈이 들어갈 수 있어요.

A Okay. When can I get my car fixed by?
좋아요. 언제까지 제 차 수리가 끝날 수 있을까요?

MEMO

B It would take me about a week.

1주일 정도 걸릴 거예요.

A What? That's problematic. I need my car back very quickly because I need it to go to work.

네? 문제가 되겠는데요. 제가 출근할 때 차가 필요해서 아주 빨리 차를 돌려받아야 하거든요.

B I'm sorry, but I have a heavy backlog of vehicles to fix. You're in a queue.

죄송하지만, 수리해야 할 차량이 많이 밀려있어요. 기다리셔야 해요.

A Would I be able to pay extra to get my car fixed faster?

돈을 좀 더 내면 차 수리를 더 빨리 받을 수 있나요?

MEMO

B Well... yes. I don't usually do this, but if you pay $100 extra, I'll put you at the front of the queue.

그게…… 네. 보통은 이렇게 안 하는데, 만약 100달러를 더 내시면 먼저 수리해 드릴게요.

A When would I get my car back?

그럼 언제 차를 돌려받을 수 있나요?

B Probably tomorrow.

아마 내일이요.

A Count me in.

그렇게 할게요.

체크 Words

- **come to a dead stop** 딱 멈추다
- **or so** ~쯤[정도]
- **a myriad of** 무수한, 수많은
- **culprit** (문제) 범인, 장본인, 용의자
- **such as** 예를 들어, ~와 같은
- **spark plug** 점화 플러그

- **carburetor** 기화기(연료와 공기를 적당한 비율로 혼합시켜 공급하는 장치)
- **dead battery** 방전된 배터리
- **pretty penny** 상당히 큰 액수의 돈
- **problematic** 문제가 있는, 문제의
- **backlog** 밀린 일, 비축
- **queue** 줄, 대기 행렬

🔖 리멤버 Expressions

* **get my car repaired**: '내 차를 수리받다'라는 말이에요. 이렇게 내가 직접 무엇을 하는 것이 아니라 그 일을 누군가에게 맡길 때 get이라는 동사를 쓰고, 뒤에 그 대상을 쓴 뒤 그 대상을 어떻게 하고 싶은지를 과거분사 형태로 써서 표현해요.
  - ex • I'd like to **get my hair permed**. 머리를 파마하고 싶어요.
    • I'd like to **get my phone fixed**. 제 핸드폰 수리를 맡기고 싶어요.

* **in a queue**: queue는 '줄을 서다'에서 '줄'을 말해요. 미국에서 가장 흔하게 사용되는 단어는 line이고, queue는 영국에서 가장 흔하게 쓰이는 단어예요.
  - ex • Are you waiting **in line**? 줄 서서 기다리고 계신가요?
    • I'm standing **in line**. 저는 줄에 서 있어요.
  - *cf.* 뉴욕 등의 북동부 지역에서는 in line 대신에 on line이라는 말을 써요.

* **Count me in.**: count in은 '~을 포함시키다'라는 뜻으로 어떤 일에 끼고 싶을 때, 참여하고 싶을 때 쓸 수 있는 표현이에요.
  - ex • Please **count** me **in** for the party. 그 파티에 저도 끼워 주세요.
    • **Count in** everybody who said they would attend. 참석하겠다고 한 모두를 넣어.

✚ Bonus Info 알아두면 더 좋아요!(자동차 부품 단어)

- **brake light** 브레이크등
- **tail light** 후방 미등
- **windshield** 바람막이 창
- **windshield wiper** 와이퍼
- **headlight** 전조등
- **speedometer** 속도계
- **gear shift** 변속기어, 기어 전환 장치
- **rearview mirror** 백미러
- **steering wheel** 핸들
- **fuel gauge** 연료 표시기, 연료계

영화 같은 로드 트립의 시작! 자동차 렌트하기

미국은 땅이 워낙 넓어서 주마다 독특한 특색을 갖고 있어요. 동부, 서부, 중부 등 지역마다 참 다른 문화와 사투리가 있죠. 이런 다양한 문화를 체험하기 위해 미국에서는 자동차를 타고 여행하는 일이 참 흔해요. 로드 트립을 위해 자동차를 렌트하는 상황을 영어로 준비해 볼까요?

 리얼 Dialogue

A I'd like to rent a car, please.

차를 렌트하고 싶은데요.

B What kind of car do you need?

어떤 종류의 차량이 필요하세요?

A What kind of cars do you have?

어떤 종류의 차를 보유하고 계신데요?

B We have all kinds! We have economy, compact, full-size, premium, luxury, minivans and SUVs. What do you need a car for?

저희는 모든 종류를 취급해요! 경차부터 소형차, 대형차, 프리미엄, 고급차, 미니밴, 그리고 SUV가 있죠. 차를 어디에 쓰실 건가요?

A I'm taking a road trip with several of my friends across America for a couple weeks. We need enough space to comfortably seat four people and a good amount of luggage.

몇 주에 걸쳐서 친구들 몇 명과 미국을 횡단하는 로드 트립을 하려고 해요. 저희는 네 명이 편히 앉을 수 있으면서 많은 양의 짐을 실을 수 있는 충분한 공간이 필요해요.

B Okay! In that case, I would recommend a minivan. It can easily seat four people and fit in all your luggage. The mileage is pretty decent too. It's about 18 miles per gallon on the highway. And most of our cars come with built-in GPS.

그렇군요! 그런 경우엔 미니밴을 추천할게요. 네 명이 앉기에도 편할 거고, 짐을 모두 넣기에도 적당할 거예요. 연비도 꽤 괜찮은 편이에요. 고속도로에서 갤런 당 18마일 정도가 나와요. 그리고 저희 차들에는 대부분 GPS가 설치되어 있어요.

A Perfect! Can we talk about the cost?

완벽하네요! 가격을 얘기해 볼까요?

B Sure. From initial estimates, I'd say it would cost you about $80 a day.

물론이죠. 첫 예상가로는 하루에 약 80달러라고 말씀드릴 수 있어요.

MEMO

171

A Wow! Okay, that is a bit pricier than I expected. Could you break the cost down?

와! 그렇군요, 제가 예상했던 것보다 조금 더 비싸네요. 그 비용을 나눠서 설명해 주실래요?

B The vehicle rental would be about $65 a day. Insurance is $10 a day. Vehicle rental tax is $5 a day.

차량 렌탈 비용이 하루에 약 65달러예요. 보험은 하루에 10달러고요. 차량 렌탈 세금은 하루에 5달러죠.

A Okay. Do you have any other options?

그렇군요. 그 외에 다른 선택이 있을까요?

B I really think a minivan would suit your needs best. Tell you what, I'll rent you our nicest model. A brand new 2016 Honda Odyssey. It comes with many luxury features, and even a 12 inch TV! Imagine, you can watch TV on a long road trip!

제 생각에는 미니밴이 고객님이 필요한 모든 것에 제일 부합할 것 같아요. 좋은 생각이 있는데요, 저희의 가장 좋은 모델로 렌트를 해드릴게요. 2016년 새로운 버전의 혼다 오디세이 모델이에요. 많은 고급 기능이 들어있고, 심지어 12인치 TV를 포함하고 있어요! 상상해보세요, 장기 로드 트립에서 TV를 볼 수 있다니까요!

A You convinced me. I'll take it.

저를 설득하셨네요. 그걸로 할게요.

B You made the right choice! I'll get the paperwork ready.

옳은 선택을 하셨어요! 제가 서류 작업을 준비할게요.

체크 Words

- **road trip** 장거리 자동차 여행
- **good amount** 상당한 양
- **fit in** ~에게 공간이나 장소를 제공하다
- **mileage** 단위 연료당 주행 거리, 연료 소비율, 주행 거리
- **decent** 괜찮은, 적절한
- **gallon** 갤런(액량 단위. 영국, 캐나다를 포함한 다른 국가들에서는 1갤런을 4.5리터, 미국에서는 3.8리터로 봄)

- **initial** 처음의, 초기의
- **suit** 어울리다, 맞다, 괜찮다, ~에게 좋다
- **convince** 설득하다, 납득시키다
- **paperwork** 서류 작업

🗣️ 리멤버 Expressions

* **Tell you what**: 무엇을 제안하거나 의견을 말할 때 쓸 수 있는 표현으로, 앞에 I'll이나 I가 생략되어 있어요. 한국어로는 참 다양하게 번역될 수 있는데, '이야기할 게 있는데', '제안할 게 있는데', '실은요', '있잖아요', '제 말을 들어보세요' 등의 뉘앙스예요.

  ex A: **I tell you what**, why don't you go out with your friends? I'll watch the kids tonight.
  있잖아, 친구들이랑 나가서 노는 게 어때? 내가 오늘 밤 아이들을 볼게.

  B: That's so sweet of you! You're the best. 당신 정말 친절하다! 당신이 최고야.

➕ Bonus Info 알아두면 더 좋아요!(교통 표지판)

- 어느 시간에도 주차할 수 없다는 표시로, 짐을 옮기거나 누구를 차에서 내려주고 태워주기 위해 정차하는 것은 가능해요. 표지판을 기준으로 화살표가 가리키는 방향으로 주차를 할 수 없다는 표시예요.

- P 글자에 대걸레 표시가 있으면 표시된 요일과 시간에는 청소를 하기 때문에 그 시간대에는 주차를 할 수 없다는 뜻이에요. 해당 시간에 짐을 옮기거나 누구를 차에서 내려주고 태워주기 위해 정차하는 것은 가능해요. 표지판 양쪽 방향이 다 해당돼요.

- 어떤 시간에도 정차해서 기다리거나 짐을 옮기거나 누구를 차에서 내려주고 태워주기 위해 정차할 수도 없다는 표시예요. 차 안에 운전자가 있어도 차를 세워 놓고 기다릴 수 없어요.

- 버스 정류장에 차를 세우면 안 된다는 표시예요.

- 소화전(Fire Hydrant) 옆에는 주차를 할 수 없어요. 법적으로 15피트(4.5미터) 이내에 주차 금지예요.

기차, 버스? 장거리 여행의 교통수단

미국에서 장거리 여행을 하면서 다른 지역으로 넘어갈 때 보통은 대중교통을 많이 이용해요. 미국에서는 기차보다는 버스가 더욱 저렴한 편이에요. 장거리 여행을 위한 교통수단 선택에 관한 대화를 미리 살펴봐요.

리얼 Dialogue

A I want to travel from New York City to Philadelphia next week. What's the best way to get there? My friend told me to take the train. Is that my best option?

다음 주에 뉴욕에서 필라델피아로 여행을 가고 싶어. 거기에 가려면 뭘 이용하는 게 가장 좋을까? 내 친구가 기차를 타라고 했는데. 그게 최선의 선택일까?

B You mean Amtrak? It takes about two hours, and it's pretty comfortable. The train usually has okay WiFi, too.

암트랙 말하는 거지? 그건 2시간 정도 걸리고, 꽤 편안해. 그 기차는 보통 와이파이도 좋아.

A How much does it cost?

가격이 얼마야?

B It really depends on the day and how far in advance you buy the ticket. It could go anywhere from $50 to $100.

그건 정말 구입하는 날이랑 얼마나 미리 표를 사는지에 따라 달라. 어디를 가도 50달러에서 100달러 사이가 될 거야.

A Seriously? That's pretty expensive.

정말이야? 꽤 비싸네.

B You should take the bus! It's cheap, and almost as fast. If you take a MegaBus, depending on the day, it will cost you as little as $10.

버스를 타는 게 좋을 거야! 버스가 싸고, 거의 비슷하게 빠르거든. 만약에 메가버스를 타면 날짜에 따라 다르겠지만, 적게는 10달러가 들 거야.

A Wow, that sounds awesome! Are there any downsides?

와, 정말 좋은데! 뭐 불편한 점은 없을까?

B Yes, it's less convenient. Cheap busses are usually a bit more crowded and uncomfortable than the train. You get less leg room. Also, it's less reliable.

있지, 버스는 덜 편해. 가격이 싼 버스는 기차보다는 조금 더 붐비는 편이고 불편해. 발 뻗을 수 있는 공간도 더 적지. 또, 덜 믿을만 하기도 해.

A That's okay. The price has a nice ring to it, unlike Amtrak prices.

괜찮아. 가격이 암트랙 가격과 달리 좋으니까.

B Definitely! In my opinion, it's the best way to travel between cities. Tickets can be as cheap as $1.

정말 그래! 내 생각에는 버스가 두 도시를 여행하는 가장 좋은 방법인 거 같아. 표는 가장 싼 게 1달러가 될 수도 있어.

A That's incredible! How do I purchase tickets?

믿을 수 없을 정도네! 표는 어떻게 구입해?

B You can go to their website and buy a ticket, and then print out the ticket or have it on your phone.

웹사이트를 방문해서 표를 구매할 수 있고, 그러고 나서 표를 프린트해서 가져가거나 휴대폰으로 보여줘도 돼.

A Bus stations frighten me though.

근데 버스 정류장이 좀 겁나긴 해.

B It's pretty straightforward. You'll be told exactly where to go to board your bus and there's usually a line of people waiting to get on. Get there at least 15 minutes before your boarding time and remember seating is first-come first-served, unless you pay an additional fee to reserve your seat.

꽤 간단해. 네가 정확히 어디서 버스를 타야 하는지 말해 줄 거고, 거기에 보통은 타려고 사람들이 줄 서서 기다리고 있어. 거기에 탑승 시간 적어도 15분 정도 전에 가 있고, 돈을 좀 더 내서 좌석을 예약하지 않는 이상 먼저 온 사람이 먼저 타는 거라는 걸 기억해 둬.

A Got it.

알겠어.

MEMO

B Enjoy your trip!

즐거운 여행해!

✅체크 Words

- **downside** 불리한 면
- **leg room** 발을 뻗을 수 있는 공간
- **reliable** 믿을 수 있는, 확실한
- **frighten** 겁먹게 만들다
- **straightforward** 간단한, 복잡하지 않은

- **board** 탑승하다, 승선하다
- **at least** 적어도
- **boarding time** 탑승 시간
- **first-come first-served** 선착순 선처리
- **reserve** (자리 등을) 잡아 두다, 예약하다

🗣리멤버 Expressions

★ **has a nice ring to it**: '매력적으로 들린다', 혹은 '좋게 들린다'라는 뜻이에요. 좋은 종소리가 명랑하게 듣기 좋은 것처럼 무엇이 듣기 좋을 때 사용할 수 있죠.

> ex "Ph.D. student," that **has a nice ring to it**, doesn't it? '박사과정 학생', 듣기 좋은 소리죠, 그렇지 않아요?

Summer의 미국 생활 TIP

뉴욕을 여행해봤거나 사는 분들이라면 Penn Station이 어마어마하게 혼란스럽고 복잡하다는 것을 알 거예요. 제가 처음에 Penn Station에 기차를 타러 갔을 때 정말 이 정도로 어느 플랫폼으로 가야 하는지 혼란스럽게 만들 수 있다는 것에 놀라울 따름이었어요. 처음엔 '내가 바본가?'라는 생각까지 했었죠. 설마 이 대도시의 기차역을 이렇게 못 만들 수가 없을 테니 내가 어리바리 한 걸 거라고 생각한 거예요. 하지만 저뿐만이 아니라 모두가 공감하더라고요. 그래서 이를 해결해 주기 위해 FindYourWay라는 앱도 생겼답니다! Penn Station의 길을 찾아주는 내비게이션 기능도 있고, 해당 게이트 번호도 간편하게 찾을 수 있게 도와줘요.

내 영혼까지 충전해 줄 휴가 계획 잡기

1년에 한 번 있는 여름휴가! 1년 동안 기다린 휴가인 만큼 최대한 휴식도 하고 활력을 되찾을 수 있는 일정을 짜려고 노력하죠. 친구와 휴가지 정하는 대화문을 보면서 휴가나 관광지와 관련된 영어 표현을 잘 익혀두세요.

리얼 Dialogue

A I heard you need some help planning your vacation. What do you want to do? Sightsee? Get pampered?

휴가 계획 잡는데 도움이 필요하다고 들었어. 뭘 하고 싶어? 관광? 맘대로 하기?

B I'm thinking it's about time to go on an overseas vacation. I want to sightsee and experience the local culture.

휴가를 해외로 갈 때가 된 거 같다는 생각을 하고 있어.
관광도 하고 그 지역의 문화도 경험하고 싶거든.

A Hot or cold climate?

더운 기후 아니면 추운 기후 쪽으로?

B Somewhere warm would be nice.

따뜻한 곳이면 좋을 것 같아.

A I heard Cancun is happening these days.

요새 칸쿤이 완전 뜬다고 들었어.

B Cancun's a little too touristy for me. I'm trying to find a place that will allow me to sightsee and experience an authentic foreign culture.

칸쿤은 나한테는 약간 너무 관광지 느낌이야. 관광도 할 수 있고 진짜 외국 문화도 경험할 수 있는 곳을 찾으려고 하고 있어.

MEMO

....
....
....
....
....
....
....

A I recently talked to Sam and he was raving about Veracruz, Mexico.

최근에 샘하고 이야기 했는데, 샘은 멕시코 베라크루스에 대해 열변을 토하더라고.

B Oh? Tell me more.

그래? 더 이야기 해줘 봐.

A Well, there's a saying. Foreigners go to Cancun, and Mexicans go to Veracruz. It's pretty affordable, it has a lot of history, it's very modernized, and it's decently tourist friendly!

글쎄, 이런 말이 있더라. 외국인들은 칸쿤에 가고, 멕시코 사람들은 베라크루스로 간다는 말. 가격도 꽤 괜찮고, 역사도 깊고, 많이 현대화되어 있기도 하고, 관광객한테도 꽤 친절하대!

B Is it English friendly?

영어도 통해?

A That's the one caveat. It doesn't get a lot of English speaking tourists, which means that it isn't really a tourist trap. The drawback is that you will have to touch up on your Spanish.

그게 하나 주의할 점이야. 영어를 구사하는 관광객들이 많이 없어, 그 말은 관광객 바가지 씌우는 곳은 정말 아니라는 뜻이지. 문제점은 네가 스페인어를 좀 준비해야 할 거라는 거야.

B I don't think I'll get very far with my basic Spanish.

내 기본적인 스페인어 실력이 훨씬 더 향상되진 않을 거 같은데.

A He said that all you need is the absolute basics. I have friends over there who are tour guides. I could totally connect you with them.

샘이 그랬는데 스페인어 완전 기본만 하면 된대. 거기에 관광 가이드 하는 내 친구들이 있어. 너랑 그 애들을 완전히 연결해 줄 수 있어.

B That'd be nice! Let me talk to my boss and figure out if I can get some time off.

그럼 좋겠네! 내 상사랑 이야기해서 휴가를 좀 낼 수 있는지 알아봐야겠어.

체크 Words

- **sightsee** 관광하다, 구경하다
- **pampered** 제멋대로 하는
- **happening** (장소나 이벤트에 대해) 새롭게 뜨고 유행인
- **touristy** 관광객에게 인기 있는
- **authentic** 진짜인, 정확한, 진본인
- **rave about** ~에 대해 열심히 이야기하다
- **decently** 상당히, 꽤, (수준·질이) 괜찮은

- **caveat** 경고, 주의
- **tourist trap** 관광객들에게 바가지를 씌우는 명승지
- **drawback** 결점, 문제점
- **absolute** 완전, 순
- **figure out** 알아내다
- **time off** 일시적 중단, 휴식

리멤버 Expressions

* **there's a saying**: '~라는 말이 있지'라는 뜻으로, 주로 명언이나 숙어를 얘기하면서 언급하는 문장이에요. As they say ~라는 말로도 대체 가능해요.

  ex ▸ **There's a saying** that goes, "Birds of a feather, flock together." '유유상종'이라는 말이 있지.
  - **As they say**, the pen is mightier than the sword! 펜이 검보다 더 강하단 말이 있잖아!

* **touch up**: 더 좋게 하기 위해서 작은 변화를 통해 '향상시키다', 혹은 '고치다', '손보다'라는 뜻을 나타내는 표현이에요. 대화 속의 you will have to touch up on your Spanish는 '너의 스페인어를 좀 손봐야 할 거야'라는 뜻으로, 즉 스페인어를 조금 배우라는 말이에요.

  ex ▸ She said she'd need to **touch up** her make-up. 그녀가 화장을 좀 고쳐야 한다고 했어.
  - I **touched** the video **up** and uploaded it on the Internet. 나는 그 영상을 조금 손봐서 인터넷에 올렸어.

Summer의 미국 생활 TIP

놀러 갈 때 가장 돈이 많이 드는 요소가 숙박인 거 같아요. 다른 곳에서 아무리 돈을 절약해도 편안하게 머물 수 있는 좋은 호텔을 선택하다 보면 비용이 꽤 많이 들어가서 마음이 덜컥덜컥 하죠. 최근에 저도 해변에 놀러 가기 위해 호텔을 알아봤는데 관광지 주변은 정말 호텔비가 만만치 않더라고요. 그러다가 앱을 하나 발견했는데, 이게 돈을 아주 많이 절약해 줬어요. Hotel Tonight이 바로 그 앱이에요. 호텔들이 마지막 남은 방들을 빨리 처분하려고 숙박비를 크게 할인한 가격으로 내놓을 때가 있어요. 그때를 잘 노리면 큰돈을 절약할 수 있죠. 투숙하려는 날짜가 바로 코앞일 때 크게 할인된 가격이 주로 뜨는 앱이니 급히 여행을 떠날 때 사용하면 좋을 것 같아요. Hotel Tonight 외에도 할인된 가격으로 호텔을 예약할 수 있는 앱이나 웹사이트가 많으니 구글에서 검색해 보세요.

온라인으로 편리하게 항공권 사기

미국은 워낙 땅덩어리가 크니까 자동차로 여행하기에는 도시들이 너무 멀리 떨어져 있는 경우도 많아요. 그리고 미국에서는 남미 쪽이 가까워서 한국에서 일본 여행가는 것처럼 남미 여행도 많이 가죠. 이번에는 항공권 사는 대화를 보면서 비행기 표 구입 관련 영어를 배워 봐요.

 리얼 Dialogue

A Sam, if I wanted to book a flight from New York City to Veracruz, what would be the best way?

샘, 뉴욕에서 베라크루스로 가는 항공편을 예약하려면 어떤 방법이 가장 좋을까?

B It depends. Do you want to fly comfortably or fly cheap?

상황에 따라 달라. 편안하게 비행하고 싶은 거야, 아니면 싸게 가고 싶은 거야?

A Both?

둘 다?

B That usually isn't possible. You get what you pay for.

보통 그건 불가능하지. 지불한 만큼 원하는 걸 얻는 거니까.

빛나는 상식
항공편 관련 단어
• non-stop[direct] flight: 직항
• indirect flight: 직항 이 아닌 항공편
• red-eye: (밤늦게 출발해서 아침 일찍 도착하는) 야간 항공편

A That's unfortunate. How expensive is a direct flight?

안타깝네. 직항은 얼마나 비싸?

B About $1,000 right now.

지금은 1,000달러 정도 해.

A Never mind. What are the cheap options?

그건 됐어. 저렴한 선택지는 뭐가 있을까?

B Well, with budget airlines it would be about $700. You would fly from New York City, have a seven-hour layover in Miami, and then fly to Mexico City, have a three-hour layover there, and then to Veracruz.

음, 저가 항공사라면 약 700달러 정도일 거야. 뉴욕에서 출발해서 마이애미에 내려서 7시간 머물고 나서, 다시 멕시코 시티로 가서 거기서 3시간 머무르고, 그 다음에 베라크루스에 도착하는 거지.

A Wow, how long is the total journey?

와, 전부 다 하면 얼마나 걸리는 거야?

B About 17 hours.

약 17시간이지.

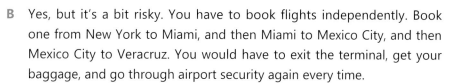

A What?

뭐라고?

B You get what you pay for.

네가 지불한 만큼 얻는 거라니까.

A Are there even cheaper ways?

그러면 훨씬 더 저렴한 방법들도 있어?

B Yes, but it's a bit risky. You have to book flights independently. Book one from New York to Miami, and then Miami to Mexico City, and then Mexico City to Veracruz. You would have to exit the terminal, get your baggage, and go through airport security again every time.

있지, 그런데 약간 위험해. 네가 각각 항공편을 따로 예약해야 해. 뉴욕에서 마이애미로 가는 항공편, 그런 다음 마이애미에서 멕시코 시티로 가는 항공편, 그리고 멕시코 시티에서 베라크루스로 가는 항공편을 예약하는 거야. 노선을 갈아탈 때마다 매번 터미널을 빠져 나와서 짐을 되찾고 공항 보안을 다시 통과해야 하지.

A How much would it be?

그렇게 하면 얼마가 들까?

B Probably around $500 if you are lucky.

운이 좋으면 아마도 500달러 정도가 들 거야.

A Wow, that's a steal! Thanks, Sam! I'll look into it. Do you have any travel agencies you'd recommend to book flights through?

와, 횡재네! 고마워, 샘! 그걸 알아봐야겠어. 항공편 전체를 예약할 때 추천할 만한 여행사들을 알고 있니?

B Travel agencies are so yesterday. Everyone books online now. Just google it!

여행사는 너무 유행이 지났잖아. 지금은 모두가 온라인으로 예약해. 구글 검색을 해봐!

MEMO

A I'm a bit behind on all things related to travel. Thanks for the heads-up.

나는 여행에 관한 모든 것에 조금 뒤쳐져 있어. 알려줘서 고마워.

체크 Words

- **never mind** 신경 쓰지 마, 괜찮아
- **budget airline** 저가 항공사
- **layover** 도중하차(= stopover)
- **independently** 따로, 독립적으로
- **baggage** 수하물(영국에서는 보통 luggage를 쓰지만, 배·비행기 여행의 짐은 baggage를 씀)

- **steal** 횡재, 공짜나 다름없이 싼 가격으로 얻은 것
- **so yesterday** 한 때는 인기 있었지만 유행이 지난
- **google** 구글에서 검색하다
- **be behind on** ~에 늦다[밀려 있다]

리멤버 Expressions

* **You get what you pay for.**: 직역하면 '네가 지불한 것을 얻는다.'인데, 싼 가격으로 산 것은 그만큼 질도 좋지 않다는 말이에요.

  > **ex** A: The earphones I bought last week are already broken. 지난주에 산 이어폰이 벌써 고장 났어.
  >
  > B: Well, **you get what you pay for**. 글쎄, 싼 가격 값을 하는 거지.

* **that's a steal**: 굉장히 좋은, 혹은 싼 가격의 물건을 얘기할 때 사용하는 표현이에요. steal은 동사로 '훔치다'라는 뜻인데, 이렇게 a steal이라고 명사로 쓰일 때는 '가격이 너무 싸서 훔친 것 같이 거저나 마찬가지인 것'을 나타내요.

  > **ex** • $200 for a laptop? **That's a steal**! 노트북이 200달러라고? 진짜 싸네!
  >
  > • If you can buy a bike for $50, **that's a steal**. 자전거를 50달러에 살 수 있으면, 진짜 횡재지.
  >
  > • A: I got this shirt for only $20 on sale. 나 세일에서 이 셔츠 20달러에 샀어.
  >
  > B: Really? **That's a steal**! 정말? 완전 거저다!

Summer의 미국 생활 TIP

미국은 의료비가 비싼 나라로 굉장히 유명하죠. 그래서 잠깐 여행을 가더라도 여행보험에 꼭 가입할 것을 강력하게 권유해요. 아마 미국에서 보험 없이 병원에 갔다가 몇 천만 원을 내야 했다는 말을 한 번쯤은 들어 봤을 거예요. 정말 사실이에요! 보험을 깜빡하고 가입하지 않았더라도 인천공항에 보험사 카운터들이 많이 있으니까 여행 직전에도 빨리 가입할 수 있어요.

긴장은 저 멀리~ 공항에서 탑승 수속하기

요새는 공항에서 탑승 수속을 기계로 하는 경우가 많아요. 그런데 기계가 잘 작동이 안 되는 경우가 종종 있더라고요. 항공권을 찾을 수 없다고 화면에 뜨기도 해서 놀랐던 경험이 있어요. 놀라지 말고 주변에 있는 공항 직원의 도움을 받으세요!

리얼 Dialogue

A Excuse me, could you help me check in? For some reason, I'm having trouble getting this machine to cooperate with me.

실례합니다, 체크인 좀 도와주시겠어요? 무슨 이유에서인지 이 기계가 협조를 안 해줘서 고생하고 있어요.

B Sure! May I see your passport? Where are you flying to?

그럼요! 여권 좀 보여주시겠어요? 어디로 가시나요?

A I'm flying to Miami.

마이애미로 가요.

B Okay, it says here that you don't have a flight booked.

네, 여기서는 예약된 비행기가 없다고 나오네요.

A I'm 100% certain that I have a flight booked for today. American Airlines flight 2066. Boarding at 1:35 p.m.

오늘 비행기는 100퍼센트 확실하게 예약했어요. 아메리칸 에어라인 2066편이에요. 오후 1시 35분에 탑승이고요.

B Okay, let me take you to the airline counter. These self check-in machines can be a bit wonky at times.

네, 해당 항공사 카운터로 모셔다 드릴게요. 이 셀프 체크인 기계들이 가끔 불안정할 수 있거든요.

A Thank you, I really appreciate it.

고마워요, 정말 감사해요.

\\\\\\\\\\\\\\\\\\\\\\ *[after a while]* \\\\\\\\\\\\\\\\\\\\\\

C Welcome to American Airlines check-in!

아메리칸 에어라인 탑승 수속대에 오신 것을 환영합니다!

MEMO

A I'm having trouble checking into my flight using a machine. It said I don't have a flight booked for today, but I'm pretty sure I fly out at 1:35. I'm panicking because I really need to get out on time.

기계로 제 항공편에 체크인 하는 데 문제가 있어요. 기계는 제가 오늘 날짜로 비행기 예약해 놓은 게 없다고 했는데, 저는 분명 1시 35분에 비행기가 출발하는 걸로 알고 있어요. 저 지금 너무 겁나요, 제시간에 꼭 떠나야 하거든요.

C Never fear, help is near! Let me look into it for you. First, may I scan your passport?

걱정 마세요, 도움이 가까이에 있습니다! 제가 좀 살펴볼게요. 먼저, 제가 고객님 여권을 좀 볼까요?

A Here you are.

여기 있어요.

C I found your flight! American Airlines flight 2066 at 1:35 p.m.?

고객님 비행기를 찾았습니다! 아메리칸 에어라인 2066편으로, 오후 1시 35분이죠?

A Yes! That's it. Phew, that scared the life out of me.

네! 그거 맞아요. 휴, 정말 무서웠어요.

C Do you prefer aisle or window seating?

복도석이 좋으세요, 아니면 창가석이 좋으세요?

A Window, please. Can I get an exit row to get some extra leg room?

창가로 부탁해요. 다리를 뻗을 수 있는 공간을 위해 출입구 줄로 주실 수 있으세요?

C You'll need to pay an extra $60.

60달러를 추가로 내시면 됩니다.

A Hmm... I'll pass.

아…… 됐어요.

C Do you want to check in any bags?

가방 체크인 할 거 있으세요?

A I just have a carry-on.

기내에 들고 탈 가방 하나만 있어요.

C Alright, here is your boarding pass. Your boarding time is 12:30 p.m. and the gate is D11.

좋습니다, 여기 고객님 탑승표입니다. 탑승 시간은 오후 12시 30분이고, 게이트는 D11이에요.

A Thanks!

감사합니다!

✓ 체크 Words

- **cooperate** 협조하다, 협력하다
- **wonky** 불안정한, 의지할 수 없는, 흔들거리는
- **at times** 가끔은, 때때로
- **check-in** 탑승 수속대, 탑승 수속
- **fly out** 비행기로 출발하다

- **get out** 떠나다, 나가다
- **scan** 살피다, 훑어보다
- **exit row** 출입구 줄
- **carry-on** 기내에 가지고 들어가는 작은 가방

👥 리멤버 Expressions

* **For some reason**: For some reason, I'm having trouble ~은 '무슨 이유에서인지 ~하는 데 문제를 겪고 있어요'라는 말인데, 여기서 for some reason은 그 상황이 사실이고 일어난 것이 맞지만 그 이유를 모를 때 쓰는 표현이에요.

  ex • **For some reason**, my cell phone stopped working.
  무슨 이유에서인지 모르겠지만, 내 핸드폰이 작동을 멈췄어.

  • I just wanted to be with you **for some reason**. 왠지 난 그냥 너랑 같이 있고 싶었어.

* **Never fear, help is near!**: '두려워하지 마세요, 도움이 가까이에 있어요!'라는 뜻이에요. fear와 near의 라임이 맞는 게 느껴지시나요?

  ex • **Never fear, help is near.** We will give you the right training.
  두려워하지 마세요, 도움이 가까이 있어요. 우리가 알맞은 훈련을 제공해 드릴게요.

  • **Never fear, help is near.** People will be happy to give you the support you need all along.
  두려워하지 마세요, 도움이 가까이 있어요. 사람들은 당신이 내내 필요로 하는 지원을 해주는 게 행복할 거예요.

* **that scared the life out of me**: '너무 놀라서 죽을 뻔했네'라는 표현으로, '아 깜짝이야!'와 대체 가능하다고 보면 돼요. 간혹 scared the living daylights out of me라고도 하는데, 이것은 '살아있는 날들이 다 없어지는 줄 알았다' 정도로 해석하면 돼요. scare the life out of는 '~을 아주 많이 놀래키다'라는 표현으로 of 뒤에는 사람을 써요.

  ex That scary movie **scared the life out of me**. 그 공포 영화가 너무 무서워서 죽을 뻔했어.

Summer의 미국 생활 TIP

비자 승인이 필요한 나라로 여행할 때는 체크인할 때부터 비자를 보여달라고 하는 경우가 종종 있어요. 그 나라에 도착해서 비자를 바로 받을 수 있는 곳도 있는데, 그럼에도 불구하고 비행기 체크인할 때 꼭 비자를 보여줘야 체크인을 해줄 수 있다고 말하는 경우도 경험했어요. 좀 번거롭더라도 가려는 국가의 비자를 온라인으로 항상 미리 준비하는 것이 위험을 줄이는 비결임을 잊지 마세요.

중량 초과됐다! 공항에서 짐 부치기

장기 여행할 때 짐의 중량이 초과해서 사람들이 쭉 줄 서 있는 그 복잡한 공항에서 짐을 풀어서 옮기고, 다시 무게를 재고 했던 경험이 있어요. 뒤에 있던 사람들에게 참 미안하고 민망했죠. 짐이 중량 초과했다고 무조건 추가비용을 내지 말고 직원과 잘 상의해서 방법을 찾아봐요.

리얼 Dialogue

A I'd like to check in my suitcase.

제 가방을 체크인 할게요.

B Sure! Please put your suitcase on top of the scale first.

네! 가방을 먼저 저울 위에 올려주세요.

A Hopefully, it isn't overweight. I had to pack quite a bit.

무게가 초과되지 않으면 좋겠네요. 짐을 꽤 많이 싸야 했거든요.

빛나는 상식

pound
영국의 화폐 단위로 더 잘 알고 있는 pound 는 무게 단위로도 사용돼요. 1파운드는 약 0.454kg과 같죠.

B Bad news. Unfortunately, it is 7  pounds over.

안 좋은 소식이네요. 유감스럽게 7파운드나 초과되었네요.

A Oh dear.... How much extra is it for you to ship it as is?

아이고…… 이대로 부치면 추가 비용이 얼마인가요?

B Unfortunately, there is a $150 fee if your luggage is overweight. I recommend you take stuff out of your suitcase and put it into your carry-on.

안타깝지만, 짐이 무게를 초과하면 비용이 150달러 붙어요. 가방에서 물건을 좀 빼서 기내용 가방에 넣는 게 어떨까 싶네요.

A Good idea. Let me get on that now.

좋은 생각이에요. 지금 해볼게요.

B Just make sure you don't put any liquids into your carry-on. Those will be confiscated at the security gate.

다만 기내용 가방에는 어떤 액체도 넣지 않는다는 것을 잊지 마세요. 보안 게이트에서 압수될 거예요.

A Sure. I think I'll just remove these books.

그럼요. 이 책들을 그냥 빼야겠어요.

B Unfortunately, you are still 2 pounds overweight.

안타깝지만, 아직도 2파운드가 초과예요.

A Is there any way you could let me squeeze by?

그냥 좀 어떻게 안될까요?

B I'm sorry. Airline policy is that your suitcase MUST be under 50 pounds.

죄송합니다. 항공사 방침에 따라 고객님 가방은 꼭 50파운드 이하여야 합니다.

A Okay, let me take out more stuff.

네, 좀 더 꺼내죠.

B I have good news and bad news.

좋은 소식과 안 좋은 소식이 있어요.

A Let's hear it.

들어보죠.

B Good news is that your luggage is now underweight. However, you put so much stuff in your carry-on that I'm afraid your carry-on might be overweight. You can take the risk of taking it on board, but if you get flagged down you will be forced to pay the additional baggage fee, which is $100.

좋은 소식은 고객님 짐이 이제 초과가 아니라는 거예요. 하지만, 기내용 가방에 너무 많이 넣으셔서 그 가방이 초과될까 걱정이네요. 위험을 좀 감수하고 그냥 가지고 탑승하실 수 있지만, 만약 잡히면 100달러의 추가적인 수화물 비용을 내셔야 할 거예요.

A I'll take my chances.

위험을 감수할게요.

B Okay. Your choice!

좋습니다. 고객님의 선택이니까요!

MEMO

📋 체크 Words

- **overweight** 중량 초과의, 과체중의, 비만의
- **pack** (짐을) 싸다
- **confiscate** 압수하다, 몰수하다
- **squeeze by** 지나가게 하다, 통과시키다
- **take the risk of** ~의 위험을 무릅쓰다

- **on board** 기내에
- **flag ~ down** ~에게 정지 신호를 하다
- **be forced to do** ~하도록 강요받다
- **take one's chances** 위험을 감수하다

🧑‍🤝‍🧑 리멤버 Expressions

* **as is**: '(어떤 조건이나 상태가) 있는 그대로'라는 뜻으로, as와 is 사이에 it이 생략된 거예요. How much extra is it for you to ship it as is?는 '당신이 이것을 이대로 보내면 얼마나 더 비용이 드나요?'라는 말이에요.
  - **ex** *A*: Do you think I should change the background color?
    바탕 색깔을 바꿔야 할까?
  - *B*: No, I like the color. Just let's leave it **as is**, for now.
    아니, 나 그 색 좋은데. 우선은 그냥 그렇게 놔두자.

* **Let me get on that now.**: get on은 '~을 책임을 갖고 하다[시작하다]'라는 뜻을 나타내요. 단어 하나하나를 곱씹어 보면 on이 '~ 위에'라는 뜻이니까 get on 하면 '~ 위에 올라타다'라고 직역이 돼요. 즉, '~하다[시작하다]'라는 뜻이죠.
  - **ex** • You need to **get on** Summer's YouTube channel NOW! It's life-changing!
    지금 썸머의 유튜브 채널 시청을 시작해! 인생 변화시키는 채널이야!
    • When your supervisor asks you to do something, you gotta **get on** it!
    상사가 너에게 무엇을 하라고 요청하면 그것을 시작해야 해!

* **if you get flagged down**: 직역을 하자면 '멈추라고 신호를 받으면'이라는 뜻이에요. 문맥상으로 승무원이 기내용 가방이 중량 초과인 것을 눈치채고 멈추게 할 수 있다는 말이죠. 원래는 차량을 멈춰 서게 하기 위해서 신호를 보내는 것을 flag down이라고 하는데, 이를 응용해서 꼭 차가 아니더라도 무엇을 멈추게 하는 것을 나타낼 수 있어요.
  - **ex** *A*: Where's Mark? 마크 어딨어?
  - *B*: He's already out on the street **flagging down** a cab. 이미 밖에서 택시 잡고 있어.

Summer의 미국 생활 TIP

저는 일과 여행 때문에 비행기를 자주 타다보니 짐을 쌀 때 몇 가지 요령이 생겼어요. 기내용 가방은 무게를 덜 꼼꼼하게 체크하는 편이라서 무거운 물품을 일단 기내용 가방에 넣죠. 세면도구는 여행용으로 작은 통에 덜어서 무게를 또 줄여요. 여행을 다닐 때는 청바지, 가죽, 니트 종류보다 가벼운 면 종류의 옷을 챙겨가는 것도 무게를 줄이는 데 꽤 도움이 돼요.

Episode **18**

9·11 사건 이후로 미국의 입국 심사 및 보안 검색이 아주 철저해졌어요. 가방에 넣으면 안 되는 품목의 리스트를 잘 확인하세요! 공항마다 보안 검색대 시스템에 따라 신발을 벗어야 하는 곳도 있고, 신발을 신어도 되는 등 차이가 있으니 검색대 직원이 하는 말을 유심히 들어야 해요.

리얼 Dialogue

A Please take your shoes off and put them in a bin.

신발을 벗어서 통에 넣어주세요.

B Oops, sorry!

아, 죄송해요!

A Do you have any electronics bigger than a cell phone in your bag?

가방 안에 핸드폰보다 큰 전자기기가 있나요?

B Yes, I do. I have a laptop and an iPad.

네, 있어요. 노트북이랑 아이패드요.

A I'm going to need you to put each device in its own separate bin.

한 통에 한 기기씩 따로 넣어 주셔야 합니다.

B Okay, give me a minute so I can get everything sorted.

네, 다 분리해서 정리하는 데 1분만 주세요.

A Also, please remove everything from your pockets.

또, 주머니 안에 있는 것도 다 꺼내 주세요.

B Already done.

이미 했어요.

A Do you have any liquids?

액체 갖고 있는 거 있나요?

B I bought a bottle of water to drink.

마실 물 한 병 샀는데요.

A You're going to have to empty it or throw it away.

비우시거나 버리셔야 합니다.

B Oh, I'm almost done with it anyway. I'll throw it away.

아, 어차피 거의 다 마셨어요. 버릴게요.

빛나는 상식

미국 공항 검색대에서
검색을 진행하는 사람
들은 미국 교통안전국
소속 직원들로 TSA
gent라고 해요. TSA
= Transportation
ecurity Administration
의 약자예요.

A Okay, step into the machine and raise your hands above your head. Are you wearing a belt?

좋습니다, 기계 안으로 들어가셔서 손을 머리 위로 드세요. 벨트 차고 계신가요?

B Oh shoot! Yes, I am.

아이고! 네, 맞아요.

A OK, you're going to have to take it off and then go through the body scanner again.

괜찮습니다, 벨트 빼시고 다시 스캐너를 통과하세요.

B Sorry! I totally forgot.

죄송해요! 완전히 잊어버렸어요.

A No worries. Please pass through the scanner again with your arms above your head.

괜찮습니다. 손을 머리 위로 올리고 스캐너를 다시 통과해 주세요.

\\\\\\\\\\\\\\\\\\ *[passed through]* \\\\\\\\\\\\\\\\\\\\

A You are all good to go.

가셔도 좋습니다.

B Thank you so much!

감사합니다!

A Not a problem. Don't forget to collect your stuff from the conveyor belt!

천만에요. 컨베이어 벨트에서 물건 챙기는 거 잊지 마세요!

B Thanks for the reminder.

상기시켜줘서 고맙습니다.

✅체크 Words

- **bin** 통, 용기
- **electronics** 전자기기, 전자공학, 전자기술
- **laptop** 노트북
- **device** 기기, 장치
- **sort** 분류하다, 구분하다; 종류, 부류

- **empty** 비우다, 비게 되다; 비어 있는
- **throw away** 버리다
- **body scanner** 바디 스캐너(공항 등에서 신체 검색을 위해 쓰는 전자기기)
- **conveyor belt** 컨베이어 벨트

👥리멤버 Expressions

* **take your shoes off**: take off는 '벗다'라는 말이고, 이것의 반대말 '입다'에는 대표적으로 두 가지 표현이 있어요. put on과 wear인데, put on은 '입으려고 몸에 걸치는 행동'을 말하고, wear는 put on 한 후에 '입고 있는 상태'를 말하죠.

  ex • It's chilly now. I'm going to have to **put on** a jacket. 지금 좀 춥네. 재킷을 입어야겠어.
  • The shirt you're **wearing** now is wrinkled. Don't you have another shirt?
    지금 네가 입고 있는 셔츠가 구겨졌네. 다른 셔츠 없어?

* **You are all good to go.**: '모든 것이 다 괜찮으니[준비되었으니] 가도 좋아요.'라는 말로, good to go는 '준비 된' 이라는 의미를 나타내요. 주어로 you 대신에 사물을 써도 상관없어요.

  ex A: Have you packed everything? 모든 걸 다 쌌니?
  B: Yes! We've got everything we need. **Everything's good to go!**
    네! 우리가 필요한 것은 모두 쌌어요. 모든 것이 다 됐으니 가도 좋아요!

Summer의 미국 생활 TIP

탑승권에 혹시 SSSS라는 네 글자가 찍혀있다면 보안대를 통과할 때 절차가 보통 때와 다를 수 있어요. 시스템상으로 SSSS 코드를 받게 되는 건데, SSSS는 Secondary Security Screening Selection의 약자예요. 이 경우, 탑승 권 온 라인으로 미리 체크인을 못하고 공항 내 무인체크인 기계에서도 체크인을 못해요. 체크인 데스크 직원에게 안내를 받으라 고 뜰 거예요. 이는 9·11 이후 보안강화를 위해 도입된 시스템인데요, FBI에 의해서 테러리스트 명단에 오른 사람 외에도 시스템에서 무작위로 골라서 SSSS 코드가 발부된다고 해요. 정확하게 어떤 알고리즘으로 선택하는지 자세한 설명은 없 지만 비행기 표를 막바지에 구매했거나 위험 국가에서 돌아오는 길이거나 편도 비행기 표만 있다면 선택될 가능성이 크다고 하네요. SSSS 글자가 탑승권에 찍혀 있다면 더욱 엄격하게 보안대에서 검사를 받을 거예요.

공항은 너무 넓어! 공항 내 터미널 찾기

인천공항에도 제2터미널이 생겼죠. 미국의 큰 공항에도 터미널이 여러 개예요. 뉴욕의 JFK 공항에는 터미널이 8개 있어요. 그래서 어느 항공사를 이용하느냐에 따라 터미널이 바뀌니까 꼭 터미널 번호를 확인하고 공항에 가세요.

리얼 Dialogue

A Excuse me, where is Terminal D19?

실례합니다, 터미널 D19가 어디죠?

B Terminal D19 is on the other side of the airport. You're going to have to take the airport shuttle to get there.

터미널 D19는 이 공항 반대쪽에 있어요. 공항 셔틀을 타고 가서야 할 거예요.

A How do I get to the shuttle?

셔틀은 어떻게 타죠?

B Turn left and walk straight ahead. When you've been walking straight ahead for about 5 minutes, you should see a sign that says airport shuttle. From there, follow all the signs.

왼쪽으로 돌아서 쭉 가세요. 5분 정도 쭉 걸어가시다 보면 공항 셔틀이라는 표지를 볼 수 있을 거예요. 거기서부터는 표지판들을 따라가시면 돼요.

A OK, will it take me directly to my terminal?

네, 그 셔틀이 제 터미널에 바로 가나요?

B Not necessarily. The shuttle will take you as far as Terminal C. In Terminal C, you have to walk straight for about 5 minutes before you get to Terminal D.

그건 아니에요. 셔틀은 터미널 C까지 갈 거예요. 터미널 C에서 터미널 D에 도착하기까지 한 5분 정도 쭉 걸어야 해요.

A Okay, thank you!

그렇군요, 고마워요!

B Not a problem! If I may ask, what is your flight number?

천만에요! 실례가 아니라면 항공편 번호가 어떻게 되세요?

MEMO

....

....

....

....

....

....

....

....

A Let me check my boarding pass real quick... flight 2066.

제 비행기 표를 빨리 확인할게요······ 2066편이네요.

B Oh! That flight actually got its gate changed 5 minutes ago. I heard something about 2066 on the intercom.

오! 사실 그 비행기가 5분 전에 게이트가 바뀌었어요. 구내방송에서 2066에 대해 뭐라고 하는 걸 들었어요.

A What's the new gate location?

새로운 게이트 위치가 어디죠?

B Let me check the departure screens real quick... it says flight 2066 will be departing from gate A13.

출발 스크린을 빨리 체크해 볼게요······ 2066편은 A13 게이트에서 출발할 거라고 되어 있네요.

A How do I get to A13?

A13으로는 어떻게 가죠?

B Today is your lucky day! It's right over there.

오늘은 손님의 운이 좋은 날이네요! 바로 저기거든요.

A Sweet! Thank you so much!

좋아요! 정말 감사합니다!

B Not a problem.

천만에요.

✅ 체크 Words

- **airport shuttle** 공항 셔틀 버스
- **necessarily** 어쩔 수 없이, 필연적으로
- **as far as** ~까지, ~하는 한
- **real quick** 빨리

- **intercom** 구내방송, 구내전화, 인터컴
- **location** 위치, 장소
- **departure** 출발
- **depart** 출발하다, 떠나다

🔖 리멤버 Expressions

* **Not necessarily.**: '꼭 그렇지는 않아요.'라는 뜻으로, 앞에서 언급된 것이 사실이 아니라고 말하고 싶을 때 쓸 수 있어요. 비슷한 말로는 Possibly not., Not always., Not definitely. 등이 있죠.

   ex *A*: He was lying obviously. 그는 명백히 거짓말을 하고 있었어.
   B: **Not necessarily.** 꼭 그렇지는 않을 수도 있지.

* **your lucky day**: one's lucky day는 누군가가 특별히 운이 좋을 때 자주 사용하는 표현이에요. 대화 속의 Today is your lucky day!는 '오늘은 당신의 운 좋은 날이네요!'라는 말이에요.

   ex *A*: Look at the size of the fish I caught! 내가 잡은 이 물고기 크기 좀 봐봐!
   B: Wow, that's gigantic! It must be **your lucky day**!
       와, 정말 엄청나게 크다! 네 행운의 날인 게 틀림없네!

Summer의 미국 생활 TIP

한국은 정말 교통 최강국인 것 같아요. 인천공항이나 김포공항에서 전국으로 못 가는 곳이 거의 없을 정도로 버스와 지하철이 정말 편리하게 잘 연결이 되어 있죠. 교통에 대한 안내도 공항에서 친절하게 잘 해주고요. 안타깝게 미국의 많은 공항은 한국 공항처럼 편리하게 되어 있지는 않아요. 그래서 많은 사람이 우버 같은 택시를 타요. 큰 짐을 갖고 버스 타고 지하철 타는 게 그리 쉽지도 않고요. 요새는 일반 택시 말고도 우버, 리프트 같은 대안 택시도 많이 타죠. 이런 대안 택시의 좋은 점은 같은 방향으로 가는 다른 사람과 같이 택시를 공유할 수 있고, 그렇게 하면 가격이 많이 싸진다는 거예요! 한 가지 알고 있으면 좋은 점은 이런 대안 택시를 많이 사용하는 시간대에는 요금이 훨씬 비싸진다는 거죠. 그래서 공항에서 한꺼번에 사람들이 많이 나올 때 사용하지 말고 한 10분 정도만 기다려도 가격이 확 내려가요. 제가 공항에서 우버를 타고 집에 가려고 했을 때 사람들이 마구 나오는 시간에 검색해 보니 80달러였고, 10분 정도 기다리니 50달러 정도로 내려가더라고요. 사람들이 줄어들 때까지 조금만 기다리면 불필요한 돈을 더 낼 필요가 없을 거예요.

기내에서 누리는 즐거움~ 기내식 먹기

기내식을 먹을 때 승무원이 요리에 관해서 설명을 해주는데 잘 못 들을까 봐 긴장되죠? 우리나라처럼 '비빔밥이에요.'라고 이름만 딱 말하는 것이 아니라 음식에 들어간 재료라든가 요리법을 설명해 준다는 점을 미리 알고 있으면 좋아요. 그럼, 기내식 주문하는 영어 대화로 조금 더 알아봐요!

 리얼 Dialogue

A *(in-flight announcement)* Welcome aboard American Airlines flight 2066. Dinner will be served shortly.

(기내방송) 아메리칸 에어라인 2066 항공편에 탑승하신 것을 환영합니다. 저녁 식사가 곧 제공될 예정입니다.

B *(person in next seat)* Oh boy.... Last time I had a meal on an airplane I was sick for a week.

(옆 사람) 오 이런…… 지난번에 기내식을 먹고 일주일 동안 아팠는데.

C Oh no! What did you eat?

오 저런! 뭘 먹었는데요?

B I had sushi. Never ever have sushi on an airplane.

스시를 먹었어요. 비행기에서 스시는 절대 먹지 마세요.

C Noted.

참고할게요.

B I spent an entire week stuck in a hotel room hugging the porcelain bowl. I was supposed to be presenting at a conference, but instead I got sick. I was bedridden.

한 주 내내 호텔방에 갇혀서 변기만 붙잡고 있었어요. 컨퍼런스에서 발표를 하기로 되어 있었는데, 그 대신에 아팠죠. 누워만 있었어요.

▲나는 상식 📖
quiche
계란 요리로, 주로 파이
틀에 넣어 구운 계란 요
리를 말해요. 야채와 각
종 고기 등이 들어가는
데, 재료는 취향에 따라
다양하죠.

C That sounds ghastly.

너무 끔찍하네요.

A Hello! What would you like for dinner? We have stir-fried chicken with rice and tofu, and we also have pepperoni ⬉quiche with Thai marinated steamed vegetables.

안녕하세요! 저녁 식사로 어떤 것이 좋으신가요? 두부와 밥을 곁들인 볶은 닭고기가 있고, 태국식 양념에 찐 야채에 페퍼로니가 들어있는 키시가 있습니다.

B Do you have any vegetarian options?

채식주의자를 위한 식사가 있나요?

A In fact, we do! We have fried cauliflower with rice and it comes with a medley of grilled vegetables on the side.

네, 있습니다! 밥과 같이 볶은 꽃양배추가 있는데, 구운 다양한 야채들이 사이드로 나오죠.

B Is that your only vegetarian option?

채식주의자 옵션이 그게 다인가요?

A Yes.

네.

B Okay, I'll take it.

네, 전 그걸로 할게요.

A Of course. And what would you like?

알겠습니다. 그리고 고객님은 어떤 것을 드시겠어요?

C I'll take the stir-fried chicken, please.

저는 볶은 닭요리를 주세요.

A Before I forget, what would you like to drink?

제가 잊기 전에, 음료는 어떤 것을 드시겠어요?

C I'll take water, please.

저는 물 주세요.

B Me too.

저두요.

A Looks like I'm out of water. I'll be right back.

지금 물이 떨어진 것 같네요. 제가 곧 다시 오겠습니다.

체크 Words

- **aboard** 탑승한, 승선한
- **shortly** 곧, 얼마 안 되어
- **Oh boy** 세상에, 이런
- **stuck** 꼼짝 못하는
- **porcelain bowl** 자기로 만든 변기
- **bedridden** 아파서 누워 있는, 침대에 누워 있는

- **ghastly** 무시무시한, 섬뜩한, 지독한, 끔찍한
- **stir-fried** 볶은
- **quiche** 키시(달걀, 우유에 고기, 야채, 치즈 등을 섞어 만든 파이의 일종)
- **cauliflower** 꽃양배추, 콜리플라워
- **medley** 여러 가지 뒤섞인 것

리멤버 Expressions

* **spent an entire week ~ hugging**: '~하는 데[하면서] (시간을) 보내다'라는 표현은 〈spend + 시간 + 동사-ing〉로 나타낼 수 있어요.

   ex They **spent the weekend watching** TV. 그들은 TV를 보면서 주말을 보냈어요.

* **I'm out of water**: '물이 다 떨어졌네요'라는 말로, 무엇이 '떨어지다'라는 표현은 be out of로 나타낼 수 있어요.

   ex A: Is this a cash-only restaurant? Shoot, **I'm out of** cash.
       여기 현금만 받는 식당이야? 이런, 나 현금 다 떨어졌는데.

     B: No worries. They have an ATM there, so we can take out some cash.
       걱정 말아. 저기 현금인출기가 있으니까 현금을 좀 뽑을 수 있어.

Summer의 미국 생활 TIP

만약 채식주의자이거나 알레르기가 있어서 그런 사항들을 자신의 기내식에 반영하기를 원한다면 항공권 예약을 할 때 미리 항공사에 알려주는 게 좋아요. 온라인으로 예약을 한다면 음식에 대한 특별 메모를 하는 칸에 적으면 돼요. 여행사를 통해 발권할 경우, 여행사에 요청하면 여행사에서 항공사에 알려줄 거예요. 못 먹는 음식 때문에 기내식을 거르지 말고 미리 알려 문제없이 즐기세요!

영어로 전화 통화 연습~ 전화로 호텔 예약하기

요새는 워낙 인터넷으로 호텔 예약을 많이 하지만 영어를 써볼 겸 직접 전화를 해서 예약을 시도해보는 게 어떨까요? 예약하면서 호텔에 대해 궁금했던 것을 이것저것 물어볼 수도 있죠. 이런 것이 조금씩 쌓이다 보면 자신도 모르는 사이에 영어 실력이 늘 거예요!

리얼 Dialogue

A This is Best Hotel, Jane speaking. How may I assist you today?

베스트 호텔의 제인입니다. 어떻게 도와드릴까요?

B I'd like to book a hotel room.

방을 하나 예약하고 싶어요.

A Very good. How many nights will you be staying?

좋습니다. 몇 박 하실 건가요?

B I need a room from ☜the 23rd to the 29th.

23일부터 29일까지 방이 하나 필요해요.

A So, 7 days and 6 nights, right?

그러니까 6박 7일 맞으시죠?

B That's correct. Checking out on the 29th.

맞아요. 29일에 체크아웃이요.

A Very well. What sort of room do you want?

알겠습니다. 어떤 종류의 방을 원하시죠?

B I prefer a king bed, but that's about it. I don't mind too much about anything else.

킹 사이즈 침대를 선호하는데, 그 정도입니다. 다른 것은 별로 신경 쓰지 않아요.

A We have several different rooms available with king beds. We have the city view guest room. Comes with a king bed, and it's 40 ☜square meters.

저희 호텔에는 킹 사이즈 침대가 있는 다양한 방이 여러 개 있습니다. 도시 전경이 보이는 방이 있어요. 킹 사이즈 침대가 있고, 40제곱미터입니다.

B How much is the room per day?

그 방은 하루에 얼만가요?

빛나는 상식

날짜 말하기

영어로 날짜를 말할 때는 '일'에 해당하는 부분을 서수로 말해요. 예를 들어, 5월 5일이면 5월의 5번째 날이라고 말하는 것과 같아요. 그래서 적을 때는 May 5 혹은 May 5th라고 하고, 말할 때는 May five가 아니라 꼭 May fifth라고 하죠.

빛나는 상식

제곱미터

한국에서는 공간의 크기를 이야기할 때 '평' 단위를 많이 쓰는데, 미국에서는 '제곱미터' 단위를 써요. 10평이 약 33제곱미터예요.

A Sixty-five dollars including tax.

세금 포함해서 65달러예요.

B OK, I'll take that. Could I also request an early check-in?

좋아요, 그걸로 할게요. 또, 제가 일찍 체크인 할 수 있을까요?

A I'm not sure we'll have an availability earlier than 11 a.m. What time are you planning to arrive?

오전 11시보다 더 일찍 가능할지는 확실하지 않습니다. 몇 시에 도착하실 계획이신가요?

B Around 10 a.m.

오전 10시 정도요.

A I'll try my best to make it happen. However, in the event you are unable to be checked in when you arrive, you can always leave your luggage with us, and check in later.

그렇게 하실 수 있도록 제가 최선을 다하겠습니다. 하지만, 만약 도착하셨을 때 체크인 하는 것이 불가능할 경우에는 짐을 여기에 맡겨 두시고, 나중에 체크인 하시는 것은 항상 가능합니다.

B I'll keep note of that option. Thanks.

그 옵션을 기억해 둘게요. 감사합니다.

A Could you give me a credit card number that I can put your reservation on hold with?

예약을 걸어 놓을 수 있게 신용카드 번호를 알려 주시겠어요?

B Will I be charged now or later?

요금이 지금 부과되나요, 아니면 나중에 되나요?

A It's up to you, but it'll be a bit cheaper if you pay now. However, it'll be non-refundable.

고객님이 결정하시면 되지만, 지금 지불하시는 게 조금 더 저렴할 거예요. 하지만 환불이 불가능할 거예요.

B Actually, let me call you later. I want to double check with my office to see which card this should be booked under.

저, 제가 나중에 다시 전화 드릴게요. 어느 카드를 사용해서 예약해야 하는지 사무실에 다시 확인하고 싶어서요.

A Sure.

물론이죠.

✅ 체크 Words

- **assist** 돕다, 도움이 되다
- **that's about it** 대충 그렇다, 대략 그 정도이다
- **mind** 꺼려하다, 상관하다
- **early check-in** (보통 체크인 시간보다) 일찍 하는 체크인

- **availability** 이용할 수 있는 것, 유효성
- **keep note of** ~을 기억하다
- **be up to** ~에 달려있다, ~의 책임이다
- **non-refundable** 환불이 불가능한

📇 리멤버 Expressions

* **let me call you later**: '제가 나중에 전화하겠습니다'라는 뜻이에요. let이라는 동사는 언제 사용하는지 잘 알고 있으면 굉장히 자주 사용할 수 있는 유용한 동사에요. let에는 '~하게 하다'라고 허락의 의미가 들어 있지만, 윗사람이 아랫사람에게 주는 허락은 아니에요. 즉, let me call you later를 직역하자면 '내가 당신에게 나중에 전화하게 해주세요'이지만 뉘앙스를 살려 의역을 하면 '제가 당신에게 나중에 전화할게요'가 돼요.

ex
- I will **let you know** where I will be. 내가 어디에 있을지 당신에게 알려줄게요.
- I will **let him know** what time we need to meet.
  우리가 몇 시에 만나야 할지 내가 그에게 알려줄게.

✚ Bonus Info 알아두면 더 좋아요! (호텔에서 쓸 수 있는 다양한 표현 1)

· **I'd like a single room.** 싱글룸으로 하고 싶어요.

   cf. **single room** 침대 사이즈 기준 1인용 객실

   double room 2인이 함께 사용할 수 있는 침대가 있는 객실

   twin room 1인용 침대가 2개 있는 객실

   queen room 퀸사이즈 침대가 있는 객실

   king room 킹사이즈 침대가 있는 객실

   suite 거실과 침실이 구분되어 있는 넓은 객실

· **Could I get an ocean[a city] view room?** 바닷가[도시] 전망 있는 방으로 얻을 수 있나요?

· **Is breakfast included?** 조식 포함인가요?

· **Is there free WiFi?** 무료 와이파이가 되나요?

여행의 시작, 상큼하게 호텔 체크인하기

호텔은 여행의 피로를 풀고 편안한 휴식을 취하는 데 더없이 중요하죠. 호텔 체크인할 때 필요한 표현을 미리 알아두고 필요한 사항들을 점검해 놓으면 여행이 훨씬 즐겁고 안락해질 거예요.

리얼 Dialogue

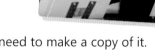

A I'd like to check in, please.
체크인하려고요.

B May I have your name?
성함이 어떻게 되세요?

A Summer Park.
Summer Park이요.

B May I please see your passport? I need to make a copy of it.
여권 좀 볼 수 있을까요? 복사를 한 장 해야 해서요.

A Here you go.
여기 있어요.

B I'll need a credit card to put on file as well.
기록을 하기 위해 신용카드도 필요합니다.

A I thought I already paid my bill. Is a credit card still necessary?
저 이미 돈 냈는데요. 그래도 신용카드가 필요한가요?

B Yes, ma'am. It's to cover incidentals. A small deposit will be made and put on hold, but you'll get it all back if you don't have any incidentals.
네, 고객님. 추가적인 비용을 포함시키기 위해서예요. 보증금이 조금 부과될 거지만, 추가적인 비용이 없으면 다 돌려받으실 거예요.

A Okay, that's understandable.
네, 이해했어요.

B Thank you. Your room number is 239. Here is your room key. Enjoy your stay!
감사합니다. 고객님 방 번호는 239호예요. 방 열쇠 여기 있습니다. 즐거운 시간 보내세요!

MEMO

A Oh! One thing. I need to extend my check-out time to 2 p.m. Is that possible?

아! 한 가지 더요. 체크아웃 시간을 오후 2시로 연장해야 하는데요. 가능한가요?

B Normally checkout is before 12 p.m., but absolutely, we'll make an exception this time. I'll leave a note in the system.

보통 체크아웃은 오후 12시 이전이지만, 이번은 예외로 해드리겠습니다. 시스템에 메모를 남겨 놓을게요.

A Also, could you please give me a wake-up call tomorrow at 6 a.m.? I have an early start to my day.

그리고, 내일 오전 6시에 모닝콜을 해주실 수 있을까요? 하루를 일찍 시작하거든요.

B Absolutely. Just as a reminder, breakfast is from 7 a.m. until 10 a.m.

물론입니다. 그냥 환기시켜드리는 건데요, 아침 식사는 오전 7시부터 10시까지 입니다.

A I'll probably skip breakfast. I'm not a huge breakfast person.

저는 아마 아침 식사는 건너 뛸 거예요. 아침을 잘 먹지 않거든요.

B No problem!

문제없습니다!

MEMO

✅ 체크 Words

- **make a copy** 복사하다
- **incidentals** 추가적인 비용, 부가적인 것, 추가적인 것
- **understandable** 이해할 수 있는, 당연한
- **extend** 연장하다, 확장하다, 늘이다
- **make an exception** 예외를 만들다
- **wake-up call** 모닝콜
- **skip** (일을) 거르다[빼먹다]

🧑 리멤버 Expressions

★ **an early start**: 아침에 무엇을 일찍 시작하는 것을 말해요. 따라서 I have an early start to my day.는 '내 하루를 일찍 시작해요.'라는 뜻이죠.

> **ex** I will have to go to bed early today. I have **an early start** tomorrow.
> 나 오늘 일찍 자야 해. 내일 하루를 일찍 시작해야 하거든.

★ **a huge breakfast person**: a huge ~ person이라고 하면 물리적으로, 육체적으로 덩치가 크다는 것이 아니라 '~을 하는 것을 엄청나게 즐기는 사람'이라는 뜻이에요. 따라서 I'm not a huge breakfast person.은 '나는 아침 식사를 많이 즐기는 사람이 아닙니다.'라는 말이죠. huge와 person 사이에 즐기는 대상을 집어넣어 응용하여 말할 수 있어요.

> **ex** • She's **a huge K-pop person**. 그녀는 K-pop을 많이 좋아하는 사람이야.
> • I'm **a huge book person**. 나는 책을 많이 읽는 사람이야.

Summer의 미국 생활 TIP 👩

호텔에 가면 크기가 다른 수건이 여러 개 있어요. 용도별로 크기가 다른데, 보통은 3개 정도 다른 크기의 수건이 비치되어 있어요. 일반적으로 가장 큰 것은 샤워 후에 몸을 닦는 용이고, 중간 크기의 수건은 화장실 바닥에 두는 용이에요. 가장 작은 것이 우리나라에서 보편적으로 얼굴을 닦을 때 쓰는 정도의 크기로 역시 손이나 얼굴을 닦는 용이죠. 가끔 이보다 훨씬 작은 정사각형 수건을 볼 수도 있는데, 이것은 샤워할 때 비누를 묻혀 닦는 데 써요.

서양의 화장실에는 배수구가 없어요. 정확히 말하자면 샤워를 하는 공간에는 배수구가 있지만, 그 외에 변기가 있는 공간, 욕조 옆 바닥에는 배수구가 없죠. 중간 크기의 수건을 바닥에 두는 것은 이렇게 배수구가 없는 화장실에 물이 흥건하게 젖는 것을 방지해 두기 위함이에요. 어떤 화장실에는 욕조 사이드에 샤워기가 있고 욕조에 커튼이 달려있는데요. 샤워할 때 이 커튼의 끝을 꼭 욕조 안쪽으로 넣어 두어야 해요. 별로 신경을 안 쓰고 커튼의 끝이 욕조 바깥으로 되어 있는대로 그냥 샤워하면 샤워물이 커튼을 타고 화장실 바닥으로 흘러내려서 바닥이 흥건하게 젖을 거예요. 배수구가 없는 화장실이기에 이렇게 되면 조금 곤란해진답니다. 그러니 샤워 전에 꼭 커튼의 끝이 욕조 안쪽으로 잘 내려와 있는지 확인하세요!

Episode 23

호텔을 내 집처럼 이용해 보기

호텔에는 구석구석 참 쓸만한 시설들이 많은데 시간도 없고, 사실 무엇이 어디에 있는지 잘 몰라서 사용하지 못하는 경우도 많아요. 호텔에 머물 때는 다양한 시설을 잘 활용해서 내 집처럼 편히 사용하세요.

리얼 Dialogue

A Could you tell me about the facilities here?

여기 시설들에 대해 설명 좀 해주시겠어요?

B Absolutely! Is there anything in particular that you're looking for?

물론이죠! 특별히 찾으시는 게 있으신가요?

A Do you have a quiet place where I can work?

제가 일을 할 수 있을 만한 조용한 장소가 있을까요?

B We have a fully staffed business center on the second floor. You can print black and white pages for free, use meeting spaces and our computers for free.

2층에 직원들이 충분히 배치되어 있는 비즈니스 센터가 있습니다. 흑백 인쇄를 무료로 하실 수 있고, 회의 공간과 저희 컴퓨터도 무료로 사용하실 수 있어요.

A That sounds wonderful. What about room service?

좋네요. 룸서비스는요?

B We offer 24/7 room service, and if needed, we can also arrange things like dry cleaning and laundry.

저희는 룸서비스를 일주일 내내 24시간 제공하고 있고, 필요하시다면 드라이클리닝과 세탁 같은 것들을 처리해드릴 수도 있습니다.

A I see. I'm feeling pretty groggy because of ⚓jet lag; do you have anything that'll spruce me up a bit? Like a spa perhaps?

그렇군요. 제가 시차 때문에 상태가 꽤 안 좋아서요. 저를 좀 말끔하게 해줄 그런 거 있나요? 아마도 스파 같은 곳이요?

빛나는 상식

jet lag
시차로 인한 피곤함을 뜻하는 말이에요. '시차 때문에 고생하는'이라는 형용사는 jet-lagged 예요. 그래서 '나 시차 때문에 꽤 피곤해.'는 I'm pretty jet-lagged. 라고 하면 돼요.

B Our spa is one of the best, if not the best spa in the area. It's fully staffed by experienced professionals. We also have a 1,350 square foot fitness center that is open 24/7.

저희 스파는 이 지역에서 최고입니다. 경륜 있는 전문가들이 직원으로 충분히 배치되어 있어요. 또, 일주일 내내 24시간 오픈하는 1,350평방 피트의 헬스장도 있습니다.

A What are my dining options?

식사 선택권은 뭐가 있나요?

B You have several wonderful options. The first is our French Bistro & Bar. Highly rated, serves lunch and dinner every day. We also have our world famous Starlight Lounge, which offers ↘afternoon tea from 2 p.m. to 4 p.m.

여러 가지 훌륭한 옵션들이 있습니다. 첫 번째는 저희의 프랑스식 작은 식당 겸 바예요. 높은 평점을 받았고, 점심과 저녁 식사를 매일 제공하고 있습니다. 또 세계적으로 유명한 스타라이트 라운지도 있는데요, 이곳에서는 오후 2시부터 4시까지 애프터눈 티를 제공하고 있어요.

A Sounds great! Thank you.

훌륭하네요! 감사합니다.

B My pleasure!

천만에요!

빛나는 상식 ⭐

afternoon tea
영국에서 저녁 식사 시간 전에 허기를 달래기 위해 먹는 차와 빵, 버터 스콘 등을 말해요.

MEMO

....

....

....

....

....

....

....

📋 체크 Words

- **staffed** 인력이 충원된(*cf.* fully staffed 충분한 직원이 충원된 / short staffed 직원이 부족한)
- **24/7** 언제나, 항상(= 하루 24시간 1주일 7일 동안 내내)
- **arrange** (일을) 처리하다, 정리하다
- **groggy** 정신이 혼미한, 불안정하고 지친
- **jet lag** 시차증
- **spruce up** 단장하다
- **dining** 식사, 정찬
- **bistro** (편안한 분위기의) 작은 식당
- **highly rated** 높게 평가 받은

👤 리멤버 Expressions

★ **spruce me up**: spruce ~ up은 '~을 몸치장시키다', '~을 단정하게 하다'라는 말이에요. 단정하게, 깔끔하게, 산뜻하게 무엇을 꾸밀 때 사용하면 좋은 표현이죠.

ex • We **spruced the house up** a bit with colorful new furniture.
우리는 화려한 새 가구로 집을 조금 단장했어요.
• She **spruced her daughter up** for the birthday party. 그녀는 생일 파티를 위해 딸을 단장시켰어.

★ **one of the best, if not the best spa**: 〈one of the + 최상급, if not the + 최상급 ~〉이라는 말은 '최고가 아니라면(즉, 최고로 ~일 수도 있고) 최고로 ~한 것 중 하나예요'라는 뜻으로 자주 쓰이는 표현이에요.

ex • It's **one of the most, if not the most** studied system in history.
이것은 역사상 가장 많이 연구되었거나, 가장 많이 연구된 시스템 중의 하나예요.
• This is **one of the worst, if not the worst** story I've ever read.
이것은 내가 읽은 이야기 중에 최악 중에 하나야, 최악일 수도 있고.

✚ Bonus Info 알아두면 더 좋아요!(호텔에서 쓸 수 있는 다양한 표현 2)

· **Is there any chance I could get a late checkout?** 혹시 체크아웃 좀 늦게 해도 되나요?

· **Is there somewhere I can leave my luggage?** 제 짐을 맡길 만한 곳이 있나요?

· **Could you change my room, please? It smells of smoke.**

방을 바꿔주실 수 있나요? 담배 냄새가 나서요.

· **Could you book me a taxi for 10 tomorrow morning?** 내일 아침 10시에 택시 예약 해주실 수 있나요?

· **What floor is the gym[pool] on?** 헬스장[수영장]이 몇 층에 있나요?

· **We have a baby. Do you have a travel cot that we could use?**

우리는 아기가 있는데요. 저희가 사용할 수 있는 휴대용 아기 침대가 있나요?

호텔에서의 문제, 침착하게 해결하기

외국 호텔에서 불편한 점이나 문제가 있을 때 영어가 짧다면 참 당황스럽죠. 호텔 쪽에선 기본적으로 손님을 도와줄 준비가 되어 있겠지만, 일단 문제를 잘 설명해야 하니 말이죠. 호텔에선 다양한 문제가 생길 수 있으니 아래 대화문을 통해 문제 해결에 필요한 표현들을 배워 봐요.

리얼 Dialogue

A This is the front desk, how may I help you?
프론트입니다, 어떻게 도와드릴까요?

B I'd like to report an issue in my room.
제 방에 문제가 있어서 말씀을 좀 드리려고요.

A What's the issue?
어떤 문제인가요?

B My radiator doesn't seem to be working properly. It feels like the Arctic in here.
난방기가 잘 작동을 안 하는 것 같아요. 여기 무슨 북극 같아요.

A We'll send someone up right away to have a look at it.
문제를 보기 위해 바로 사람을 올려 보내드리겠습니다.

B I actually filed a complaint about this same problem yesterday. To be honest, my patience is being tested.
어제도 사실 똑같은 문제를 말씀드렸어요. 솔직히 말하자면, 제 인내심에 한계가 오고 있어요.

A I'm so sorry to hear that. As an apology, we are willing to upgrade your room, if you'd like.
정말 죄송합니다. 사과의 의미로, 원하시면 방을 업그레이드 해드리겠습니다.

B That would be nice.
그러면 좋겠네요.

A We'll send up someone from the concierge to move your things for you.
컨시어지 팀에서 사람을 올려 보내 짐을 옮겨드리겠습니다.

MEMO

207

B Before you do that, could you please send someone up to pick up my dry cleaning? I asked an hour ago, but no one has come to pick it up.

그러기 전에 제 드라이클리닝할 옷을 가져가 주실 분을 보내 주시겠어요? 한 시간 전에 요청했는데, 아직 아무도 가지러 오지 않았어요.

A Absolutely! Someone from laundry services will be sent up right away.

물론이죠! 세탁 서비스 부에서 누군가가 곧 올라갈 겁니다.

B Thank you.

고맙습니다.

A Again, apologies for the trouble.

다시 한 번 불편을 드려서 죄송합니다.

B Not a problem. I appreciate you upgrading my room.

괜찮아요. 방을 업그레이드 해주셔서 고맙습니다.

✅ 체크 Words

- **report** 알리다, 전하다
- **radiator** 라디에이터, 난방기
- **properly** 적절하게, 제대로
- **the Arctic** 북극
- **have a look at** ~을 한번 보다

- **file a complaint** 불평을 제기하다
- **to be honest** 솔직히 말해서
- **apology** (용서를 구하는) 사과
- **concierge** 컨시어지, (호텔의) 안내원
- **laundry service** 세탁 서비스

👥 리멤버 Expressions

* **feel like**: It feels like the Arctic in here.는 '여기 북극 같은 느낌이 들어요.'라는 말이죠. feel like는 아래와 같이 다양하게 사용돼요. 주의할 점은 feel like 다음에는 명사나 동명사, 또는 문장이 와야 한다는 거예요.

  cf. ① ~ 같다, ~ 같은 느낌이다

  This fabric **feels like** natural silk, but it's synthetic. 이 옷감은 천연 실크 같지만 합성 섬유야.

  ② ~라고 생각하다

  I **feel like** this is the only option we have now. 내 생각에는 이게 지금 우리가 가진 유일한 옵션이야.

  ③ ~하고 싶다, 갖고 싶다

  I don't **feel like** going out tonight. Let's just Netflix and chill.

  오늘 밤은 나가고 싶지 않아. 그냥 넷플릭스 보면서 느긋하게 쉬자.

* **I appreciate you upgrading**: 고마운 마음을 느낄 때 thank you 말고도 이렇게 appreciate라는 단어를 쓸 수 있어요. 일반적으로 대부분의 상황에서는 ⟨I appreciate you + 동사원형-ing⟩의 형태로 많이 쓰지만, 격식 있고 문법을 중요하게 따져야 하는 글쓰기 상황에서는 ⟨I appreciate your + 동사원형-ing⟩의 형태가 좋아요.

  ex *A*: I really **appreciate you taking** the time to advise me on my portfolio.

  제 포트폴리오에 대해서 조언을 해주시려고 시간을 내주셔서 정말 감사해요.

  B: My pleasure. I wish you good luck on your interview. 천만에요. 면접에서 행운이 있기를 바라요.

✚ Bonus Info 알아두면 더 좋아요!('에어컨'은 맞는 영어일까?)

'에어컨'은 영어에서 나온 말이기는 하지만 미국에서는 에어컨이라고 부르지 않고 AC라고 불러요. AC를 다 풀어서 말하면 Air Conditioner예요. 큰 건물이나 새 집에는 중앙 에어컨 시스템(Central Air Conditioning System)이 많아요. 뉴욕에는 오래된 건물들이 워낙 많아서 창문에 AC를 설치하는 Window AC Units를 많이 볼 수 있죠.

이제는 떠나야 할 때! 호텔 체크아웃하기

편안하게 머문 호텔이라면 체크아웃할 때 호텔 직원들과 즐겁게 조금 더 이야기를 나누고 싶겠고, 불만이 있었다면 그 불만을 알릴 수도 있겠죠. 만족했든 아니든 호텔에서 체크아웃하면서 꼭 필요한 표현, 그리고 부수적으로 사용할 수 있는 표현 등을 알아봐요.

리얼 Dialogue

A I'd like to check out. Here's my keycard. I was in suite 523.

체크아웃하겠습니다. 여기 키카드요. 스위트룸 523호에 있었습니다.

B Sure. Did you enjoy your stay?

네. 여기 머무시는 것 괜찮으셨나요?

A Yes, I did. There were a few hiccups with my room, but your service made up for it.

네. 제 방에 몇 가지 문제가 있긴 했지만, 서비스가 좋아서 만회됐습니다.

B Sorry to hear that you faced a few bumps. But I'm glad that someone took care of the problems for you.

몇 가지 문제가 있었다니 죄송합니다. 그래도 누군가 고객님의 문제들을 해결해 주었다니 다행이네요.

A It's all good. I didn't take anything from the minibar, and my laundry was prepaid, so I don't think I have any incidentals.

지금은 다 좋아요. 미니바는 이용 안했고, 세탁은 선결제 되어서 부수적인 비용은 없는 거 같네요.

B Okay, thanks. You should be getting your deposit back in a few days. Would you like a receipt?

네, 고맙습니다. 보증금은 며칠 안에 돌려받으실 거예요. 영수증 드릴까요?

MEMO

A Could I get it emailed to me? I'm trying to live an eco-friendly life.

제 이메일로 받을 수 있을까요? 전 친환경적인 삶을 살려고 노력 중이거든요.

B Sure. It's always good to go green!

물론이죠. 환경을 위하는 것이 언제나 좋죠!

A It's a bit of a uphill battle though. We live in a society that's so used to being wasteful.

조금은 힘든 싸움이긴 하지만요. 우리는 낭비에 너무 익숙한 사회에 살고 있잖아요.

B You're right. But you're making a difference.

맞습니다. 하지만 손님은 변화를 만들고 있으시네요.

A Thanks, I hope so. By the way, could I possibly book a cab through you?

감사해요, 저도 그러길 바라요. 그나저나 택시를 예약해 주실 수 있나요?

B Where do you need to go to?

어디로 가셔야 하죠?

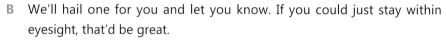

A LaGuardia Airport, please.

라구아디아 공항이요.

B Would you like us to book you a black car?

모범택시를 예약해 드릴까요?

A No, just a regular cab is fine.

아니요, 그냥 일반 택시면 돼요.

B We'll hail one for you and let you know. If you could just stay within eyesight, that'd be great.

한 대 잡고 알려드릴게요. 가시거리 안에 계셔 주시면 좋겠습니다.

A I'll plant myself right over there, on the sofa next to the revolving doors.

저기 회전문 옆 소파에 있을게요.

B Perfect.

좋습니다.

A Do I tip the person who assists me with my luggage?

제 짐을 옮겨주시는 분에게 팁을 지불해야 하나요?

B It's your call! People usually slip him a bill or two.

고객님 마음대로 하시면 됩니다! 사람들은 보통 1~2달러를 건네주죠.

MEMO

A Got it. Thanks.

알겠습니다. 감사합니다.

- **keycard** 키카드(문의 전자식 자물쇠를 열기 위해 꽂는 플라스틱 카드)
- **hiccup** 순조롭지 않은 상황, 이슈, 딸꾹질
- **face** 직면하다, 향하다
- **bump** 충돌, 도로의 튀어나온 부분
- **it's all good** (상황이) 좋다, 문제없다
- **prepaid** 선납된
- **eco-friendly** 친환경적인

- **go green** 친환경적이 되다
- **uphill battle** 고통스러운 싸움
- **wasteful** 낭비적인, 낭비하는
- **black car** 프리미엄 택시, 모범택시
- **within eyesight** 가시거리 안에
- **plant** (특정 장소에 단단히) 자리 잡다, 놓다, 두다
- **revolving door** 회전문
- **It's your call.** 이건 당신 결정이야.

📇 리멤버 Expressions

* **made up for**: Your service made up for it.은 '당신의 서비스가 그것을 보상했어요.'라는 의미예요. 여기서 make up for (something)는 '손실 따위를 보상하다[보전하다, 만회하다]' 혹은 '안 좋은 상황을 더 좋게 만들다'라는 말이에요.

> ex
> • To **make up for** my mistake, I've worked harder. 실수를 만회하기 위해 나는 더욱 열심히 일했어.
> • I was pained by the loss and wanted to **make up for** it in the next match.
> 나는 그 패배에 고통을 받았고, 다음 경기에서 그것을 만회하고 싶었어.

Summer의 미국 생활 TIP ✍

떠나는 비행기 시간은 밤 늦게인데 오전이나 이른 오후에 체크아웃을 해야 하는 경우가 종종 있죠. 이런 고객이 워낙 많아서 대부분의 호텔은 체크아웃한 고객을 위해 짐을 맡아주는 서비스를 제공해요. 프론트 데스크에 Could I leave my bag[luggage] for a couple of hours?(몇 시간 동안 제 짐을 여기에 맡겨 놓을 수 있나요?)라고 물어보세요. 그럼 짐을 맡길 수 있는 곳으로 안내를 해주거나 프론트 데스크에서 직접 보관을 해줄 수도 있어요. 큰 호텔이라면 짐 번호표를 줄 거예요. 이렇게 짐을 맡기고 편안하게 오후 관광하다가 비행기를 타러 가면 돼요.

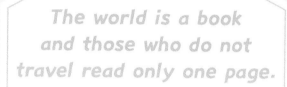

The world is a book
and those who do not
travel read only one page.

이 세상은 한 권의 책이며, 여행하지 않는
사람들은 겨우 한 페이지만 읽은 것과 같다.

- St. Augustine -

Chapter 4
Fun & Shopping

어떤 걸 볼까? 영화관에서 영화표 사기

영화는 물론 재미있는 오락거리지만 영어를 즐겁게 배울 수 있는 하나의 좋은 수단이기도 해요. 그러니 영화를 자주 보기를 권해요. 요즘은 대부분 영화표를 인터넷으로 예매하고 가지만 영화관에서 직접 표를 사는 일도 여전히 있죠. 이럴 때 어떤 대화가 오가는지 볼까요?

리얼 Dialogue

A Do you want to go to the movies?
영화 보러 갈래?

B Sure, what's out?
그래, 뭐가 상영 중이지?

A *Black Panther* debuted yesterday. Everyone says it's a must-watch movie.
〈블랙 팬서〉가 어제 개봉했어. 모두들 꼭 봐야 하는 영화라고 하더라고.

B Has it just come out? Didn't know! Let's go see it.
그게 나왔어? 몰랐어! 보러 가자!

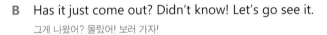
\\\\\\\\\\\\\\\\\\\\ *[at the box office]* \\\\\\\\\\\\\\\\\\\\

A I'd like two tickets for *Black Panther*, please.
〈블랙 팬서〉 티켓을 2장 사고 싶은데요.

C Which time do you want?
어느 시간대를 원하세요?

A Could I have the 4:30 p.m. showtime, please?
오후 4시 30분에 시작하는 걸 볼 수 있을까요?

C Do you want to watch it in 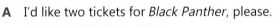IMAX or regular?
아이맥스 또는 일반 상영관 중 어디에서 보기를 원하시나요?

A What's the difference in price?
가격 차이가 어떻게 되나요?

빛나는 상식

IMAX
원래 캐나다의 IMAX 사에서 만든 극장용 배급 플랫폼을 말하는데, 일반 영화관 스크린보다 10배 정도는 더 큰 초대형 영화 상영관 또는 그 상영 기법을 뜻해요. Eye Maximum 또는 Image Maximum의 약자예요. 사람 눈으로 볼 수 있는 최대의 시각폭으로 영상을 제공한다는 뜻이라고 하네요.

C Eight dollars a ticket. The regular ticket is $12 and the IMAX ticket price is $20.

티켓 한 장당 8달러예요. 일반 상영관 티켓은 12달러이고, 아이맥스 티켓은 20달러죠.

A I have two free regular tickets. Can I use them to buy IMAX tickets and pay the difference?

제가 무료 일반 티켓이 2장 있어요. 이걸로 아이맥스 티켓을 사고, 차액을 지불할 수 있을까요?

C Yes! Your total for two tickets would then be $16 instead of $40.

물론입니다! 그러면 티켓 2장에 대한 총액은 40달러가 아니라 16달러가 되겠네요.

A Great! Here you go.

좋아요! 여기 있습니다.

C Um, unfortunately we won't be able to take these. These free ticket passes are for a different movie theater company. These are for ⚓AMC; we are Regal Cinema.

음, 아쉽게도 이 티켓을 받을 수가 없네요. 이 무료 티켓 패스는 다른 영화관에서 사용이 가능한 거예요. AMC에서 쓰실 수 있는데, 저희는 리걸 시네마거든요.

A Oh shoot. Where is the nearest AMC theater?

아 이런. 여기서 가장 가까운 AMC 영화관이 어디인가요?

C I believe there is one in the East Village. It's about 30 minutes away on foot.

이스트 빌리지에 하나 있어요. 걸어서 한 30분 걸려요.

A OK, we'll just pay for the tickets. Two regular tickets for *Black Panther*, please.

알겠어요, 그냥 티켓을 구매할게요. 〈블랙 팬서〉 일반 티켓 2장 주세요.

C Alrighty, your total will be $24.

알겠습니다. 총 금액은 24달러입니다.

A I'll pay in cash.

현금으로 낼게요.

☑ 체크 Words

- **out** 세상에 알려져서, 발표되어, (비밀 따위가) 탄로나서, (책 따위가) 출판되어
- **debut** 첫선을 보이다; 첫 출연, 데뷔
- **come out** 출간되다, 나오다
- **showtime** 상영 시간, 공연 시작 시간

- **regular** 일반의, 규칙적인, 보통의
- **difference** 다름, (수·양의) 차액
- **pass** 출입증, 통과
- **alrighty** 좋아요(동의를 나타냄)

☑ 리멤버 Expressions

* **go to the movies**: '극장에 가다'를 영어로 말할 때 go to the theater 혹은 go to the cinema라고 할 수 있어요. 그런데 북미에서는 go to the movies를 더 흔하게 쓰죠. the movies라고 하면 극장을 일컫는 말인데, the movies 가 왜 극장을 뜻하는지에 대해서는 여러 설이 있어요. 극장에 가면 여러 상영관에서 여러 개의 영화가 상영되기 때 문에 the movies라고 복수로 쓰면서 극장을 뜻하게 되었다는 설이 대표적이죠.

  cf. see a movie: watch a movie와는 살짝 다른 뉘앙스가 있어요. watch라는 동사를 쓸 때는 보통 집 같은 환경에 서 TV나 DVD 등으로 영화를 볼 때 쓰고, see라는 동사를 쓸 때는 극장에 가서 영화를 볼 때 쓰죠.

* **must-watch movie**: '이거 꼭 봐야 할 영화'라는 뜻이에요. must는 '~해야 한다'는 조동사로 많이 알고 있지만 이렇게 '~해야 하는'이라는 뜻의 접두사로 쓰이기도 하죠. 또한, It's a must.처럼 '꼭 해야 하는 것'이라는 의미의 명사로도 쓰여요. 비슷한 맥락에서 must-have라는 말도 자주 쓰이는데, 이것은 '꼭 가져야 할'이라는 의미예요. must-have item처럼요.

  ex *A*: How was Portugal? 포르투갈 어땠어?
  B: It was amazing! It's a **must-visit** destination for those who love surfing.
  정말 좋았어! 서핑 좋아하는 사람들에게는 꼭 방문해야 할 곳이야.

Summer의 미국 생활 TIP

북미의 많은 극장에서는 자리 번호를 정해주지 않아요. 그래서 인기가 엄청 많은 영화 같은 경우는 아무리 티켓을 미리 사뒀더라도 좋은 자리에 앉기 위해서는 상영 시간 전에 도착해서 빨리 입장하는 것이 좋아요. 〈블랙 팬서〉가 나왔을 때 그런 이유로 한 시간 전부터 사람들이 줄을 서 있기도 했었답니다. 영화를 매우 좋아하는 영화광이라면 moviepass. com에서 한 달에 3편의 영화를 9.99달러로 볼 수 있는 서비스가 제공되니 참고하세요!

내가 사랑하는 아티스트의 콘서트 가기

자신이 좋아하는 아티스트의 공연을 직접 관람한다는 것은 반복되는 일상 속에서 생기는 스트레스를 풀 수 있는 소소하지만 확실한 행복이 될 거예요. 다른 지역에서 열리는 공연에 가기 위해서는 어떤 준비가 필요하고, 이와 관련해 어떤 대화를 나누게 될지 살펴봐요.

리얼 Dialogue

A Andrea, do you want to go to a concert?
안드레아, 콘서트에 갈 생각 있니?

B Let's do it! When and where?
가보자! 언제, 어디?

A Taylor Swift is playing in Philadelphia in July! You like Taylor Swift, right?
테일러 스위프트가 7월에 필라델피아에서 공연을 해! 너 테일러 스위프트 좋아하잖아, 맞지?

B Yes, hands down — she's my favorite singer ever! Let's do it.
응, 맞아 — 테일러 스위프트는 내가 가장 좋아하는 가수야! 가보자.

A OK, we have to arrange transportation from New York City to Philadelphia.
좋아, 뉴욕에서 필라델피아로 가는 교통편을 정해야 해.

B Let's take the bus. If you plan ahead, tickets can be really cheap.
버스를 타자. 미리 계획을 짜면, 티켓이 정말 저렴할 수 있어.

A How much are we talking?
지금 얼마 정도를 얘기하는 거야?

B Probably like ten bucks a pop.
아마도 티켓 하나 당 10달러일거야.

A Wow, that is so cheap! Okay. YOLO! Let's do it. We're going to have big-time fun!
와, 정말 싸네! 그래. 인생 한 번 사는 거지! 그렇게 하자. 우리는 최고로 즐거운 시간을 보낼 거야!

B The concert will probably end late at night, so we should also arrange lodging for the night. We can leave the city the next morning.
아마 콘서트가 밤 늦게 끝날 거니까 그날 밤 숙소도 잡아야 해. 다음 날 아침에 필라델피아에서 출발할 수 있어.

A Oh man, hotels in the city are so expensive though!

오 이런, 필라델피아 호텔들은 정말 비싸잖아!

빛나는 상식

AirBnB

숙박 공유 서비스로, 여행자들을 위해 비싼 호텔 대신 자신의 방이나 집, 별장을 합리적인 가격으로 빌려주는 온라인 플랫폼이에요.

B No worries. We can use AirBnB and get cheap lodging near the concert hall.

걱정 마. 에어비앤비를 이용해서 콘서트 홀 근처에서 숙소를 싸게 구할 수도 있어.

A Okay! Wow, this plan is really coming together.

좋아! 와, 이 계획 정말 잘 세워지는데.

B All worth it for a Taylor Swift concert. I'll buy the tickets now!

테일러 스위프트 콘서트를 보기 위해서라면 가치가 있지. 내가 지금 티켓을 살게!

체크 Words

- **ahead** 미리, 앞에
- **buck** 달러
- **a pop** ~개 당
- **big-time** 최고 수준의, 크게 히트한

- **lodging** 임시 숙소, 숙박
- **BNB** 아침 식사를 제공해 주는 숙박 시설
  (보통 B&B라고 하는데 bed and breakfast의 약자임)
- **come together** 바라던 대로 진행되다, (하나로) 합치다

🧑‍💼 리멤버 Expressions

* **hands down**: '고민 없이', '쉽게', '명백하게'라는 뜻으로, 무엇에 관해 고민 없이 쉽게 말할 수 있을 때 사용해요.
  ex **Hands down**, I'm living life to the fullest. 나는 정말 명백히 있는 힘껏 충실한 삶을 살고 있어.

* **How much are we talking?**: '우리가 얼마를 갖고 말하고 있는 거야?', 즉 '액수가 얼마나 되는데?'라는 뜻으로
  How much money are we talking about?이라고도 해요.
  ex A: Honey, I really want to buy a new computer, but it's a bit expensive.
  　　　자기야, 나 정말로 새 컴퓨터를 하나 사고 싶은데, 그게 좀 비싸네.
  　　B: Okay, **how much are we talking?** 좋아, 얼마 정도인데?

* **YOLO!**: You Only Live Once의 약자로, '인생 한번 사는 거지!'라는 뜻이에요. 비격식적인 슬랭이라서 격식적인
  자리에서는 쓰지 않는 것을 권해요. 하지만, 온라인에서도 많이 쓰이고 가벼운 자리에서 자주 쓰이는 표현이기는
  해요.

* **coming together**: come together는 흩어져 있던 것들이 하나로 합쳐진다는 느낌으로, '바라던 대로 진행되다',
  '원하던 대로 작동하기 시작하다'라는 의미를 나타내요. all come together로도 자주 쓰여요.

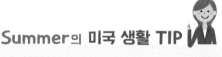

Summer의 미국 생활 TIP

뉴욕은 브로드웨이 쇼들로 유명해요. 흥미롭고 멋진 쇼들이 많지만 가격이 만만치 않아 원하는 만큼 보지 못할 수도 있어요.
그런데 이 비싼 브로드웨이 쇼 티켓을 싸게 살 방법이 있어요.

- TKTS 부스: 타임스퀘어(Time Square), 사우스 스트리트 씨포트(South Street Seaport), 그리고 링컨 센터
  (Lincoln Center)에 TKTS 부스가 있는데요, 당일 혹은 다음날 쇼의 취소되거나 남은 티켓을 20%~50%의 할인된
  가격에 살 수 있어요. 선착순이기 때문에 보통 티켓 부스가 오픈하기 몇 시간 전부터 줄을 서 있어야 좋은 자리의 티켓
  을 구할 수 있어요.

- 티켓 복권(Ticket Lottery): 티켓 복권은 오프라인과 온라인으로 추첨을 해요. 티켓 복권에 응모하는 사람이 워낙 많
  아서 당첨될 확률은 그리 높지 않지만 의외로 당첨된 사람들을 주변에서 꽤 보긴 했어요. 오프라인과 웹사이트, 모바
  일 앱에서 응모할 수 있어요. 오프라인 응모에는 여권이 필요하고, 꼭 현금으로 지불해야 해요.

- StubHub: 이미 구매한 브로드웨이 쇼나 다른 콘서트, 이벤트 등을 사정에 의해 가지 못하게 될 경우, StubHub라는
  웹사이트를 통해서 팔고 살 수 있어요. 저도 최근에 예매해 둔 공연을 못 가게 되어 StubHub에 올렸는데, 거의 구매했
  던 가격과 동일하게 팔았고, 또 유명한 브로드웨이 쇼 티켓을 공연 시작하기 2시간 전에 거의 반 가격에 구매해서 볼
  수 있었어요.

뉴욕에 왔는데, 미술관은 가봐야겠지?

해당 지역의 다양한 문화생활을 즐겨 보는 것도 해외에서 경험할 수 있는 특별한 즐거움이 될 수 있어요. 뉴욕에는 유명한 메트로폴리탄 미술관이 있죠. 이곳을 방문하기 전에 알아두면 도움이 될 만한 내용에는 어떤 것들이 있을까요?

 리얼 Dialogue

A Summer, we're in New York City. I think we should take advantage of the city. Let's go to a museum!

썸머, 우리 뉴욕에 있잖아. 이 도시를 십분 활용해야 한다고 생각해. 박물관에 가자!

B What kind of museum? Which one?

어떤 종류의 박물관? 어디?

A I was thinking we could go to the Metropolitan Museum of Art. It's been rated as the best museum in America for several years in a row.

메트로폴리탄 미술관을 생각하고 있었어. 연속 몇 년간 미국에서 최고의 박물관으로 평가 받았잖아.

B Wow, okay. I like art. Let's do it!

와, 좋아. 나 미술 좋아해. 가보자!

A First, we have to pick a date. If we know what day we are going, I can research all the events that are happening on that day and we can plan our day at the museum.

먼저, 우리 날짜부터 정해야 해. 언제 갈지 알면, 그날 미술관에서 열리는 행사를 전부 알아볼 수 있고, 그러면 그날 미술관에서의 일정을 세울 수 있어.

B Haha, I forgot that you're such a planner. Okay. Sounds good. How about next Saturday?

하하, 네가 완전 계획 세우는 거 좋아하는 걸 내가 잊고 있었네. 그래. 좋아. 다음 주 토요일 어때?

A Next Saturday works for me. Let's see... First, we can take the Modern and Contemporary Art tour from 11:15 a.m. to 12:15 p.m. After that, we can grab a quick lunch and then go on the Arts of the Islamic World tour from 1:15 p.m. to 2:15 p.m.

다음 주 토요일 나도 좋아. 어디 보자…… 먼저, 오전 11시 15분에서 오후 12시 15분까지 현대와 근대 미술 투어를 할 수 있어. 그러고 나서, 간단히 점심을 먹은 다음, 오후 1시 15분부터 2시 15분까지 이슬람 세계 미술 투어를 할 수 있어.

B Sounds fun! What are we doing after that?

재미있겠다! 그러고 나서 뭘 하지?

A You should pick! I'll text you the link to their website and you can pick which tours you want to go on.

네가 정해 봐! 내가 미술관 웹사이트 주소를 문자로 보내줄게, 어떤 투어를 하고 싶은지 네가 골라봐.

빛나는 상식

메트로폴리탄 하이라이트 투어는 미술관 입장권이 있으면 무료로 다양한 문화를 대표하는 예술 작품을 골라 투어를 시켜주는 프로그램이에요. 매 30분마다 투어를 시작하는데, 시간이 바뀔 수도 있으니 metmuseum.org에서 미리 시간을 확인하는 것이 좋아요.

B Okay, thanks! Hmm, let's see. What about the Museum Highlights tour?

알았어, 고마워! 음, 어디 보자. 미술관 하이라이트 투어는 어떨까?

A Museum Highlights it is! Afterwards we can just walk around for a couple hours and then grab dinner nearby.

미술관 하이라이트 좋지! 그러고 나서 몇 시간 그냥 돌아다니다가 근처에서 저녁을 먹자.

B Let's go to the Ristorante Morini. Very popular Italian place. It's pretty fancy. I have a friend who works there so there shouldn't be a problem getting a table.

리스토란테 모리니에 가자. 아주 유명한 이탈리안 식당이야. 꽤 고급이야. 거기서 일하는 친구가 있어서 자리를 얻는 게 어렵지 않을 거야.

A Awesome! I guess it means that we should dress up a bit. I like that. It's fun to dress up once in a while. Looking forward to next Saturday!

아주 좋아! 그럼 우리 좀 차려입어야겠네. 그거 좋아. 가끔 옷 차려입는 거 재밌어. 다음 주 토요일이 기다려진다!

✅ 체크 Words

- **in a row** 잇달아, 연이어
- **pick** 고르다, 선택하다, 뽑다
- **planner** 설계자, 계획자
- **contemporary** 동시대의
- **grab** 급히[잠깐] ~하다
- **Islamic** 이슬람교의

- **nearby** 인근에, 가까운 곳에
- **fancy** 값비싼, 고급의, 품질 높은
- **awesome** 기막히게 좋은, 엄청난
- **dress up** 격식을 차려서 입다
- **once in a while** 때로는
- **look forward to** ~을 고대하다

👥 리멤버 Expressions

* **we should take advantage of the city**: A take advantage of B라는 표현은 긍정적으로도 쓰이고 조금 부정적으로도 쓰여요. 긍정적일 때는 'A가 B를 기회로 삼아 활용하다'라는 의미이고, 부정적일 때는 'A가 자신의 이득을 위해 B를 공정하지 못하게 남용한다'라는 의미예요.
  - **ex** • Welcome to our hotel. Please **take** full **advantage of** our facilities.
    저희 호텔에 오신 것을 환영합니다. 저희 시설들을 마음껏 이용하세요.
  - • Online scam artists **take advantage of** elderly people who do not know much about technology.
    온라인 사기꾼들은 테크놀로지를 잘 모르는 노인들을 이용해요.

* **such a planner**: such(형용사)는 very의 의미를 가지고 있어요. 그래서 such a planner라고 하면 '계획하는 것을 매우 좋아[잘]하는 사람' 정도의 의미가 돼요.
  - **ex** He's **such a hard working guy**. 그는 일을 정말 열심히 하는 남자야.

* **Museum Highlights it is!**: 구어체에서 여러 개의 선택사항 중 하나를 선택했을 때, 그 선택을 확인하면서 <명사 + it is>라고 말할 수 있어요. '~ 그것으로 하자', '~ 그거 좋지' 정도의 의미예요.

Summer의 미국 생활 TIP

뉴욕에는 정말 많은 박물관이 있어요. 그중에서 대표적인 곳으로는 메트로폴리탄 미술관(The Met), 현대미술박물관 (MoMA), 영화 〈박물관은 살아있다〉의 배경이었던 미국자연사박물관(AMNH), 911 추모박물관 (911 Memorial) 등 이 있어요. 메트로폴리탄 미술관은 워낙 규모가 커서 하루 안에 다 돌기가 힘들어요. 3일 정도에 나눠서 관람하는 사람들 도 많아요. 911 추모박물관 티켓은 온라인이나 전화로 미리 구매해야 해요. 매주 화요일 오후 5시부터 9시까지 무료입장 할 수 있는데, 오후 4시부터는 선착순으로 무료 입장권이 교부되죠.

Episode 04

우리나라에서도 한복이나 결혼식 예복을 대여해 입는 경우가 많죠. 미국에도 이렇게 옷을 대여해주는 곳이 있어요. 일상복보다는 격식을 갖춰 입고 가야 하는 행사를 위해 턱시도나 드레스 등을 주로 대여해주죠. 이럴 때를 대비해서 옷을 대여할 때는 어떤 표현을 쓰는지 알아두세요.

리얼 Dialogue

A Thank you for calling Suit Rental. My name is George. How may I help you today?

슈트 렌탈에 전화 주셔서 감사합니다. 저는 조지입니다. 오늘 어떻게 도와드리면 될까요?

B Hi George, I'm interested in renting a suit for my friend. He doesn't speak English well so he asked me to do it for him.

안녕하세요, 조지, 제가 친구를 위해 정장을 빌리고 싶은데요. 친구가 영어를 잘 못해서 저에게 대신 옷을 빌려 달라고 해서요.

A Okay! What kind of event is he attending?

알겠습니다! 그분이 어떤 종류의 행사에 참석하시나요?

B He's attending ⚟a black tie event which is a charity fundraiser.

그는 자선 단체 모금 행사인 블랙 타이 이벤트에 참석할 예정이에요.

A Alright, then he probably wants to rent a ⚟tuxedo. When is the event?

알겠습니다, 그러면 아마 턱시도를 빌리려고 하시겠네요. 행사는 언제인가요?

B It's in about three and a half weeks, on June 16th.

행사는 대략 3주 반 후인 6월 16일에 있어요.

A Great! That's more than enough time. Do you have his measurements?

좋습니다! 시간이 많이 남아있네요. 그분의 치수를 갖고 계신가요?

B His measurements?

그 친구 치수요?

A The measurements for his body. We need his measurements so we can send him a tuxedo that fits.

그분의 신체 치수요. 그분에게 맞는 턱시도를 보내려면 그분의 신체 치수가 필요하거든요.

B Shoot... I don't have his measurements.

오 이런…… 전 그 친구 치수를 갖고 있지 않아요.

A Okay, well before we can finalize anything, we will need his measurements. In the meantime, can we get some more details about what he would like to wear?

알겠습니다, 어쨌든 무엇이라도 완결 짓기 전에 그분의 치수가 필요할 겁니다. 그 사이에 그분이 입고 싶어 하는 옷에 대해 자세한 사항들을 더 얘기해볼까요?

B Sure! What do you need to know?

물론이죠! 어떤 게 알고 싶으신가요?

A Does he also want to rent shoes from us?

그분이 저희에게 신발도 빌리시길 원하나요?

B Yes, he says he needs an entire outfit.

네, 그 친구가 말하길 전체적인 의상이 필요하다고 하네요.

A Got it. Well, please call us again when you have his measurements and we can proceed. We need his waist size, his height, his pant length, his sleeve length, neck size, and shoe size.

알겠습니다. 그러면, 그분의 치수를 알아보시고서 다시 전화를 주시면 저희가 일을 더 진척시킬 수 있습니다. 저희가 필요한 건 그분의 허리 사이즈, 키, 바지 길이, 소매 길이, 목 사이즈, 그리고 신발 사이즈입니다.

B Okay! I'll call you back as soon as possible. Thank you.

알겠습니다! 최대한 빨리 연락드릴게요. 감사합니다.

MEMO

....

....

....

....

....

....

....

....

✅ 체크 Words

- **attend** 참석하다, ~에 가다
- **black tie event** 정장 차림으로 참석하는 행사
- **charity** 자선 단체, 구호 단체
- **fundraiser** 모금 행사
- **tuxedo** 턱시도
- **measurements** 치수[크기, 길이, 양]

- **fit** (의복 등이) ~에 맞다, 꼭 맞다
- **finalize** 마무리 짓다, 완결 짓다
- **outfit** 옷, 복장
- **proceed** 진행하다, 진행되다
- **pant length** 바지 길이
- **sleeve length** 소매 길이

👥 리멤버 Expressions

★ **I'm interested in**: be interested in은 '~에 관심이 있다'라는 말로, 무엇을 조금 더 알아보고 싶고 주의를 기울이고 싶음을 나타낼 때 쓸 수 있어요. 또, 어떤 사람에게 로맨틱하게 관심이 있을 때도 이 표현을 쓸 수 있죠.

ex
- A: Did you have a chance to talk to John? 존이랑 이야기해 볼 기회가 있었어?
- B: Yeah, but he didn't seem very **interested in** looking for a new job.
  응, 하지만 그는 새로운 일을 찾고 싶어 하는 것처럼 보이진 않던데.
- A: I saw you kept peeking at her. **Are you interested in** her?
  너 계속 저 여자를 곁눈질하더라. 그 여자에게 관심 있어?
- B: Yeah, I think she's really cute. 응, 정말 귀여운 것 같아.

Summer의 미국 생활 TIP

친구 집에서 캐주얼하게 열리는 생일파티나 집들이 같은 이벤트가 아닌, 조금은 형식적인 행사라면 드레스 코드가 어떤 것인지 확인하는 것이 좋아요. 초대장이 있다면 보통 초대장에 드레스 코드가 적혀 있으니 그것을 참고하면 되지만, 만약 드레스 코드가 안 적혀 있다면 이벤트 호스트(행사 주최자)에게 따로 물어보는 것도 좋죠. 호스트가 원하는 이벤트의 분위기가 있을 텐데 그것에 맞지 않는 의복을 입는 것은 예의에 맞지 않는다고 여겨지기 때문이에요.

227

땀 흘리며 '몸짱' 도전하기

어디에서 생활하건 건강을 위해 운동은 필수죠. 다양한 운동이 있겠지만 여기서는 헬스장에 등록하기 위해 여러 가지를 물어볼 때 사용할 수 있는 표현을 살펴봐요.

 리얼 Dialogue

A Hello, I'm interested in purchasing a membership at this gym.

안녕하세요, 이 헬스장 멤버십 가입에 관심이 있어서요.

B Certainly! Are you looking for a long-term membership or a short-term one?

그러시군요! 장기적인 멤버십과 단기적인 멤버십 중에 어떤 것을 찾고 계신가요?

A Just short term for now. I'd like to purchase a one-month membership, please.

우선은 단기요. 한 달짜리 멤버십을 사고 싶어요.

B Certainly! We have two different subscription models. Month by month, you pay $28 per month. If and when you want to look into long-term options, you can purchase a yearly pass for $250, which saves you $86 a year.

그러시군요! 저희는 두 가지 다른 가입 모델이 있어요. 다달이 지불을 하시면, 매달 28달러를 내시게 돼요. 만일 장기적인 옵션들을 생각하신다면, 1년에 250달러 패스를 구입하실 수 있는데요, 그러면 1년에 86달러를 절약하시는 거예요.

MEMO

A Sounds great! I'm new to this neighborhood, so I'm looking to just try out a couple of gyms in the area. If this place is the right fit for me, I'll be back.

좋은데요! 제가 이 동네는 처음이라서요, 이 지역에 있는 몇 개 헬스장을 그냥 좀 알아보고 있어요. 이 헬스장이 저에게 맞는다면 다시 올 거예요.

B I'm confident that you will come to love this place! A few more details about your membership, you will have to pay an additional $15 deposit for your keycard. You can use the keycard to access our facilities 24/7. At the end of the month, just drop off your keycard and we'll refund the money.

이곳을 정말 좋아하시게 될 거라고 자신 있게 말씀드릴 수 있어요! 멤버십에 대해서 조금 더 상세히 설명을 드리면, 키카드 때문에 15달러의 보증금을 추가로 내셔야 할 거예요. 그 키카드로 일주일 내내 24시간 저희 시설들을 이용하실 수 있어요. 월말에 키카드를 반납하시면 보증금을 돌려드릴 거예요.

A Okay, sounds good.

그렇군요, 좋네요.

B Additionally, you will have to sign this waiver. It states that we are not responsible for any personal injuries that may occur during your time here.

부가적으로, 이 포기 서류에 서명을 하시게 될 거예요. 이 서류에는 여기에 계시는 동안 발생할지 모르는 어떤 개별적인 부상에 대해서도 저희 체육관에는 책임이 없다는 내용이 쓰여 있어요.

A Do you have personal trainers here?

여기에 개인 트레이너가 있나요?

B Yes, we do! We offer rates for half-hour long, and hour long training sessions with our personal trainers. The half-hour rate is $35 and the hourly rate is $60.

네, 있어요! 개인 트레이너와 함께 하는 30분짜리와 한 시간짜리 트레이닝 세션 요금들이 있어요. 30분 비용은 35달러이고, 시간당 비용은 60달러예요.

A Very good! I'd like to book an hour long training session for Friday, please.

아주 좋군요! 금요일 한 시간짜리 트레이닝 세션에 예약하고 싶네요.

B Okay! It's best if you open up an account with us then. Any training session you request will be billed to your account and the total amount will ☝automatically be deducted at the end of the month.

좋습니다! 그러면 저희랑 회원 계정을 만드시면 최상이겠네요. 고객님이 요청하시는 트레이닝 세션이 고객님 계정에 청구될 거고, 총액이 자동적으로 그 달 말에 공제될 거예요.

빛나는 상식

미국 대부분의 헬스장에서는 Auto-Pay 시스템을 많이 이용하고 있어요. 고객이 자기 카드를 등록해서 매달 자동으로 비용이 지불되게 하는 방식이죠.

A Got it. I'll do that then. Do you have any sessions for introducing me to your exercise equipment?

알겠습니다. 그럼 그렇게 할게요. 저에게 이곳의 운동 기구를 소개해 주는 세션도 있나요?

B Yes, we do! We have a complimentary hour long session where we show you the ropes.

물론, 있어요! 1시간 동안 운동하는 요령을 알려드리는 무료 세션이 있어요.

A Can we do that now? I'm ready to work up a sweat.

지금 바로 할 수도 있나요? 저는 땀 흘릴 준비가 되어 있어요.

B Absolutely! We can begin in a minute.

물론이죠! 1분 후에 시작할 수 있어요.

체크 Words

- **subscription** 가입, 구독
- **if and when** 혹시라도 ~면
- **try out** 테스트해 보다, 시험적으로 사용해 보다
- **drop off** 갖다 주다, 내다, 맡기다
- **waiver** 포기 서류, 포기
- **state** 말하다, 쓰다, 진술하다

- **session** (특정한 활동을 위한) 시간[기간]
- **hourly** 시간당, 매 시간의
- **be billed to** ~에 청구되다
- **deduct** 공제하다, 제하다
- **equipment** 장비, 용품

리멤버 Expressions

★ **work up a sweat**: 대화문에서 I'm ready to work up a sweat.는 말 그대로 '땀 흘릴 준비가 되었다.'라고 쓰였지만, work up a sweat은 '운동이나 육체적인 일을 해서 땀이 나다'라는 뜻 외에도 '매우 노력하다'라는 뜻도 나타낼 수 있는 표현이에요.

ex Our staff really **worked up a sweat** for our charity event.
우리 직원들이 우리 자선 단체 행사를 위해서 정말 열심히 일했어요.

✚ Bonus Info 알아두면 더 좋아요! (헬스장 관련 용어)

- **bulk up** 근육을 키우다
- **cardio exercise** 유산소 운동
- **lift weights** (아령 등의) 운동기구를 들다[사용하다]
- **pull-up** 턱걸이
- **barbell** 역기
- **squat** 스쿼트
- **bench press** 벤치 프레스(벤치 같은 데 누워 역기를 들어 올리는 운동)
- **reps** repetitions(같은 동작을 몇 번씩 반복하며 연습하는 것)의 약자(ex. three sets of 10 reps: 10번씩 3세트)
- **six pack** 복근

- **slim down** 지방을 빼서 날씬하게 만들다
- **weight training** 근력 운동
- **push-up** 팔굽혀 펴기
- **weight** 역기, (역기의) 웨이트
- **treadmill** 러닝머신
- **dumbell** 아령
- **abs** 복근(abdominal muscles의 약자)

다이어트의 가장 힘든 적, 식단 관리하기

다이어트는 평생을 함께 가야 할 친구로 생각하는 것이 오히려 마음이 편할 것 같아요^^;; 다이어트를 할 때는 운동뿐 아니라 식단도 함께 조절해야 하죠. 헬스장에서 트레이너와 식단에 관해서 이야기할 때 쓸 수 있는 표현들을 알아두세요.

리얼 Dialogue

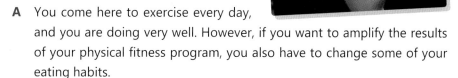

A Andrea, we need to talk about your eating habits.

안드레아, 식습관에 대해 얘기를 해봐야겠어요.

B What? Why?

네? 왜요?

A You come here to exercise every day, and you are doing very well. However, if you want to amplify the results of your physical fitness program, you also have to change some of your eating habits.

여기 운동하러 매일 오시고 있고, 아주 잘 하고 계세요. 하지만 육체적인 운동 프로그램의 결과를 더 증대시키고 싶다면, 식습관에서도 일부를 바꿀 필요가 있어요.

B I guess you're right.

선생님 말씀이 맞는 것 같아요.

A So do you plan, cook and eat well-balanced meals?

그래서 균형이 잘 맞는 식사를 계획하고, 요리하고, 드시고 있나요?

B Well... not really. I'm really busy with work right now, so I usually just eat out.

음…… 그렇지는 않아요. 지금 일하느라 정말 바빠서 보통 그냥 외식을 하거든요.

A Hmm... that's not good. Restaurant meals are usually large and unhealthy. Do you eat breakfast?

음…… 좋지 않네요. 식당 음식들은 보통 양이 많고 건강에 안 좋죠. 아침은 드세요?

B Unfortunately, I do not. I have to be in the office by 8 a.m. so I usually don't have enough time to eat breakfast.

안타깝지만, 안 먹어요. 오전 8시까지 사무실에 가 있어야 해서 보통 아침 먹을 충분한 시간이 없어요.

A That's no good either! Do you drink soda?

그것도 좋지 않네요! 탄산음료 드세요?

MEMO

231

B Sometimes. It's free at work so I usually can't resist a can or two.

종종요. 사무실에서 무료로 제공돼서 보통 한 두 캔의 유혹을 참지 못해요.

A First things first, stop drinking soda. Cut soda completely out of your diet. It's so unhealthy for you!

제일 중요한 걸 먼저 해야 돼요. 탄산음료 드시는 걸 그만두세요. 식단에서 탄산음료를 완전히 없애세요. 몸에 무척 안 좋아요!

B Okay. I will get rid of all the soda in my fridge and stop drinking it at work.

알겠어요. 제 냉장고에서 모든 탄산음료를 치워 버리고, 직장에서도 마시지 않을게요.

A Second, eat a healthy breakfast. It's really important for you to start off your day right, and eating a good breakfast is the best way to do that.

두 번째로, 건강한 아침 식사를 드세요. 하루를 올바로 시작하는 게 아주 중요한데, 좋은 아침을 먹는 것이 그렇게 하기 위한 최선의 방법이죠.

B You're right.

맞는 말이에요.

A If it's really difficult, you can prep a really simple breakfast the night before like smoothies or healthy breakfast bars. If you do that, you don't have to skip breakfast. And remember, **actions speak louder than words.**

그게 아주 어렵다면, 전날 밤에 스무디나 건강에 좋은 아침 식사용 바와 같은 정말 간단한 아침을 준비해둘 수 있어요. 그렇게 하면, 아침 식사를 거르지 않아도 되죠. 그리고 행동이 말보다 더 중요하다는 것을 기억하세요.

B Yes, you are right!

네, 선생님이 옳아요!

A Try out my recommendations for two weeks, and let's talk again afterwards!

제 권유대로 2주 정도 시도해보시고, 그 뒤에 다시 얘기해봐요!

B Okay, thank you!

알겠어요, 고맙습니다!

✅ 체크 Words

- **eating habit** 식습관
- **amplify** 증폭시키다, 확대시키다
- **well-balanced** 균형이 잡힌
- **eat out** 외식하다
- **resist** 저항하다, 반대하다
- **get rid of** ~을 제거하다

- **fridge** 냉장고
- **start off** (어떤 일을) 시작하다, 움직이기 시작하다
- **prep** 준비하다, 예습하다
- **skip** 거르다, 건너뛰다
- **recommendation** 권고, 추천

🧑‍💼 리멤버 Expressions

* **I'm really busy with work**: be busy with는 '~하느라 바쁘다'라는 의미를 나타내는 표현으로, be busy with work 는 '일에 묶여서 바쁘다'라고 이해하면 돼요.
  - ex) My son **was busy with** his homework. 우리 아들은 숙제 하느라 바빴어.

* **First things first**: 대화문의 First things first, stop drinking soda.는 '가장 중요한 것부터 하시는데, 탄산음료 마시는 것을 멈추세요.'라는 말로, first things first는 '가장 중요한 일은 다른 것보다 먼저 다루어져야 한다'라는 뜻이에요.
  - ex) I suggest we set clear goals — **first things first**.
    명확한 목표들을 세우는 것을 제안합니다 — 가장 중요한 것을 먼저 해야죠.
  - *cf.* first thing in the morning이라는 표현도 있어요. '하루 중 시작점에 첫 번째로'라는 뜻의 표현으로, first가 들어가지만 관사 the가 같이 안 쓰인다는 점을 주의하세요.
    - ex) A: Can you please call the hotel tomorrow and confirm our booking?
        내일 호텔에 전화해서 우리 예약을 확인해 주겠어요?
      B: Yes, I'll call them **first thing in the morning**. 네, 내일 아침에 그것 먼저 바로 할게요.

* **actions speak louder than words**: '말보다 행동이 중요하다'라는 뜻의 관용적인 표현이에요.

➕ Bonus Info 알아두면 더 좋아요! (다이어트 관련 표현)

- **step on the scale** 체중계에 올라가다
- **gain weight** 체중이 늘다(↔ lose weight 체중이 줄다)
- **be on a diet** 다이어트 중이다
- **go on a diet** 다이어트를 시작하다
- **low-fat dish** 저지방 식사
- **metabolism** 신진대사
- **a cheat day** (다이어트 중 하루) 마음 놓고 먹는 날

몸과 마음의 평온을 찾자! 요가 등록하기

건강을 위해 시작하는 운동에는 다양한 종류가 있죠. 요가는 명상과 함께 몸과 마음의 안정을 추구하는 운동으로 미국 사람들도 많이 배우고 있어요. 요가를 배우기 위해 알아보는 과정에서 듣고 말하게 되는 영어 표현들에는 어떤 것들이 있는지 아래 대화를 통해 살펴봐요.

리얼 Dialogue

A Have you ever thought about trying yoga?
요가 해보는 것에 대해서 생각해보신 적 있으세요?

B Why yoga?
요가는 왜요?

A I think it's exactly what your body needs right now. So far, we've been focusing on endurance and strength. Your body also needs flexibility, which is what yoga is best for.
제 생각에는 지금 당장 고객님 몸이 필요로 하는 게 정확히 요가거든요. 지금까지 우리는 지구력과 체력에 집중해 왔어요. 고객님 몸은 유연성도 필요한데, 요가가 거기에 가장 좋아요.

B Okay. Maybe I'll give it a try. What are my options?
그렇군요. 아마도 한 번 시도해 봐야겠는데요. 저한테 어떤 옵션들이 있나요?

A We can offer a week of free yoga classes, which is complimentary with any membership. I really think they would be good for you.
저희는 일부 멤버십 회원에게 일주일 동안 무료 요가 수업을 제공할 수 있어요. 제 생각에 이건 정말 고객님에게 좋을 거예요.

B Very cool! Tell me more about what you offer.
아주 좋네요! 어떤 걸 제공하는지 조금 더 알려주세요.

A We have hour long yoga classes every Monday, Wednesday, and Friday. The size of the class is usually about 20 people.
저희는 매주 월요일, 수요일, 금요일에 1시간짜리 요가 수업을 진행해요. 수업의 규모는 보통 20명 정도예요.

B Do you also offer one-on-one sessions?
1:1 수업도 있나요?

MEMO

A We do. We offer 30-minute long sessions and hour long sessions.

있어요. 30분짜리와 1시간짜리 세션을 진행하고 있죠.

B Great! I'd like to book a one-on-one session as soon as possible.

아주 좋네요! 가능한 빨리 1:1 수업을 예약하고 싶어요.

A That might be a little bit difficult. Our one-on-one sessions are in very high demand right now. Let me see what's available. How about next Thursday at 7 p.m.?

그건 약간 어려울 수도 있어요. 지금 당장은 저희 1:1 수업 요청이 아주 많아서요. 어떤 것이 가능한지 제가 한번 볼게요. 다음 주 목요일 저녁 7시는 어떠세요?

B I can do that! Sound's good to me.

그때 할 수 있어요! 잘 됐네요.

A Great! I'll put your session in the system. You'll receive a text reminder the day of your session.

좋아요! 고객님의 수업을 시스템 상에 등록해 둘게요. 문자 메시지로 예정된 수업 날에 알람이 갈 거예요.

B Thank you! I'll be back next Thursday!

고맙습니다! 다음 주 목요일에 올게요!

A Ciao!

안녕히 가세요!

📝 체크 Words

- **focus on** ~에 집중하다
- **endurance** 지구력, 인내
- **strength** 체력, 힘, 강점, 기운
- **flexibility** 유연성, 유연함

- **be best for** ~에 좋다
- **one-on-one** 1:1의
- **be in high demand** 수요가 많다

👥 리멤버 Expressions

★ **give it a try**: '한번 시도해 볼게요'라는 표현으로, 똑같은 뜻으로 try 대신에 go 또는 shot을 써서 give it a go, give it a shot이라고 말하는 경우도 흔해요.

> **ex** • I've never done rafting before, but I'll **give it a try**.
> 래프팅을 한 번도 해본 적 없지만 한번 해볼래.
> • This project seems a bit difficult for me, but I'll **give it a shot**!
> 이 프로젝트는 나한테 좀 어려워 보이지만 한번 해볼래!
> • Why not **give it a go**? You may find it easier than you thought.
> 시도해 보지 않을 이유가 있어? 네가 생각했던 것보다 더 쉽다는 걸 알게 될 수도 있어.

★ **Ciao!**: 원래는 이탈리아어로, 만나고 헤어질 때 하는 Hello., Good bye.라는 의미의 표현이에요. 영어권 국가에서도 굉장히 흔하게 쓰이는 말이라서 알아두면 좋아요. 만났을 때보다 보통 헤어질 때 Good bye. 대신에 Ciao.라고 흔히 말해요.

➕ Bonus Info 알아두면 더 좋아요!(미국에서 흔히 접할 수 있는 야외 활동)

- **hiking** (포장된 길을 길게 걷는) 도보 여행
- **climbing** (주로 포장되지 않은 산을 도구 등을 사용해서 오르는) 등산

· **rock climbing** 암벽 등반	· **canoeing** 카누잉
· **kayaking** 카야킹	· **rafting** 래프팅
· **horseback riding** 승마	· **kite flying** 연날리기
· **scuba diving** 스쿠버 다이빙	· **sunbathing** 일광욕
· **surfing** 서핑	· **rowing** 조정
· **bird watching** 조류 관찰	· **whale watching** 고래 관광

미국에는 다양한 곳에서 여러 가지 취미 활동을 제공하는 프로그램들이 있어요. 잘 알아보면 자신이 배우고자 하는 활동을 저렴한 가격에 시작할 수 있죠. 뭔가를 배우려고 마음먹었을 때 어떤 것들을 알아보면 좋을까요?

리얼 Dialogue

A I think one of the biggest regrets of my childhood is that I quit playing the piano.

난 어린 시절에 가장 크게 후회되는 것 중 하나가 피아노 치는 걸 그만둔 거야.

B Really? How long did you play?

정말? 얼마나 오래 쳤는데?

A I played the piano for five years, from when I was ten years old to when I was 15.

10살에서 15살이 될 때까지 5년 동안 피아노를 쳤었어.

B Wow, that's a long time! Why did you quit?

와, 긴 시간이네! 왜 그만뒀어?

A I hated practicing the piano when I was a teenager. Now I really regret quitting. Piano music is so beautiful.

10대 때는 피아노 연습하는 걸 싫어했었어. 지금은 그만둔 걸 정말로 후회해. 피아노 음악은 너무 아름답잖아.

B Well, it's never too late! You can still learn. Music students at the local university teach private lessons if you're interested.

음, 늦은 때란 없어! 너는 지금도 배울 수 있어. 관심 있으면, 지역 대학교의 음대 학생들이 개인 레슨으로 가르치고 있어.

A Hmmm... Good idea. I'd like to get some lessons. I need to take up a hobby to take my mind off of work.

흠…… 좋은 생각이네. 레슨을 좀 받아보고 싶어. 일에서 마음을 잠시 비우기 위해 취미를 시작할 필요가 있거든.

B Do you have a piano at home? They come to your house to teach you.

집에 피아노 있어? 그들이 너의 집에 와서 가르치거든.

MEMO

A No, I don't. Nor do I have the money to buy one.

아니, 없어. 살 돈도 없고 말이야.

B Hmm... if you are looking for something more affordable, you could always get into art. The local college offers painting classes. It's pretty cheap!

음······ 만일 네가 좀더 감당할 수 있는 걸 찾고 있다면, 언제든 미술 쪽을 알아볼 수도 있어. 지역 대학에서 그림 수업을 하고 있거든. 꽤 저렴해!

A Wow! I've always wanted to paint. How much are the classes?

와! 난 항상 그림을 그려보고 싶었어. 수업이 얼마나 해?

B They are $10 per class, and each class is an hour long. They provide all the painting equipment that you need for each class.

수업당 10달러고, 각 수업은 1시간이야. 각각의 수업에서 필요한 모든 그림 도구를 제공해줘.

A Have you taken classes before?

이전에 수업 들어본 적 있어?

B Yep! I'm taking a class right now. I've been attending once a week for the past couple months. I really enjoy it! It helps me relax and destress from work.

응! 지금도 수업을 하나 듣고 있어. 지난 몇 달 동안 일주일에 한 번 수업을 듣고 있지. 나는 정말 즐기고 있어! 내가 일에서 벗어나 긴장을 풀고 스트레스를 더는 것을 도와줘.

A Would you like to take me the next time you have a class?

다음에 너 수업 있을 때 나도 같이 데려가 줄래?

B Yeah, sure! Tomorrow at 8 p.m. is the next class. I'll pick you up.

그럼, 물론이야! 다음 수업이 내일 저녁 8시야. 내가 널 태우러 갈게.

A Wow, thank you so much!

와, 정말 고마워!

✅ 체크 Words

- **quit** 그만두다, 중단하다
- **private lesson** 개인 교습
- **take up** (특히 즐거움을 위해 새로운 활동을) 시작하다
- **take one's mind off** ~을 잊다, ~에서 마음을 돌리다

- **yep** 응, 그럼
- **destress** ~의 중압감을 없애다, ~의 스트레스를 덜다
- **pick someone up** ~을 (차에) 태우러 가다

📇 리멤버 Expressions

★ it's never too late: '결코 너무 늦진 않다'라는 뜻으로, 풀어서 설명하자면 나이가 몇 살이건 간에 불가능한 것은 없다는 말이에요. it's never too late 다음에 to부정사(to + 동사원형)를 써서 '~하기에'라는 말을 추가할 수도 있어요.

> ex
> - **It's never too late** to learn English. 영어를 배우기에 늦은 시기는 없어요.
> - **It's never too late** to say, "Sorry." "미안하다."라고 말하기에 절대 늦은 때는 없어요.

★ Nor: I like neither ketchup nor mayo.(나는 케첩도 안 좋아 하고, 마요네즈도 안 좋아해.)처럼 nor는 neither랑 짝꿍인 것으로 많이 알고 있어요. 그런데 nor는 neither 없이 혼자도 쓰일 수 있어요. 그럴 때는 nor로 문장을 시작하죠. 만약, I normally don't read fiction books.(나는 보통은 소설책을 읽지 않아.)라고 부정어 not을 섞어 말을 했다고 가정해 봐요. 그런데 다음 말도 부정어 not이 들어가야 하는데 또 똑같은 구조로 말을 이어 가고 싶지 않다면, nor을 쓰면 돼요. Nor do I read non-fiction books.(논픽션 책을 읽는 것도 아니야.)라고요. 주의할 점은 nor가 문장 앞에 나오고 nor 다음에 일반동사를 쓸 거면 먼저 do나 does를, be동사를 쓸 경우에는 be동사를 끌어와서 써야 한다는 거예요.

> ex
> - I don't want to wake up at 6 a.m. **Nor** do I want to wake up at 7 a.m.
>   나는 새벽 6시에 일어나고 싶지 않아. 그렇다고 7시에 일어나고 싶은 것도 아니야.
> - I am not interested in watching a movie at home. **Nor** am I excited about going out.
>   나는 집에서 영화 보는 거 흥미 없어. 그렇다고 밖에 나가는 걸 좋아하는 것도 아니야.

Summer의 미국 생활 TIP

미국 대도시에서는 취미 생활로 운동이나 요가 수업을 쉽게 찾아 등록할 수 있도록 도와주는 앱이 있어요. ClassPass라고 하는데, 이 앱을 사용해서 멤버십을 구매하면 꼭 한 장소에서만 수업을 듣는 것이 아니라 시간대와 장소로 자유롭게 검색해서 요가나 필라테스, 댄스, 근력 강화 운동, 싸이클 등 다양한 수업을 한 수업씩 유동적으로 등록할 수 있어요.

이 책, 찾아 주세요! 서점 이용하기

서점에서 원하는 책을 찾지 못하면 직원에게 문의해봐야겠죠. 또, 서점에 재고가 없으면 주문도 해야 하고요. 이럴 때 사용하게 되는 표현들을 대화를 통해 알아보도록 해요.

리얼 Dialogue

A I'm looking for a book about the Han Dynasty. Do you happen to have any in stock?

중국 한나라에 대한 책을 찾고 있어요. 혹시 그런 책을 재고로 가지고 계신가요?

B Oh! I have a couple recommendations. My husband is really into that subject so we have tons of books at home about the Han Dynasty.

오! 추천을 몇 개 해드릴 수 있어요. 제 남편이 그 주제에 정말 빠져 있어서 집에 한나라에 대한 책이 많거든요.

A Really cool! What are his favorites?

정말 멋지네요! 남편 분이 가장 좋아하는 책들은 어떤 건가요?

B He really liked ⬟*Records of the Grand Historian*: *Han Dynasty Volume 1*. In fact, he loved it so much he's read it at least three times.

그는 〈사기: 한나라 1권〉을 무척 좋아했어요. 사실, 남편이 그 책을 너무 좋아해서 최소한 3번은 읽었어요.

A It must be really good! Do you guys sell a copy?

정말 좋은 책인가 봐요! 혹시 그 책을 이곳에서 파시나요?

B We should have a couple floating around. I think I know where a copy is. Please follow me.

2~3권 정도가 어딘가 있을 거예요. 생각해보니 한 권이 어디 있는지 알 것 같네요. 저를 따라오세요.

A Okay.

네.

빛나는 상식 📐

Records of the Grand Historian

중국 전한의 역사학자 사마천이 중국의 상고시대부터 한나라 무제까지의 중국과 그 주변 민족의 역사에 관해 쓴 책으로 〈사기〉라고 해요.

\\\\\\\\\\\\\\\ *[after a while]* \\\\\\\\\\\\\\\

B Odd, I can't seem to find it. I walked by a copy literally an hour ago! Let me check online. Sorry about this.

이상하네요, 찾을 수가 없는 것 같네요. 딱 1시간 전에 책 옆을 지나갔었는데요! 온라인으로 확인해 볼게요. 죄송해요.

A Not a problem! No rush.

문제될 거 없어요! 서두르지 않으셔도 돼요.

B Hmm, unfortunately we just sold our last copy.

음, 안타깝게도 마지막 책이 막 팔렸네요.

A Oh no! Are there any bookstores nearby that sell it?

오 이런! 이 근처에 그 책을 파는 서점들이 있을까요?

B Unfortunately no… we don't carry a lot of copies and all the stores around us either don't carry it at all or they're sold out of it.

안타깝게도 아니요…… 우리도 그 책을 많이 갖고 있지 않고, 우리 주변 서점들도 모두 그 책을 팔고 있지 않거나 모두 팔았어요.

A Can you order it in for me?

저를 위해서 입고 주문을 해주실 수 있나요?

B Yes, I can. Or you can place an order yourself on our website.

네, 그럴 수는 있어요. 아니면 우리 웹사이트에서 고객님이 직접 주문하실 수도 있어요.

A Is it cheaper if I do it myself?

제가 직접 하면 더 쌀까요?

B Yes. If I order it into the bookstore, you pay the full retail price. If you place the order, you'll save $4.

네. 제가 서점으로 주문하면, 고객님이 소매가 전액을 지불하셔야 해요. 만약에 직접 주문하시면 4달러를 절약하실 거예요.

A Oh, that's not much and I'm really busy. Can you place an order for me? I'll come back next week.

오, 그렇게 큰 금액이 아니고 제가 정말 바빠서요. 저 대신 주문을 좀 해주시겠어요? 제가 다음 주에 다시 올게요.

B Sure.

네.

체크 Words

- **dynasty** 왕조
- **in stock** 비축되어, 재고로
- **subject** 주제, 과목
- **float around** 떠돌아다니다
- **can't seem to do** ~할 수 없는 것 같다

- **literally** 문자 그대로의, 말 그대로의
- **carry** (가게에서 품목을) 취급하다, 들고 있다, 나르다
- **place an order** 주문하다
- **retail price** 소매 가격

리멤버 Expressions

* **happen to have**: Do you happen to have any?는 '혹시 가지고 계신 거 있어요?'라는 뜻인데, 번역에서 이 '혹시'
라는 부분은 happen to에서 온 거예요. 〈happen to + 동사원형〉은 '우연히 ~하다'라는 뜻이고, 누군가에게 공손
하게 무엇인가를 물어볼 때 Do you happen to ~?를 사용해요.
  > ex Do you **happen to have** a pen I can borrow? 혹시 제가 빌릴 수 있는 펜이 하나 있을까요?

* **is really into**: My husband is really into that subject.는 '제 남편이 그 주제에 정말 빠져 있어요.'라는 뜻으로, be
really into 하면 무엇인가에 관심이 있고 흥미가 있는데 그 정도가 굉장할 때 쓰는 표현이에요. be 대신 get을 쓰기
도 하죠.
  > ex I've gotten **really into** Sci-fi movies lately. 나 최근에 공상과학 영화에 푹 빠져있어.

Summer의 미국 생활 TIP

제가 살고 있는 뉴욕에는 아마존(amazon.com) 같은 큰 온라인 샵의 독식을 우려하여 동네 서점을 살리자는 취지를 갖
고 의도적으로 동네 서점에서 책을 사려는 사람들이 많아지고 있어요. 동네 서점을 이용하면 지역 경제에 도움이 될 뿐
만 아니라 문화적인 혜택도 받을 수 있어요. 동네 서점에서 book Signing(북사인회) 같은 크고 작은 이벤트도 열죠. 저
는 Min Jin Lee 작가가 쓴 Pachinko라는 책을 꼭 읽어 보고 싶었는데, 마침 동네 서점에서 북사인회를 해서 직접 작가
를 만나 이 책을 썼던 과정을 들을 수 있어서 하나의 소중한 추억이 생겼답니다. 그러다 보니 그 책에 대한 애착이 생기
고 더욱 재미있게 읽게 되었죠. 동네 서점에서 이런 크고 작은 이벤트가 있다면 서점에서 포스터로 홍보를 할 테니 평소
에 잘 보아 두었다가 동네 서점에 가서 문화생활을 즐겨 보세요!

카페에서 공부하기~ WiFi 비밀번호 묻기

한국에서도 많은 학생이 카페에서 공부하죠. 미국에도 업무나 공부를 카페에서 하는 사람들이 많아요. 이들이 스마트폰이나 노트북을 통해 인터넷 접속을 쉽게 하려면 카페의 WiFi에 접속해야겠죠. 따라서 WiFi 비밀번호를 물어보는 말과 사용 시 주의사항과 관련된 표현을 알아두세요.

리얼 Dialogue

A What is the WiFi password here?

여기 와이파이 비밀번호가 어떻게 되나요?

B It is "Catpower" with a capital C. Let us know if it doesn't work.

대문자 C로 시작하는 'Catpower'예요. 안 되면 저희에게 알려주세요.

A Hmm... my phone seems to have trouble catching the WiFi signal. I don't know if it's on your end or my end.

음…… 제 폰이 와이파이 신호를 잡는 데 문제가 있는 것 같네요. 제 쪽 문제인지, 아니면 여기 문제인지 모르겠어요.

B It might be our end, we've been getting complaints about our WiFi recently.

아마도 저희 쪽 문제 같아요. 최근에 와이파이에 대한 불만을 많이 듣고 있거든요.

A Let me restart my phone just in case it's on my end.

혹시 제 문제일지도 모르니 폰을 껐다가 다시 켜볼게요. .

B Okay.

네.

MEMO

\\\\\\\\\\\\\\\\\\\ *[in a minute]* \\\\\\\\\\\\\\\\\\\

A Hmm, unfortunately it doesn't seem to be working even though I restarted my phone.

음, 폰을 다시 켰는데도 안타깝게도 작동되고 있지 않는 것 같아요.

B I'll go ask my manager to reset the router.

제가 매니저에게 가서 라우터를 리셋해달라고 말할게요.

A Thank you so much! I'm really sorry about the trouble.

정말 감사합니다! 귀찮게 해서 정말 죄송해요

B No worries! Thank you for letting us know about the WiFi. Just give it five minutes and the WiFi should start working again.

괜찮습니다! 와이파이에 대해서 저희에게 알려주셔서 감사하죠. 5분 정도만 시간을 주시면 와이파이가 다시 작동할 거예요.

*\\\\\\\\\\\\\\\\\\\\\ [in a few minutes] *

A It worked! Thank you so much!

되네요! 정말 감사해요!

B No problem! Here to serve. Please remember, however, our router doesn't work very well right now so until we get it replaced, you will have to temper your usage.

별말씀을요! 저희가 하는 일인걸요. 그런데 기억해주세요, 저희의 라우터가 지금 아주 잘 작동을 하지는 않아서, 이걸 교체하기 전까지는 사용량을 줄이셔야 할 거예요.

A That shouldn't be a problem. What are your guidelines?

문제될 거 없어요. 가이드라인이 있나요?

B Please don't stream HD videos for too long. If multiple people stream HD videos at the same time, our router tends to crash. That's the only guideline we have. Enjoy!

HD 비디오는 너무 오래 재생하지 말아주세요. 동시에 여러 사람이 HD 비디오를 재생하게 되면 라우터가 끊기는 경향이 있어요. 그게 유일한 가이드라인이에요. 좋은 시간 보내세요!

A Okay, thank you!

알겠습니다, 감사해요!

✅ 체크 Words

- **capital** 대문자
- **end** 끝, 부분, 쪽
- **restart** 다시 시작하다
- **reset** (기기 등을) 다시 맞추다[고쳐 놓다]
- **router** 라우터(네트워크에서 데이터의 전달을 촉진하는 중계 장치)
- **temper** 누그러뜨리다, 완화시키다

- **usage** 사용(량)
- **guideline** 가이드라인, 지침
- **stream** (인터넷에서 데이터를) 연속적으로 전송하여 실시간으로 재생하다, 끊이지 않고 계속되다
- **tend to do** ~하는 경향이 있다
- **crash** (컴퓨터가) 갑자기 서 버리다, 고장 나다

👥 리멤버 Expressions

* **even though I restarted my phone**: even though는 '비록 ~할지라도'라는 뜻의 접속사예요. 중요한 것은 even though와 비슷한 단어와 표현이 많아서 헷갈릴 수 있다는 거예요. though와 although가 그런 단어인데요, though는 이 세 개 중에 가장 캐주얼한 느낌을 갖고 있어요. 그리고 even though와 although는 비슷하지만, 접속 사가 있는 절과 그 다음 절에 나오는 내용의 대조를 가장 강조하는 느낌이 있는 말은 even though예요.
  - ex • **Even though** I've spent 10 years learning English, I am not comfortable with English.
    비록 10년이나 영어를 배우고 있지만, 나는 영어가 편하지 않아요.
  - • **Although** she hasn't lived abroad, her English is quite fluent.
    그녀는 해외에 산 적이 없지만, 영어가 꽤 유창해요.

* **Here to serve.**: 직역을 하면 '여기에 서비스를 제공하기 위해 있다.'라는 말이에요. 원래는 I'm here to serve.인데 흔히 주어와 동사를 생략하고 Here to serve.라고 말해요. I'm here to ~.라고 하면 내가 이곳에 온, 또는 이곳에 있 는 목적을 말하는 거예요.
  - ex • I'm **here to have** a meeting with Mr. Song. 저는 여기에 송 씨와 회의를 하러 왔어요.
  - • Hey, I'm **here to help** you. 이봐, 난 널 도와주려고 여기에 있는 거야.

➕ Bonus Info 알아두면 더 좋아요!(컴퓨터 관련 표현)

- **hot spot** 무선 인터넷 접속이 가능한 지역
- **surf[explore] the Internet** 인터넷 서핑을 하다
- **My screen is frozen.** 내 (컴퓨터) 화면이 멈췄다.
- **The website was down yesterday.** 어제 그 웹사이트가 다운됐다.

Episode

11

내 몸에 꼭 맞는 옷 고르기

생활하다 보면 옷을 새로 사야 할 때가 있죠. 옷을 사러 상점에 가서 쓸 수 있는 기본적인 대화 표현에는 어떤 것들이 있을까요? 아래 대화를 통해 미국의 의류 상점에 갔다고 상상하면서 필요한 영어 표현들을 익혀 봐요.

리얼 Dialogue

A I'm looking to completely replace my husband's wardrobe. Could you help me?

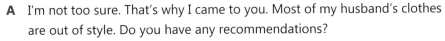

제 남편의 옷장을 완전히 바꿔보려고 해요. 도와주실 수 있나요?

B Absolutely! What kind of style is your husband looking to adopt?

물론이죠! 남편분이 어떤 종류의 스타일을 선택하려고 하시나요?

A I'm not too sure. That's why I came to you. Most of my husband's clothes are out of style. Do you have any recommendations?

아주 확실치는 않은데요. 제가 여기 온 이유가 바로 그거예요. 제 남편의 옷은 대부분 유행이 지났어요. 추천 좀 해주실 만한 게 있을까요?

B I'm here to help. Let's see... How old is he?

제가 도와드려야죠. 어디 보자…… 남편분이 몇 살이신가요?

A He is 29.

스물아홉이에요.

B Where does he work?

어디서 일하시죠?

A At a finance company.

금융 회사요.

B Wow! He must be a very hard worker. Well, if he works in finance, I'm thinking he prefers a business casual look most of the time.

와! 정말 열심히 일하시는 회사원이시겠네요. 음, 금융 쪽에서 일을 하신다면 제 생각에는 보통 비즈니스 캐주얼을 선호하실 것 같네요.

빛나는 상식

khakis라고 하면 카키색을 말하는 것 같겠지만 베이지색 면바지를 영어로는 khakis라고도 불러요.

A Agreed! He definitely prefers button down shirts and khakis not only at work but at home.

맞아요! 그이는 직장뿐 아니라 집에서도 단추 달린 셔츠랑 베이지색 면바지를 분명 더 좋아해요.

B Well, we have a very wide selection of new fashionable clothes within that style. How about a New Zealand wool dress shirt? It's a bestseller. Comes in many different colors and patterns.

음, 우리는 그런 스타일 범위 내에서 아주 폭넓은 유행 신상품을 가지고 있어요. 뉴질랜드의 순모 드레스 셔츠는 어떠세요? 베스트셀러예요. 여러 색과 패턴으로 나와 있어요.

A Let's take a look.

한번 볼게요.

B Right this way! As you can see over here, we also sell a range of athletic sportswear for when your husband wants to relax. Now over here are the popular shirts that I talked about.

바로 이쪽입니다! 여기서 보실 수 있듯이, 남편분이 편안하게 있고 싶으실 때 필요한 다양한 스포츠웨어도 판매하고 있습니다. 지금 이쪽에는 제가 말씀드렸던 인기 있는 셔츠들이 있고요.

A Wow, they look very nice!

와, 아주 멋져 보이는데요!

B You're welcome to buy a couple shirts, let your husband try them on at home, and then return them if he doesn't like them. We have a very generous one month return policy.

셔츠를 몇 장 사셔서 남편분께서 집에서 입어 보시고, 그 다음에 마음에 안 들어 하시면 환불 받으셔도 괜찮습니다. 저희는 한 달의 넉넉한 환불 정책이 있습니다.

A Sure! Let's do that. I'll take the blue, white, and grey shirts in large, please.

좋아요! 그렇게 하죠. 파란색, 흰색, 회색 셔츠를 라지 사이즈로 부탁해요.

B Wonderful! Let me go fold and wrap them up real quick and then I'll show you some pants and jackets to get your husband completely back in style.

좋습니다! 주문하신 옷들을 개서 빨리 포장한 다음 남편분을 완전히 다시 스타일 있게 만들어 줄 바지와 재킷들을 좀 보여드릴게요.

A Okay. Thank you.

네. 고마워요.

체크 Words

- **wardrobe** 옷장, 옷
- **adopt** 채택하다, 취하다, 택하다, 입양하다
- **out of style** 유행이 지난
- **finance company** 금융 회사
- **most of the time** 보통, 대부분
- **button down shirt** 단추 달린 셔츠

- **khakis** 베이지색 면바지
- **a range of** 다양한
- **athletic** 운동 경기의, 운동(경기)용의
- **generous** 후한, 너그러운, 통이 큰
- **back in style** 다시 유행하는

리멤버 Expressions

* **I'm looking to completely replace**: <be looking to + 동사원형>은 '~할 방법을 찾고 있다', '~할 길을 모색하고 있다', '~할 계획이다'라는 뜻으로 쓰여요.

  ex • We're looking to solve social divisions. 우리는 사회 분열들을 해결할 방법을 찾고 있어요.
  • Julie is looking to buy a new house next year. 줄리는 내년에 새 집을 살 계획이야.

* **You're welcome**: 보통 Thank you.에 대한 답이 You're welcome.이라고만 알고 계시는 분들 많을 거예요. 하지만 '천만에요.' 말고도 정말 welcome을 이렇게 '환영한다'는 의미로도 써요.

  ex If you are okay with a futon, you're more than welcome to stay with us.
  (일본) 요가 괜찮다면 우리랑 지내시는 것은 언제나 환영입니다.

Summer의 미국 생활 TIP

미국의 옷 사이즈는 한국의 옷 사이즈보다 조금씩 큰 것 같아요. 같은 S라도 미국 S가 좀 큰 편이에요. 워낙 미국 사람들이 체격이 좋아서 그런가 봐요. 동양 여성들은 비교적 체구가 작기 때문에 미국 S를 입으면 좀 큰 느낌이 있을 수도 있어요. 바나나 리퍼블릭, J. Crew 같은 어떤 브랜드들은 Petite(작은) 코너가 따로 있어서 키가 약 152 cm~164 cm 정도의 여성을 위한 옷들을 팔기도 해요.

한 사이즈 큰 거 신어 볼게요~

옷이나 신발을 살 때는 자신에게 잘 맞는 사이즈를 고르는 것이 중요하죠. 아래 대화를 통해 자신에게 맞는 사이즈로 바꿔 달라는 표현을 익혀서 실제로 활용해 보도록 해요.

리얼 Dialogue

A I'd like to buy a pair of sneakers, please.

스니커즈 한 켤레를 사고 싶은데요.

B Certainly! Do you have any preferences on brand?

그럼요! 선호 브랜드가 있으신가요?

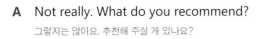
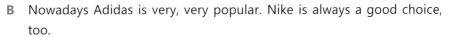

A Not really. What do you recommend?

그렇지는 않아요. 추천해 주실 게 있나요?

B Nowadays Adidas is very, very popular. Nike is always a good choice, too.

요새는 아디다스가 아주 인기가 많아요. 나이키도 항상 좋은 선택지이고요.

A I've never owned a pair of Adidas sneakers before. Tell me more about Adidas.

저는 아디다스 스니커즈를 가져본 적이 없어요. 아디다스에 대해 조금 더 알려주세요.

B Well, they have a new line of sneakers called "BOOST." It's a bit expensive, but it's selling very, very well right now. It's very fashionable.

음, 아디다스에 '부스트'라는 새로운 스니커즈 라인이 있어요. 조금 비싸지만 지금 아주 잘 팔리고 있죠. 아주 유행하고 있어요.

A Can I take a look at a few pairs, then?

그럼, 몇 켤레 볼 수 있을까요?

B Certainly! Let me bring over two of our most popular models. *(in a few minutes)* This one right here is the Ultraboost. This second pair is called the NMD BOOST.

그럼요! 제가 가장 인기 있는 모델 두 가지를 가져 올게요. *(잠시 후)* 이쪽의 이게 바로 울트라부스트예요. 이 두 번째 켤레는 NMD 부스트라고 하고요.

MEMO

249

A What are the differences?

차이가 뭔가요?

B The UltraBOOST is considered more of a running sneaker, while the NMD BOOST is more of a casual athletic sneaker. Both are very popular.

울트라부스트는 러닝화에 더 가깝게 여겨지는 반면, NMD 부스트는 좀더 캐주얼 운동화 쪽이에요. 둘 다 아주 인기가 많아요.

A Which one is more comfortable?

어떤 게 더 편한가요?

B The UltraBOOST for sure. However, it is more expensive.

울트라부스트가 확실히 그래요. 그렇지만 더 비싸죠.

A How much is it?

얼만데요?

B $180 for the UltraBOOST. The NMD BOOST is $130.

울트라부스트는 180달러예요. NMD 부스트는 130달러고요.

A Can I try on the NMD Boost in a size 7?

NMD 부스트 사이즈 7로 신어봐도 될까요?

B Sure. Give me one minute. I'll be right back with your size!

물론이죠. 1분만요. 7사이즈를 갖고 돌아올게요!

\\\\\\\\\\\\\\\\\\\\\ *[after a while]* \\\\\\\\\\\\\\\\\\\\\

A Hmm... it seems like size 7 is a bit big for me. Can I try on a pair one size smaller?

음…… 7사이즈가 저한테 조금 큰 거 같아요. 한 사이즈 작은 걸로 신어볼 수 있을까요?

B No problem. I will be back with a size 6 and a 6.5.

그럼요. 사이즈 6이랑 6.5를 가져올게요.

체크 Words

- **pair** 한 켤레[쌍, 벌]
- **preference** 선호, 애호, 선호도
- **line** (상품의) 종류

- **bring over** 가져오다
- **be considered** ~로 간주되다
- **try on** 신어 보다, (옷 등을) 입어 보다

리멤버 Expressions

- ★ **more of**: '오히려'라는 뜻으로, '~가 더 정확한[맞는]'으로 이해하면 돼요.
  - **ex** • It's **more of** a guess than an estimate. 이것은 추산이라기보다는 오히려 추측이에요.
    - He's **more of** a facilitator than a designer.
      그는 디자이너라기보다는 조력자라고 하는 게 더 맞아요.

- ★ **Can I try on a pair one size smaller?**: '한 사이즈 작은 것 신어 봐도 될까요?'라는 표현이에요.
  - *cf.* • 두 사이즈 큰 것 입어 볼게요. ⇒ Can I try on a pair two sizes bigger?
    - 반 사이즈 작은 것 신어 볼게요. ⇒ Can I try on a pair a half size smaller?

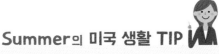

Summer의 미국 생활 TIP

미국이나 영국은 온도, 길이, 무게 등의 단위를 우리나라와 다르게 쓰고 있어요. 이 단위에 적응하는 데 꽤 시간이 걸리더군요. 구글을 사용해서 계산해도 되지만, 자신의 옷 사이즈, 신발 사이즈, 온도 등은 자주 쓰는 말들이라 기억해 두는 게 훨씬 편리할 거예요.

- 길이 단위: 100 cm = 39.3 inches
- 신발 사이즈: 240 mm = 6 / 270 mm = 8
- 온도 단위: 0 degree Celsius = 32 degrees Fahrenheit / 30 degrees Celsius = 86 degrees Fahrenheit
- 여성 의류 사이즈

국제	XS	S	–	M	–	L	XL
한국	44	55	66	77	88	–	–
미국	0~2	4	6	8	10	12~14	16~18

- 남성 의류 사이즈

국제	XS	S	M	L	XL
한국	90	95	100	105	110
미국	–	36	38	40	42

※ 의류 사이즈는 브랜드에 따라서 다를 수 있습니다.

물건을 잘못 사서 필요 없을 경우에는 환불을 받아야 해요. 영어로 어떻게 말해야 하는지 몰라서 환불 받기를 포기하는 것은 너무 아까운 낭비겠죠. 대화 속 영어 표현들을 익혀서 실제 상황에서 똑똑하게 사용해 봐요.

리얼 Dialogue

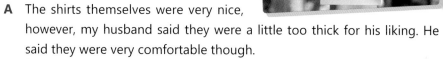

A I'm here to return some shirts.

서츠를 환불하러 왔어요.

B I'm sorry to hear that! Did you not like them?

안타깝네요! 별로 맘에 들지 않으셨나요?

A The shirts themselves were very nice, however, my husband said they were a little too thick for his liking. He said they were very comfortable though.

서츠 자체는 아주 좋았는데, 제 남편 말로는 자기 취향보다 좀 너무 두껍다고 하더라고요. 하지만 아주 편한 옷이라고 하긴 했어요.

B That's because those shirts were from the winter collection. Did you want to take a look at our spring collection? The shirts in the spring collection are thinner.

왜냐하면 그 서츠들은 겨울 신상품이라서 그래요. 봄 신상품을 한번 보시겠어요? 봄 신상품으로 나온 서츠들은 좀 더 얇아요.

A Maybe later. I'd just like to return these shirts right now. We realized that my husband is out of shape now. We'll be back when he gets back in shape.

나중에 보도록 할게요. 지금은 그냥 이 서츠들을 환불받으면 좋겠어요. 제 남편이 요새 몸매가 엉망이라는 걸 알았어요. 그이가 몸매가 될 때 다시 올게요.

B Okay. Do you have your receipt?

알겠습니다. 영수증 가져오셨나요?

A Right here.

여기 있어요.

B Did you pay by credit or debit?

신용카드로 계산하셨나요, 직불카드로 하셨나요?

A I paid with my debit card.

직불카드로 지불했어요.

B As per store policy, I'm obligated to inspect all the clothes. Have any of them been put through the washing machine?

상점 정책에 따라서 모든 옷을 검사할 의무가 있어서요. 옷 중에 하나라도 세탁기에 들어갔던 게 있나요?

A Just the white one. My husband wore it for a day and put it in the laundry afterwards.

하얀색 셔츠 하나만요. 남편이 그걸 하루 동안 입었고, 그 후에 세탁을 했었어요.

B Unfortunately, we aren't allowed to refund clothing purchases that have been through the washing machine.

안타깝게도 저희는 세탁기를 거친 의류 구매품에 대해서는 환불해드릴 수가 없어요.

A Okay, we'll just keep it. I can get my money back on the other two shirts though, right?

네, 그거는 그냥 가져갈게요. 다른 두 셔츠에 대해서는 환불받을 수 있는 거죠, 그렇죠?

B Yes, you can. Please insert your card right here. The money should be refunded to your account in six to ten business days.

네, 고객님. 여기에 카드를 넣어주세요. 영업일로 6일에서 10일 내에 고객님 계좌로 금액이 환불될 거예요.

A Thank you.

감사합니다.

B No problem! I'm sorry the clothing didn't work out for your husband. Have a good day!

별말씀을요! 그 옷이 남편분에게 맞지 않았다니 유감입니다. 좋은 하루 보내세요!

✅ 체크 Words

- **liking** 취향, 좋아함
- **collection** (특정 계절용으로 디자인된 의류 등의) 신상품들, 컬렉션
- **as per** ~에 따라
- **obligate** 의무를 지우다, 강요하다
- **inspect** 점검하다, 검사하다
- **put through** 겪게 하다, 성사시키다
- **work out** (일이) 잘 풀리다, 좋게 진행되다

🗂 리멤버 Expressions

* **out of shape**: He's out of shape.는 '그는 몸매가 엉망이에요.'라는 말이에요. shape에는 '형태', '형체', '모양'이라는 뜻도 있지만, 이렇게 '몸매'라는 의미로도 쓰여요. 또, out of shape라는 말은 '몸매가 망가졌다'는 뜻 외에도 규칙적인 운동을 안 해서 몸이 건강하지 못하고 탄탄하지 않은 것을 나타내기도 해요.
  - ex I'm really **out of shape**. I can't run for more than 20 minutes.
    나 정말 건강하지가 않아. 20분 이상 못 뛰겠어.

* **in shape**: out of shape와 반대로 규칙적인 운동으로 몸이 건강한 상태를 말할 때 in shape라고 해요.
  - ex You should get **in shape**. Exercising every day for 20 minutes is really good for you.
    너 몸매를 좀 가꿔야겠어. 매일 20분 동안 운동하는 게 정말 좋아.

➕ Bonus Info 알아두면 더 좋아요!(환불 받을 때 할 수 있는 표현)

· **It doesn't fit me.** 사이즈가 안 맞아요.

· **Can you refund me the difference?** 차액을 환불해 주시겠어요?

· **It has passed the expiration date.** 유통기한이 지났어요.

· **It has gone bad.** 맛이 갔어요.(상했어요.)

· **The seam unraveled.** 실밥이 풀렸어요.

· **It shrunk when I washed it.** 빨았더니 줄었어요.

· **The color faded when I washed it.** 빨았더니 색깔이 빠졌어요.

요리도 편리하게! 식재료 배달 앱 이용하기

최근 한국에서는 바쁜 사회생활과 1인 가구 증가로 아깝게 버려지는 음식 재료가 많다고 들었어요. 그래서 일주일치 식재료와 요리법을 함께 보내주는 배달 서비스 이용이 늘고 있다고 하더군요. 미국에도 이런 식재료 배달 서비스들이 있는데, 대화를 통해 이용 방법을 알아봐요.

리얼 Dialogue

A Summer, I have a problem.

썸머, 나 문제가 하나 있어.

B What's that?

뭔데?

A I've recently been up to my ears in work so I'm really worn out in the evenings these days. I'm so busy that I don't want to go grocery shopping. And I'm so tired at night that I don't want to cook, either. But the problem is I'm trying to save for a new car, so I'm trying not to eat out too much.

내가 최근에 일 때문에 너무나 바빠서 요즘에는 저녁에 정말 지쳐. 너무 바빠서 식료품 사러 가고 싶지도 않아. 뿐만 아니라 밤에 너무 피곤해서 요리도 하고 싶지 않아. 그런데 문제는 새로 차를 사려고 돈을 모으려는 중이라서 외식을 그렇게 많이 할 수도 없다는 거야.

B I have the perfect solution! You should look into online subscription meal delivery services.

나에게 완벽한 해결책이 있어! 온라인으로 신청하는 식사 배달 서비스를 알아봐.

A What are they?

그게 뭐야?

B Well, they save you time by sending you the recipe and all the ingredients you need to cook a meal!

그게, 요리하는 데 필요한 조리법과 모든 식재료를 보내줘서 시간을 절약하게 해주는 거야.

A What? I need this in my life!

뭐라고? 그거 나한테 정말 필요해!

B Agreed! It's such a time saver. I don't need to go grocery shopping, and I don't have to put time or effort into thinking about the dish I'm going to cook.

맞아! 그게 아주 제대로 시간을 절약해 줘. 장 보러 가지 않아도 되고, 내가 요리할 음식에 관해 생각하는 데 시간이나 노력을 들일 필요도 없어.

A That is so convenient! Are these services expensive?

엄청 편리하네! 그 서비스들 비싸?

B Nope! All you have to do is to choose how many meals you want per week, and then you can choose between the couples option, which feeds two people, and the family option, which feeds 4.

아니! 너는 그저 일주일마다 몇 번의 식사를 할지 선택하기만 하면 되고, 그 다음엔 두 사람을 먹일 커플 옵션 인지, 네 명을 먹일 가족 옵션인지 선택할 수 있어.

A How much is the couples option?

커플 옵션은 얼마야?

B For three meals a week, most companies charge about $60 a week.

일주일에 세 번 식사하는 거면, 대부분의 회사는 일주일에 대략 60달러를 내라고 해.

A Wow, that is really good! Do they deliver it straight to your door?

와, 정말 좋은데! 그 서비스가 집까지 바로 배달해 주는 거야?

B Yep! Shipping is always included in that price.

물론! 배송료도 늘 그 가격에 포함되어 있는 거야.

A That is a steal! How do I sign up?

완전 거저네! 어떻게 등록하면 돼?

B Just check out their websites. There are a couple of companies that provide similar services, but the company I'm using is called Blue Apron.

그냥 그들의 웹사이트를 확인해 봐. 비슷한 서비스를 제공하는 회사가 몇 개 있지만, 내가 이용하고 있는 회 사는 블루 에이프런이야.

A Okay, thanks!

알겠어, 고마워!

MEMO

✅ 체크 Words

- **grocery shopping** 장 보기
- **ingredient** 재료, 구성 요소
- **time saver** 시간을 절약하는 것

- **feed** (밥·먹이를) 먹이다
- **straight** 곧장, 곧바로
- **shipping** 배송료

🧑 리멤버 Expressions

* **I've recently been up to my ears in work**: I'm up to my ears in work.는 한마디로 '일이 너무 바쁘다.'라는 뜻인데요, 이렇게 be up to one's ears in이라는 표현은 '…에서 ~가 해낼 수 있는 양보다 할 게 더 많다, 그래서 바쁘다'라는 의미를 담고 있어요.

  ex A: Julia, are we still up for a movie tonight? 줄리아, 오늘 밤 우리 영화 보는 거야?

  B: I'm so sorry, I can't. **I'm up to my ears in** this quarterly performance report that I need to finish by Friday. 정말 미안한데, 안돼. 금요일까지 끝내야 하는 이번 분기 성과 보고서 때문에 너무 바빠.

* **worn out**: '너무 지쳐', '힘들어'라는 뜻을 나타낼 때 쓰는 말이에요. 동의어로는 extremely tired, exhausted가 있어요. 참고로 〈worn-out + 명사〉에서 worn-out은 '다 낡은', '다 헤어진'이라는 뜻이라는 것도 기억하세요.

  ex • I was **worn out** after a long walk. 오래 걷고 나서 나는 너무 지쳤어.

  • Running in **worn-out** shoes is not good for your knees.
    낡은 신발을 신고 달리기 하는 것은 무릎에 안 좋아요.

Summer의 미국 생활 TIP

바쁜 미국 대도시의 사람들은 요리법과 식재료를 보내주는 meal kit를 많이 이용하고 있어요. 건강에 좋고 맛있는 음식을 먹고 싶은데 맨날 식당에 가는 것이 지겨운 젊은이들을 위한 서비스죠. 실제로 Hello Fresh, Blue Apron 같은 브랜드가 대표적이에요. 앱을 통해 식단을 미리 볼 수 있는데, 매주 원하는 식단을 선택해서 배달을 시킬 수 있어요. 저도 두 군데 다 이용해 봤는데 꽤 맛있었답니다. 하지만 요리하는 데 손이 많이 가는 복잡한 요리법도 있을 수 있으니 미리 잘 보고 적당한 것으로 고르세요.

마트와 슈퍼마켓을 편리하게 이용하려면 기억해~

한국의 슈퍼마켓과 편의점에서 파는 물건들과 미국에서 살 수 있는 물건들이 좀 다르기도 하고, 미국의 대형 슈퍼마켓에 갔을 때 물건을 찾고 계산하는 데 도움이 필요할 수도 있죠. 아래 대화를 보고 어떤 대화가 오갈 수 있을지 예상해 보면 큰 도움이 될 거예요.

리얼 Dialogue

A Excuse me, where can I get a shopping cart?

실례합니다만, 쇼핑 카트는 어디에 있죠?

B Over there at the front door.

저기 정문 쪽에 있어요.

A Okay, thanks and do you sell canned tuna?

네, 감사해요, 그리고 참치 통조림 파세요?

B Check aisle 13.

13번 통로를 확인해보세요.

A I was just there, but I noticed you don't have any non-GMO tuna.

방금 거기 있었는데요, 비GMO 참치는 없는 것 같아서요.

B That's odd. It should be there.

이상하네요. 거기에 있을 텐데요.

A Maybe I missed it.

어쩌면 제가 못 봤을 수도 있어요.

B I'll go look in the back for you as well.

저도 뒤에 가서 한번 볼게요.

A Thanks.

고맙습니다.

B On second thought, I think you might be able to find it in the organic foods section. Did you check aisle 5?

다시 생각해보니까, 제 생각에 유기농 식품 코너에서 그걸 찾으실 수 있을 것 같아요. 5번 통로 확인해 보셨어요?

A No, I'll head over there, now.

아니요, 지금 거기에 가 볼게요.

빛나는 상식

GMO

Genetically Modified Organism의 약자이고, 유전자 변형 생물을 뜻해요. 생명공학기술을 이용하여 내부에 새로운 유전자를 삽입한 생명체를 총칭하죠. 미국 비영리 단체인 Non-GMO Project가 현재 3,000개 이상의 브랜드와 50,000개 이상의 검증된 식품에 비유전자 변형 식품 표시를 하고 있어요.

B Okay, let me know if you can't find any.

알겠습니다, 만약에 못 찾으시면 알려주세요.

빛나는 상식 ✍️

a quick question
꼭 엄청 간단하고 빨리 끝낼 수 있는 질문이 아니더라도 quick이라는 말을 붙여서 많이 말해요.

A One more ✍️quick question. Do you carry lactose-free milk?

하나만 빨리 더 물어볼게요. 혹시 무유당 우유도 취급하시나요?

B I believe so. It should be in the dairy section.

아마 그럴 거예요. 유제품 코너에 있을 거예요.

＼＼＼＼＼＼＼＼＼ *[in a few minutes]* ＼＼＼＼＼＼＼＼＼

A Found it! I think I'm ready to have everything rung up.

찾았어요! 전 이제 모든 걸 계산할 준비가 다 된 것 같네요.

B Your total is $63.71. Will that be cash, credit or debit?

고객님의 총액은 63달러 71센트예요. 현금으로 계산하시나요, 신용카드, 아니면 직불카드인가요?

A Credit.

신용카드요.

빛나는 상식 ✍️

큰 마트에서는 종이 쇼핑백을 원하는지 비닐봉지인 플라스틱 쇼핑백을 원하는지 물어볼 수 있어요. 그런데 bag이라는 단어를 빼고 말하기도 해요.

B ✍️Paper or plastic?

종이 쇼핑백 드릴까요, 비닐봉지 드릴까요?

A Paper bag, please.

종이 쇼핑백으로 주세요.

체크 Words

- **canned** 통조림으로 된
- **in the back** 뒤쪽에
- **on second thought** 다시 생각해보니
- **head** 가다, 향하다
- **lactose-free** 무유당
- **dairy** 유제품; 유제품의
- **ring up** 계산을 하다, 가격을 찍다
- **paper bag** 종이 쇼핑백
- **plastic bag** 비닐봉지, 플라스틱 쇼핑백

리멤버 Expressions

* **in the dairy section**: '유제품 칸[코너]'에'라는 뜻으로, 직원에게 찾는 제품의 위치를 물어보면 어느 섹션을 확인해 보라고 답을 해줘요.

cf. 마트에 있는 섹션 이름

- produce section 과일과 채소 코너
- frozen food section 냉동식품 코너
- canned food section 통조림 식품 코너
- beverage section 음료 코너
- health and beauty section 건강·미용 용품 코너
- dairy section 유제품 코너
- bakery section 제과 코너
- snack section 과자 코너
- cleaning supply section 청소 용품 코너
- pharmacy section 약 코너

Summer의 미국 생활 TIP

마트와 슈퍼마켓마다 계산하는 시스템이 조금씩 달라요. 큰 마트의 경우, 어떤 곳은 소량의 제품을 사는 손님이 계산하는 줄(express checkout)이 따로 있는 경우도 있고 그렇지 않은 경우도 있어요. 그리고 어떤 마트는 줄을 색깔별로 구별해서 여러 줄로 손님을 세워놓고 차례로 빨강, 노랑, 녹색 등의 색깔로 다음 계산할 손님을 부르기도 하죠. 어떤 곳에는 손님이 스스로 바코드를 찍고 신용카드나 직불카드를 직접 긁어서 계산할 수 있도록 해 놓은 곳(automatic checkout)도 있어요. 빨리 계산해서 시간을 벌고 싶다면 이런 express checkout이나 automatic checkout을 이용하는 것도 좋아요.

시장(Farmers' Market)에서 신선한 물건 사기

미국에는 한국 재래시장의 개념과는 조금 다른 farmers' market이 많이 활성화되어 있어요. 이곳에서는 농부들이 자신들이 수확하고 재배한 식품들을 직접 가져와서 팔아요. 보통 유기농 제품이나 건강식품이 많죠. farmers' market은 주말에 동네 거리 곳곳에서 볼 수 있어요.

빛나는 상식

farmers' market에서는 농부들이 수확하고 재배한 식품들을 직접 가져와서 팔아요. 그렇다고 꼭 마트나 슈퍼마켓보다 싸지는 않아요.

리얼 Dialogue

A I have a quick question.
하나만 빨리 물어볼게요.

B How can I help?
어떻게 도와드릴까요?

A Where are these apples from?
이 사과들은 어디서 온 건가요?

B These honeycrisp apples are from my farm! Straight from Lancaster, Pennsylvania. I harvested this batch a couple days ago.
이 허니크리스프 사과들은 제 농장에서 왔어요! 펜실베니아주, 랜케스터에서 직송됐습니다. 이 무더기들은 며칠 전에 제가 수확한 거예요.

A Wow, that's cool! What do you use as a pesticide?
와, 좋네요! 살충제로는 뭘 쓰시나요?

B I only use natural pesticides. Compared to the conventional method, I do lose more apples to bugs and whatnot, which is why these are a bit pricier.
저는 자연 살충제 밖에 안 써요. 전통적인 방법에 비해 더 많은 사과를 벌레나 그런 비슷한 것들에게 빼앗기죠, 그래서 이 사과들이 조금 더 비싸요.

A So no chemical pesticides were used on these apples?
그래서 이 사과들에는 어떠한 화학적인 살충제도 안 쓰였다는 거죠?

B Nope! None at all.
네! 전혀 안 썼어요.

A Really cool. I'm actually looking to buy in bulk. I'd like to buy a bushel. How much are they?
진짜 좋네요. 저는 사실 대량으로 사려고 하고 있거든요. 한 부셸 사고 싶은데요. 얼마예요?

B Your total is $80. Did you want anything else?
총액은 80달러예요. 뭐 더 필요하신 게 있나요?

A How much is that small box of blueberries?

저 작은 상자의 블루베리는 얼마인가요?

B $10. They are directly from my wife's personal garden. She handpicked those. No pesticides whatsoever were used on these blueberries. 100% organic.

10달러요. 블루베리는 제 아내의 개인 정원에서 바로 가져왔어요. 아내가 손으로 땄어요. 이 블루베리에는 어떠한 종류의 살충제도 안 쓰였어요. 100% 유기농입니다.

A OK, I'll also take two boxes of blueberries, please!

알겠습니다, 블루베리도 두 상자 가져갈게요!

B Alright, your total is $100.

그렇게 하세요, 그럼 총액은 100달러입니다.

A Here you go. Thank you.

여기 있습니다. 감사합니다.

B Thank you! I appreciate your business. Please come again.

감사합니다! 거래해주셔서 감사합니다. 또 오세요.

✅ 체크 Words

- **honeycrisp** 허니크리스프(달고 단단하고 시큼한 사과 품종)
- **straight from** ~부터 직송된, ~로부터 직접
- **harvest** 수확하다
- **batch** (사람·물건의) 무더기[한 떼], 한 묶음, 한 회분(ex. a batch of letters 편지 한 묶음 / a batch of concrete 콘크리트 한 통)
- **pesticide** 살충제
- **conventional** 전통적인, 관습적인

- **method** 수단, 방법
- **nope** 아니요, 안돼요(no가 변형된 단어)
- **in bulk** 대량으로
- **bushel** 부셸(곡물이나 과일의 중량 단위로 8갤런에 해당하는 양. 미국에서 1부셸은 약 27kg)
- **directly from** 직송된, ~로부터 직접
- **handpick** 손으로 따다

🔖 리멤버 Expressions

* **and whatnot**: 여러 가지를 나열한 후 '그 외 비슷한 것', '그러한 것들'이라는 뜻으로 쓰는 표현이에요. and so on, etc.와 같은 의미죠.
  > ex Everytime I leave my house, I always double check whether the doors are locked, the lights are off **and whatnot**.
  > 나는 집을 나설 때마다 문이 잘 잠겼는지 불이 다 꺼졌는지 그런 것들을 두 번씩 확인해요.

* **whatsoever**: whatever를 강조한 표현으로 '어떤 종류의 것도', '무엇도', '무슨 일이 있어도'라는 의미로 쓰여요.
  > ex They had no knowledge of this **whatsoever** and unfortunately, the whole thing went wrong in the end.
  > 그들은 이에 대해 그 어떠한 지식도 없었어요, 그래서 불행히도 끝내는 모든 것이 잘못 되었죠.

Summer의 미국 생활 TIP

보통 farmers' market은 매일 열리는 게 아니고 동네마다 차이가 있기 때문에 미리 인터넷에서 farmers' market 과 동네 이름을 검색해서 장이 열리는 요일 및 열리는 시간과 닫는 시간을 확인하고 가는 게 좋아요. 그리고, 환경친화적 인 농부들과 주민들이 물건을 사고파는 곳인 만큼 많은 farmers' market에서 손님이 장바구니를 가져올 것을 기대하죠. 대부분의 상인이 카드 기계를 가지고 있지만 혹시 모르니 현금도 준비해 가세요.

Episode 17

바쁜 일상, 마트에서 식료품 배달 받기

어느 나라나 도시 생활이 바쁘기는 매한가지인 것 같아요. 요즘에는 모바일 앱과 웹사이트를 통해 어떤 식료품이든지 쉽게 원하는 시간대에 배달 받을 수 있게 되었죠. 배달을 온 점원과 어떤 대화를 나눌 수 있는지 알아보세요.

리얼 Dialogue

A Grocery delivery!

식료품 배달입니다!

B I've been expecting you! Come on in.

기다리고 있었습니다! 들어오세요.

A Sorry, I was a bit delayed.

죄송합니다, 조금 늦었습니다.

B It's okay. I was about to call, but you made it just in time.

괜찮습니다. 막 전화를 하려고 했는데 딱 제시간에 오셨네요.

A Do you want me to bring the boxes inside?

상자들을 안으로 가져다 드릴까요?

B Yes, please. Could you put them in the kitchen?

네, 부탁드려요. 혹시 부엌에 놓아 주실 수 있으세요?

A Not a problem.

그럼요.

B Thank you.

감사합니다.

\\\\\\\\\\\\\\\\\\\ *[after a while]* \\\\\\\\\\\\\\\\\\\

B Pardon me, I think some of these eggs are broken.

죄송하지만, 이 달걀들 중 몇 개가 깨진 거 같아요.

A Let me take a look. Oh shoot. You're right. Alright no worries, I'll place a call and have some new eggs delivered to you.

제가 한번 볼게요. 아 이런. 맞네요. 걱정 마세요, 제가 전화를 해서 새로운 달걀들을 배송해 드릴게요.

빛나는 상식

in time VS. on time
전치사 하나로 느낌이 조금 달라져요. He got here right on time.이 라고 하면 그가 오기로 한 예정된 시각에 딱 맞게 도착한 것이고, He got here in time.이라 고 하면 예정된 시각보 다 좀 더 여유 있게 먼저 도착했을 때 쓸 수 있어요.

B Thank you. Could you tell them to come ASAP? I need the eggs tonight.

감사합니다. 최대한 빨리 오라고 말해 주실 수 있으세요? 제가 오늘 밤 달걀이 필요해서요.

A Not a problem. I'll do it as soon as I leave the building.

문제없습니다. 제가 건물을 나가면서 바로 하겠습니다.

B Okay.

네.

A Your total is $173.21. It's going to get automatically charged to your card. Again, really sorry about the eggs.

총액은 173달러 21센트예요. 자동적으로 고객님의 카드에 청구될 겁니다. 다시 한번, 달걀에 대해 정말 죄송합니다.

B Not a problem. In the event I'm not at home, could you leave the eggs at my door? Here's ✎a little something extra for your trouble.

괜찮아요. 제가 집에 없을 경우에는요, 달걀들을 문 앞에 두실 수 있나요? 수고해주셔서 팁을 조금 드릴게요.

A Thank you so much! The eggs will be right over. Have a good one.

정말 감사합니다! 달걀들은 바로 올 겁니다. 좋은 하루 보내세요.

B Thank you! Have a good day.

감사합니다! 좋은 하루 보내세요.

빛나는 상식

식료품 배달에는 보통 팁을 주지 않지만, 배달이 일반적인 때보다 번거롭게 진행이 되었거나 일이 조금 더 많았다면 소량의 팁을 주기도 해요. 어느 정도의 팁인지에 대한 기준은 없어요. 여러분이 적당하다고 생각하는 만큼 주면 돼요.

- **expect** 예상하다, 기다리다
  (cf. look forward to(~을 기대[고대]하다)와 다름)
- **come on in** 들어오세요
- **just in time** 딱 제시간에
- **pardon me** 실례합니다

- **place a call** 전화를 걸다
- **as soon as** ~하자마자 곧
- **in the event (of)** 만약 ~하면, ~할 경우에
- **right over** 곧, 바로

리멤버 Expressions

* **for your trouble**: for your trouble은 '당신의 수고에 대해서'라는 말이에요. '트러블'이라고 하면 한국어로는 '문제'라는 이미지를 떠올리기 쉬워서 '수고'라고 생각하기 어려울 수 있지만, 이 문장에 다음과 같은 단어들이 생략되어 있다고 생각하면 돼요. for (handling) the trouble (I put you through), 즉 '내가 당신에게 안겨 준 문제를 잘 처리해 준 것에 대해'라는 말이죠. 이 표현은 내가 한 부탁이나 요청이 특히 어떤 부가적인 일을 만들었거나 귀찮은 일을 발생시켰을 때 쓰면 돼요.
  > Thank you **for your trouble**. 수고해 주셔서 감사합니다.

* **Have a good one.**: 앞에서도 간단히 설명했던 표현으로, 지금이 하루의 언제인지에 따라 Have a good day., Have a good evening. 혹은 Have a good night.이라고 쓸 수 있지만 이보다 가장 편한 표현은 Have a good one.이에요. 어느 때든 상관없이 헤어질 때는 언제든지 사용할 수 있죠.
  > A: See you tomorrow. **Have a good one!** 내일 봐. 좋은 하루[오후, 저녁] 보내!
  > B: You too! 너도!

Summer의 미국 생활 TIP

미국에서도 한국과 마찬가지로 모바일 앱과 온라인 웹사이트를 통해서 식료품을 사는 일이 아주 흔해졌어요. 식료품을 받을 때 보통 배달 받을 시간대(time window)를 결정할 수 있죠. 이렇게 앱이나 웹사이트를 통해서 살 때는 음식물이 많이 녹아 있다거나 손상이 가 있을 경우도 있고, 주문한 상품이 몇 개 빠져 있는 경우도 있고, 가끔은 다른 장소에 배달되어 두 세 번에 걸쳐 배달되는 경우도 있어요. 꼼꼼하게 주문한 상품과 받은 상품을 비교하세요. 또한, 앞에서 먼저 언급한 것처럼 사용할 만큼의 식재료를 매주 집으로 배달해 주는 Hello Fresh, Blue Apron, Home Chef 같은 서비스도 있으니 한번 이용해 보세요.

Episode 18

유통기한 지난 물건 환불받기

상품이 파손되었거나, 광고에서 보던 것과 제품이 다를 때, 유통기한이 지났거나, 혹은 단순 변심으로 제품이 더는 필요 없거나 할 때는 환불을 받아야겠죠. 아래 대화문을 통해 이런 상황에 사용하는 표현들을 알아봐요.

리얼 Dialogue

A Next, please.
다음 분 오세요.

B I'm here to return something.
물건을 반품하러 왔습니다.

A You have to go to the back of the store and talk to customer service for that.
그것에 관해서는 가게 뒤쪽으로 가서 고객 서비스 센터에 이야기하셔야 해요.

B Okay, thanks.
알겠습니다, 고마워요.

\\\\\\\\\\\\\\\\\ *[after a while]* \\\\\\\\\\\\\\\\\

C How can I help you?
어떻게 도와드릴까요?

B I'm hoping to get a refund on this.
이 물건에 대해 환불을 받았으면 합니다.

C OK. Can you tell me why? What is the problem with it?
네. 이유를 말씀해 주시겠어요? 뭐가 문제인가요?

B This salsa is actually past its expiration  date.
실은 이 살사 소스가 유통기한이 지났어요.

C Oh my! I'm so sorry. Do you have a receipt for your purchase?
아이고 저런! 정말 죄송합니다. 구매하신 영수증을 가지고 계신가요?

빛나는 상식
미국의 날짜 표기
Oct 14 19
0/14/19
→ 월/일/년

267

B I don't, actually. But I bought it just yesterday, and I have the card I made the purchase with.

아니요, 없어요. 하지만 바로 어제 샀고, 구매에 썼던 카드를 가지고 있어요.

C Okay, could I have your card?

알겠습니다, 카드를 주시겠어요?

B Here you are.

여기 있어요.

C Thanks. Would you like a refund or do you want to exchange it for another jar?

감사합니다. 고객님은 환불받고 싶으세요, 아니면 다른 병으로 교환을 원하세요?

B I'd like a refund, please.

환불을 해주시면 좋겠습니다.

C Not a problem.

문제없습니다.

📑체크 Words

- **return** 돌려주다, 반납하다; 돌려줌, 반납
- **customer service** 고객 서비스 (센터)
- **salsa** 살사(멕시코 음식에 쓰이는 소스)
- **past** (특정한 정도, 시간, 단계를) 지나서, 넘어서서
- **expiration date** 유통기한
- **exchange** 교환하다; 교환
- **jar** 병, 단지

🧑‍💼 리멤버 Expressions

* **I'm here**: I'm here는 어떤 상점이나 장소에 볼일을 보러 가서 어떤 일 때문에 여기에 왔다고 말해야 할 때 가장 일반적으로 자주 쓰는 표현이에요. 먼저 hi, hello식의 간단한 인사를 하고, 바로 I'm here ~라고 말하면 돼요.
  * **EX** • Hello, **I'm here** to mail an international letter. 안녕하세요, 국제 우편을 보내려고 해요.
    * Hi, **I'm here** to submit my resume for the barista position.
      안녕하세요, 바리스타 자리에 지원하는 이력서를 내러 왔어요.

✚ Bonus Info 알아두면 더 좋아요!(미국식 유통기한 표시)

· **EXP(Expiration Date)** 유통기한과 사용 만기일을 나타내는 것으로 Best By로 표기하기도 해요.

· **Sell By** 가게에서 이 날짜까지 전시해 놓을 수 있다는 표시예요.

· **Best If Used By** 식품의 맛이 이 날짜까지 최고의 맛이 유지되니 이 날짜를 넘기지 말고 그 전에 먹는 게 좋다는 표시예요.

· **Freeze By** 냉동식품이라면 이 날짜까지만 냉동 보관하는 것이 좋다는 거예요.

· **Pack Date** 음식이 포장된 날짜예요.

· **PROD/MFG** 제조 일자를 나타내요.

Summer의 미국 생활 TIP 👩

요새는 꼭 영수증이 없더라도 이유가 정당하다면 환불을 해줘요. 바코드나 결제했을 때 사용했던 카드 정보를 추적해서 결제 정보를 가져올 수 있기 때문이죠. 상점과 브랜드마다 환불 및 교환 정책이 다 다르니 상품을 구매할 때 그 정책들을 꼭 확인해 두세요. 세일 상품은 한국과 마찬가지로 교환 및 환불이 되지 않아요. 이럴 경우 점원이 This is a final sale, so you will not be able to return or exchange it once you buy it.(이게 마지막 세일이라서 사시면 환불이나 교환을 하실 수 없어요.)라고 말할 거예요. 이런 상품은 교환이나 환불이 되지 않으니 주의하세요!

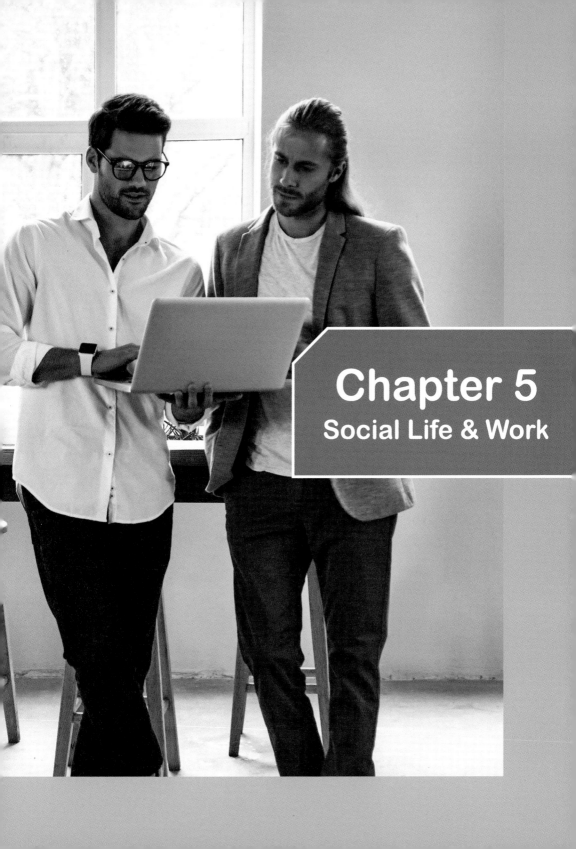

Chapter 5
Social Life & Work

쏘리 쏘리~ 나 늦을 것 같아!

약속 시간에 늦으면 참 미안하죠. 하지만 내 마음과는 달리 어쩔 수 없이 늦게 되는 일도 종종 벌어지기 마련인데요, 이때 어떻게 영어로 미안함을 잘 표현할 수 있는지 살펴보도록 해요.

리얼 Dialogue

A Hey, Andrea! I'm calling because I wanted to tell you that I'm going to be 30 minutes late to dinner. Traffic right now is horrendous.

안녕, 안드레아! 저녁 식사에 30분 늦을 것 같다고 말하려고 전화했어. 지금 교통 상황이 끔찍해.

B Not a problem! No rush. Please take your time and stay safe.

문제될 거 없어! 서두르지 마. 시간을 갖고 안전하게 와.

A Thank you so much. So sorry about the delay.

정말 고마워. 늦어서 너무 미안해.

B No worries!

걱정하지 마!

\\\\\\\\\\\\\\ *[after a while]* \\\\\\\\\\\\\\

A Andrea, I'm so sorry, but I think I'm going to be even later than I said earlier. Traffic is bumper to bumper and I've barely moved since I last called you.

안드레아, 정말 미안한데 말했던 것보다 훨씬 더 늦을 것 같아. 차가 꽉 막혀서 아까 전화한 뒤로 거의 움직이지도 못했어.

B Wow, that must be some intense traffic. Hey, no wonder! There was a horrible accident in the Holland Tunnel!

와, 그거 정말 심한 교통체증인가 보네. 아, 그럼 그렇지! 홀랜드 터널에서 끔찍한 사고가 있었다고 하네!

A What? I did not know about that. Does it look like it will clear up soon?

뭐라고? 그건 몰랐어. 곧 정리가 될 기미가 보여?

MEMO

....

....

....

....

....

....

....

272

B It might be a while. I heard over the radio that there was a four car pileup. That might take a day to clear up.

아마 조금 걸릴 거야. 라디오 들어보니 4중 추돌 사고가 있었대. 정리가 되려면 하루는 걸릴 거 같아.

A Oh no... what should I do?

오 이런…… 나 어떻게 하지?

B Are you far away from your home right now?

지금 너네 집에서 많이 멀리 떨어져 있어?

A No, I'm probably 15 minutes away right now.

아니, 지금 아마도 15분 정도 거리에 있을 거야.

B Turn back, park your car, and take the metro. That's probably your best bet.

방향을 돌려서 차를 주차하고, 지하철을 타. 그게 아마도 최선책일 거야.

A Gotcha! I'll turn around right now.

알았어! 지금 바로 차 돌릴게.

B On second thought... Google Maps says the metro will also take two hours. I think we should just reschedule.

다시 생각해보니까…… 구글 맵에서 지하철도 2시간 정도 걸릴 것 같대. 내 생각에는 우리 다시 일정을 잡아야 할 거 같아.

A Yeah, you're right. OK, next week then?

그래, 네 말이 맞아. 좋아, 그러면 다음 주에 볼까?

B Yeah, next week it is!

그래, 다음 주에 보도록 하자!

MEMO

✅ 체크 Words

- **horrendous** 끔찍한, 대단히 충격적인
- **bumper to bumper** 차가 꽉 들어찬
- **barely** 거의 ~아니게, 간신히
- **intense** 극심한, 강렬한
- **clear up** 정리하다, 해결하다

- **over the radio** 라디오를 통해
- **four car pileup** 4중 추돌 사고
  (cf. pileup (자동차·당구공 등의) 연쇄 충돌)
- **best bet** 최선책, 가장 안전하고 확실한 방법

📇 리멤버 Expressions

* **no wonder**: '놀랄 것도 없다', '이상한 일이 아니다'라는 뜻이에요.
  - **ex** A: I'm so tired. I couldn't fall asleep last night until 2 in the morning.
    나 너무 피곤해. 새벽 2시까지 잠을 못 잤어.
    B: **No wonder** you were dozing off during the meeting. 그래서 네가 회의 때 졸았구나.

* **Gotcha!**: I got you.의 줄임말로 구어체예요. '(나는 너를) 이해했어!' 혹은 '알겠어!'라는 뜻으로 쓰이는 표현이죠.
  - **ex** A: Please buy some pizza on your way home. 집에 오는 길에 피자 좀 사다 줘.
    B: **Gotcha!** I'll be there in half an hour. 알겠어! 30분 후에 도착할 거야.

Summer의 미국 생활 TIP

뉴욕의 지하철은 24시간 운행해요! 밤늦게까지 밖에 있다가 집에 돌아갈 때 지하철을 탈 수 있어서 굉장히 편리하죠. 하지만 지하철 자체는 아주 오래되어서 고장 나기 일쑤고 수리도 잦아요. 어떤 구간부터 어떤 구간까지 부분적으로 운행 하지 않는 경우도 많기 때문에 항상 지하철 플랫폼에 있는 안내문을 꼭 체크해야 돼요. 구글맵을 사용하면 지연이 있는지 공사를 하고 있는지 어느 정도 알 수 있고 지하철 스케줄도 볼 수 있어요. Waze라는 앱은 구글맵보다 더욱 정확하게 교통상황을 반영해 안내해 줘요. 뉴욕 지하철 안에서는 인터  넷이 안 되니 꼭 뉴욕 지하철 앱을 다운받아서 미리 내릴 역을 확인하는 것을 추천해요. 그리고 다음 역에 대한 안내방송도 없는 경우가 많고, 있더라도 스피커 음질이 좋지 않아 서 못 알아들을 수 있어요. 그러니 지하철 지도앱을 꼭 다운받는 것이 좋아요.

처음 보는 사람과 이야기 나누기

미국에서는 다양한 상황에서 처음 보는 사람과 이야기를 나누는 것이 자연스러워요. 이런 가벼운 대화를 영어로는 small talk라고 하는데요, 이런 문화에서 살지 않은 우리에게는 굉장히 낯설 수 있어요. 아래 대화를 통해서 small talk를 어떻게 하는지 미리 조금 살펴보죠.

 리얼 Dialogue

A Summer! Come meet Connor. He's the birthday boy.
썸머! 여기 코너하고 인사 해. 오늘 생일 주인공이야.

B Hi Connor! So nice to meet you. Happy birthday!
안녕하세요, 코너! 만나서 정말 반가워요. 생일 축하해요!

C Thank you! I put a lot of work into this party. It's gratifying to see it all come together.
고마워요! 오늘 파티에 노력을 많이 들였어요. 이렇게 파티가 잘 진행되는 걸 보니 기쁘네요.

B Yeah, it's a really nice party! How old are you now?
네, 정말 멋진 파티예요! 몇 살 된 거예요?

C I turned 30 today.
오늘로 서른이 되었어요.

B Wow, that's a landmark birthday right there! Three decades!
와, 중요한 생일이네요! 30년이라니!

C Yeah, it's crazy! Three decades passed by in a flash and I'm wondering where it all went.
네, 정말 믿기지 않아요! 30년이 순식간에 지나갔고, 그 시간이 다 어디로 갔는지 모르겠어요.

B Tell me about it! I celebrated my 30th birthday a year ago and I was shocked when I realized how quickly time passes. I feel like high school graduation was yesterday.
무슨 말인지 알아요! 나도 작년에 30번째 생일을 맞았는데요, 시간이 너무 빨리 간 것을 깨닫고 정말 놀랐었어요. 고등학교 졸업이 어제같이 느껴지는데 말이에요.

MEMO

C Right? The last decade has passed by in such a blur.

그렇죠? 지난 10년은 정말 빠르게 지나간 것 같아요.

B So tell me, what have you been up to in the past decade?

그러면 말해봐요, 지난 10년을 무엇을 하느라 바쁘게 보냈어요?

C Well, I graduated from Georgia Tech with an electrical engineering degree through their Navy ROTC program. After graduating, I served in the navy for five years.

글쎄요, 해군 학사 장교 프로그램을 통해서 전기 공학 학위를 받고 조지아 공대를 졸업했어요. 졸업 후, 해군에 5년간 복무했죠.

빛나는 상식 📐

ROTC는 학생 군사 훈련단(학군단)을 뜻하며, Reserve Officers' Training Corps의 줄임말이에요. 대학생들이 대학교의 필수 과정을 밟으면서 선택으로 리더십 및 군대 과정을 들을 수 있는 학군 사관 프로그램이에요.

B Wow! What did you do?

와! 거기서 뭘 했어요?

C I was an officer on a ship. It was a crazy experience.

함선에서 장교였어요. 아주 엄청난 경험이었죠.

B That is so cool! So, what did you do after the navy?

너무 멋지네요! 그럼, 해군 이후에는 어떤 일을 했어요?

C I'm currently working as a consultant. Not very exciting, but it keeps the bills paid.

현재 컨설턴트로 일하고 있어요. 아주 많이 신나는 일은 아니지만, 덕분에 고지서 요금을 계속 지불할 수는 있죠.

B Very nice. Connor, it was nice meeting you! I gotta run and say hello to a friend who just came in.

멋지네요. 코너, 만나서 정말 반가웠어요! 방금 막 도착한 친구에게 가서 인사를 해야겠어요.

C It was nice meeting you too! Enjoy the party!

나도 만나서 무척 반가웠어요! 파티 잘 즐겨요!

MEMO

📝 체크 Words

- **birthday boy** (남자일 때) 생일 주인공
  (cf. 여자일 때는 birthday girl)
- **put a lot of work into** ~에 많은 공을 들이다,
  ~에 많은 노력을 하다
- **gratifying** 흐뭇한, 기쁜
- **turn** (어떤 나이·시기가) 되다
- **landmark** 획기적인 사건
- **decade** 10년

- **in a flash** 빠르게
- **in a blur** 빠르게
- **electrical engineering** 전기 공학
- **degree** 학위
- **ROTC** 학사 장교 훈련단
- **serve** 군복무하다
- **the navy** 해군
- **officer** 장교

📇 리멤버 Expressions

* **all come together**: 여기저기 흩어져 있던 것들이 다 모여 완성되듯 결국에는 바라던 대로 잘 된다는 것을 의미하는 표현이에요.

  > *A*: I'm not sure everything will be ready for our wedding.
  > 우리 결혼식에 모든 게 다 준비될지 잘 모르겠어.
  >
  > *B*: Don't worry, it'll **all come together**. 걱정하지 마, 다 잘 될 거야.

* **Tell me about it!**: 직역하면 '나에게 그것에 대해 말해줘!'예요. 물론 이 뜻으로 말할 수도 있지만, 상대방의 말에 맞장구치며 이렇게 말하면 '나도 알고 있어!', '두말하면 잔소리지!'라는 뜻이에요. 말하는 톤에 따라 긍정적인 공감을 표현할 수도 있고, 비꼬는 느낌으로 사용할 수도 있어요.

  > *A*: Thank God that our wedding went well! How crazy that I almost couldn't make it to my own wedding today! The traffic jam was insane.
  > 우리 결혼식이 잘 진행돼서 진짜 다행이야! 오늘 내 결혼식에 내가 참석 못 할 뻔했다니 기가 막혀서! 교통 체증이 진짜 미쳤었어.
  >
  > *B*: **Tell me about it.** I was almost stood up by my fiancé on our wedding day.
  > 두말하면 잔소리지. 내가 결혼식 날 내 약혼자에게 바람 맞을 뻔했잖아.

Summer의 미국 생활 TIP

미국에서는 다양한 사회 활동을 통해 새로운 사람을 만나는 문화가 굉장히 활성화되어 있어요. 생일 파티의 주인공이 누구인지도 모르는데 파티에 초대되는 경우도 많고, 누구 집에서 혹은 어디에서 파티가 있으니 같이 가자고 초대받는 경우도 굉장히 많죠. 새로운 사람을 만나서 서로 알아가기 위해 가볍게 이야기를 나누는 것을 '스몰 토크(small talk)'라고 해요. 한국에서는 새로운 사람을 만나 이런저런 이야기를 나누는 일이 그리 보편화되어 있지는 않아서 이런 문화가 굉장히 낯설 수 있어요. 스몰 토크 때 내 소개를 어떻게 할지, 상대방을 알아가기 위해 어떤 질문을 하면 좋을지, 상대방의 스몰 토크 질문에 어떻게 답을 할지 미리 생각해 보고 연습해 볼 것을 강력히 권해요!

먹고 싶은 음식은 직접 가져오기! 포틀럭 파티

주변 지인들과 작은 모임을 할 일들이 종종 있죠. 파티라고 하면 거창하게 들릴 수도 있지만 이런 작은 모임들도 대부분 파티라고 해요. 미국에서 많이 하는 파티 중에 potluck party가 있어요. 이 파티 준비를 할 때 주고받을 수 있는 영어 표현을 대화를 통해 알아봐요.

🗣️ 리얼 Dialogue

A Andrea! Let's host a 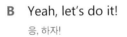potluck party at my place next week!

안드레아! 다음 주에 우리 집에서 포틀럭 파티를 열자!

B Yeah, I'm down! What specific day were you thinking of?

그래, 좋아! 어떤 날을 생각하고 있었어?

A Does next Friday work for you?

다음 주 금요일 괜찮아?

B Yeah, let's do it!

응, 하자!

A I am thinking of an Italian-themed potluck party. I have this awesome lasagna recipe I want to try.

이탈리아를 주제로 한 포틀럭 파티를 생각 중이야. 시도해보고 싶은 아주 맛있는 라자냐 레시피가 있거든.

B I love lasagna! Who were you thinking of inviting?

나 라자냐 너무 좋아해! 누구 초대하려고 생각 중이었어?

A We can invite some co-workers, some church friends, and I also have a couple of neighbors I'd like to invite.

직장 동료들이랑 교회 친구들, 그리고 또 몇몇 이웃 사람도 초대할까 해.

B Sounds good. Roughly how many people are you planning on inviting?

좋은데. 그럼 대략 몇 명 정도 초대할 계획인 거야?

A Probably around a dozen?

아마도 12명 내외로?

B That's a pretty good number right there. I like it! How do you want to send out 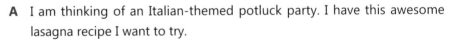invites?

딱 적당한 인원이네. 좋아! 초대장은 어떻게 보내고 싶어?

A I'll send out emails tonight. Could you come a little bit earlier and help me with the setup? We just need to get the kitchen and dining room ready.

내가 오늘 밤에 이메일을 보낼 거야. 조금 일찍 와서 세팅하는 것 좀 도와줄래? 그냥 주방하고 다이닝 룸을 준비하면 돼.

B Yeah sure! How early would you like me to come?

그럼, 물론이지! 내가 얼마나 일찍 가면 될까?

A Let's have the potluck at 7 p.m. Could you be at my house by 4 p.m.?

포틀럭 파티는 오후 7시에 하자. 우리 집에 오후 4시까지 올 수 있겠어?

B Yeah sure! I'll make the proper arrangements so I can leave work early.

그럼, 물론이지! 일찍 직장에서 출발할 수 있도록 적절히 준비할게.

A That's great! Have you thought of what you want to bring?

아주 잘됐다! 어떤 걸 가져올지 생각해봤어?

B I make a killer homemade pesto pasta. It's always a crowd pleaser.

나는 아주 맛있는 홈메이드 페스토 파스타를 만들어. 이건 항상 모두를 즐겁게 하지.

A Sounds like a plan! See you next Friday!

아주 좋은 생각이네! 다음 주 금요일에 보자!

MEMO

체크 Words

- **host a party** 파티를 주최하다
- **place** (개인의) 집, 장소, 곳
- **themed** 주제로 한
- **lasagna** 라자냐
- **roughly** 대략, 거의
- **dozen** 십여 개[명](로 된 무리), 12개짜리 한 묶음

- **setup** 배치, 배열
- **proper** 적절한, 제대로 된
- **arrangement** 채비, 준비
- **killer** 아주 훌륭한, 멋있는; 살인자, 죽여주는 것
- **pesto** 페스토(이탈리아 소스의 하나)
- **crowd pleaser** 인기 있을 만한 매력을 가진 사람이나 것

🧑리멤버 Expressions

* **help me with setup**: '…가 ~하는 것을 도와주다'라는 표현은 〈help + 사람 + with + 무엇〉으로 나타내요.
  > **ex** A: You took Calculus 101 last semester. Can you **help me with my calculus homework**?
  > 지난 학기에 너 미적분 101 들었잖아. 내 미적분 숙제 좀 도와줄 수 있어?
  > B: Sure. When is good for you? 그래. 언제가 좋아?

* **a crowd pleaser**: crowd pleaser는 '인기가 많은 매력적인 사람이나 것'을 말해요.
  > **ex** Summer just released a video that's going to be a **crowd pleaser**!
  > 썸머가 방금 사람들이 아주 좋아할 만한 영상을 하나 내놓았어.

➕ Bonus Info 알아두면 더 좋아요! (미국에서 흔히 하는 파티의 종류)

· **farewell party** 송별회

· **bridal shower** 결혼할 신부와 신부 친구들이 하는 파티로, 친구들이 살림 용품을 선물해 주는 자리

· **bachelor party** 결혼을 앞둔 신랑의 친구들(groomsman)이 신랑을 위해서 열어주는 파티

· **baby shower** 임신한 예비 엄마에게 친구들이 선물을 주고 축하해 주는 파티

· **housewarming party** 새집으로 이사간 후 친구들에게 새집을 보여 주며 하는 파티로, 우리말로는 '집들이'와 비슷
해요. 보통 친구들이 새집 장만 축하 선물을 사가요.

Summer의 미국 생활 TIP

미국에서는 집에서 하는 저녁 식사나 potluck party에 손님을 초대하는 일이 흔해요. 아무 테마가 없는 potluck도 있
지만 테마가 있는 potluck도 잦아요. 테마는 주로 호스트가 정하고 정해진 테마에 맞는 음식 한 그릇을 준비해 가면 돼요.
음식 종류가 테마가 될 수도 있고, 추수감사절 같은 특정 주제가 테마가 될 수도 있어요. potluck 파티가 아닐지라도 누
군가의 집에 초대를 받아 갈 때 호스트에게 혹시 디저트나 음료가 필요하냐고 물어볼 수 있어요. 호스트가 필요한 것을 가
져오라고 말하는 경우도 굉장히 흔해요. 많이 친하지 않은 관계라서 물어보는 것이 어색하다면, 주로 와인이나 디저트를
가져가는 것이 보통이에요.

파티에서 만났던 그 사람 기억해?

전에 참석했던 어떤 모임에서 만났던 사람에 관해서 다시 언급할 일이 생길 때가 있죠. 이런 대화에서 일반적으로 사용하는 말들이 있어요. 이런 표현들은 영어로 어떻게 말하는지 살펴보도록 해요.

리얼 Dialogue

A Summer! Remember Connor? From the birthday party?

썸머! 코너 기억해? 생일파티에서 봤던?

B Oh, yeah! Really nice guy.

오, 물론이지! 아주 멋진 사람이지.

A Yeap! Well, he reached out to me yesterday because he was wondering if you would be interested in a coffee date?

맞아! 음, 어제 나한테 연락이 왔었는데 네가 커피 데이트에 관심이 있을지 궁금해하더라고.

B What? He wanted you to ask me? That's so lame.

뭐라고? 그 사람이 나한테 물어보라고 한 거야? 그거 진짜 별론데.

A No, no. He just wanted my opinion and he asked me not to tell you. He doesn't know that I'm telling you right now.

아니, 아니야. 코너는 그냥 내 생각이 궁금했던 거고, 너한테는 말하지 말라고 했었어. 지금 내가 너한테 말하고 있는 걸 그 사람은 몰라.

B Wow, okay. He's cute, but I really didn't know he was interested in me.

와, 그렇구나. 그 사람 괜찮지, 그런데 나한테 관심이 있는지는 정말 몰랐네.

A Yeah, he doesn't know how to flirt. So, would you be interested in a coffee date?

맞아, 그는 시시덕거릴 줄을 몰라. 그래서, 너는 커피 데이트에 관심 있어?

B Um... yeah, sure!

음…… 물론, 괜찮아!

MEMO

A Do you like him?

너도 그가 좋아?

B I guess. I mean I'm not seeing anybody these days. Plus, he was very considerate and exuberant. He seemed very adventurous.

아마도. 내 말은 요즘 난 만나는 사람이 없잖아. 게다가 그는 아주 배려가 있고 활기 넘치더라고. 아주 모험심이 있어 보였어.

A Yeah, he is! And don't you like humorous guys? He's hilarious if you get to know him.

그래, 맞아! 그리고 너 재미있는 남자들 좋아하지 않아? 그는 알고 보면 아주 재미있는 사람이야.

B Alright sure, I'll do it!

그래 알겠어, 알아가 볼게!

A Cool! I'll give him your number.

좋아! 코너한테 네 번호 줄게.

B Haha... it feels like high school again.

하하…… 다시 고등학교 때로 돌아간 기분이네.

A Right? I love it!

그렇지? 나도 너무 좋다!

- **reach out** 연락을 취하려 하다
- **coffee date** 커피를 마시기로 한 데이트
- **lame** 서투른, (시대에) 뒤진, 썰렁한
- **cute** 매력적인, 멋진
- **flirt** 꼬시다, 추파를 던지다; 바람둥이

- **see** (애인으로) 만나다, 사귀다
- **considerate** 배려 깊은
- **exuberant** 활기 넘치는, 생동감 있는
- **hilarious** 아주 재미있는

리멤버 Expressions

* **was wondering if**: 지금 어떤 것이 궁금하더라도 너무 직접적이지 않고 예의 바르게 궁금하다는 것을 표현하기 위해서는 보통 was wondering이라고 과거진행형 시제를 써요. 그리고 뒤에 나오는 if는 '~인지 아닌지'라는 의미로 쓰였어요.

  ex • I **was wondering if** you'd like to join me for lunch. 점심 저랑 같이 드실 수 있을까요?
  • I **was wondering if** you could give me a call again in 10 minutes.
    혹시 저한테 10분 후에 다시 전화해 주실 수 있을까요?

* **That's so lame.**: lame이라는 단어는 한국어로 번역할 때 참 다양한 말로 표현될 수 있어요. 뜻이 정말 다양하지만, 먼저 알아야 할 것은 긍정적인 단어가 아니라는 거예요. 이렇게 다양한 뜻을 지닌 단어들은 그 단어가 쓰인 앞뒤 문맥과 같이 살펴보는 것이 가장 좋아요.

  ① 누군가가 허둥지둥 거짓말을 하면서 자신의 실수나 위기를 모면하려는 게 뻔히 보일 때
     That's a **lame** excuse. 그것 참 설득력 없고 별로인 변명이네.
  ② 누군가가 SNS에 이상한 셀피를 투척했을 때
     Ha... did you see his selfie on Instagram? It's such a **lame** picture.
     하…… 인스타그램에 그가 셀카 올린 거 봤어? 사진이 정말 별로야.
  ③ 어떤 파티에 초대받아 갔는데 정말 재미없었을 때
     Geez, that party was so **lame**. 윽, 그 파티 정말 별로였어.
  ④ 누가 썰렁한 농담을 해서 분위기가 싸해졌을 때
     His joke was so **lame**. 그 사람 농담은 정말 썰렁했어.

✛ Bonus Info 알아두면 더 좋아요!(연애 관련 표현)

· **go out with** ~와 데이트하다[사귀다]	· **have a blind date** 소개팅하다
· **have a crush on** ~에게 홀딱 반하다	· **hit on** ~에게 작업을 걸다
· **break up** 헤어지다	· **dump** 차다

SNS에서 친구 맺을래요?

SNS가 매우 활성화된 요즘에는 오프라인에서의 실제 만남 없이도 온라인에서 소소한 일상을 공유하며 친구가 되는 사람들도 많고, 오프라인에서 만난 사람과도 SNS로 관계를 유지해요. 그래서 SNS와 관련된 대화를 나눌 일도 많죠. 이런 상황에서 쓸 수 있는 표현을 미리 배워 봐요.

리얼 Dialogue

A Connor! I had such a nice time today. Thank you for the coffee date.

코너! 오늘 너무 즐거운 시간이었어요. 커피 데이트 함께 해줘서 고마워요.

B Not a problem! I really had a fun time. We should do this again.

고맙기는요! 나도 정말 즐거운 시간이었어요. 우리 다시 이런 시간을 가져요.

A Absolutely! I'd love to.

물론이죠! 나도 그러고 싶어요.

B Let me know what day works best for you.

어떤 날이 당신한테 가장 괜찮은지 알려줘요.

A Okay! Will do!

네! 그럴게요!

B In the meantime, let me add you on ✎social media. Do you have an Instagram account?

먼저, 소셜 미디어에서 당신을 추가하죠. 인스타그램 계정 있어요?

A Yes, I do. My username is summer000.

네, 있어요. 내 사용자 이름은 summer000이에요.

B Added! What about ✎Snapchat and Facebook?

추가했어요! 스냅챗이나 페이스북은 해요?

A My Facebook account is under my name, you should be able to find me pretty easily. I don't use Snapchat; I quit after college.

페이스북 계정은 내 이름으로 되어 있어서 꽤 쉽게 찾을 수 있을 거예요. 스냅챗은 이용하지 않아요. 대학 졸업 후에 그만뒀어요.

B I don't blame you, the appeal of it grows pretty old after a while.

그럴 만도 하죠, 스냅챗은 시간이 지나면 매력이 좀 없어지죠.

빛나는 상식

SNS는 Social Networking Service의 약자로, 영어권에서는 이보다 social media라는 단어를 더 많이 사용해요.

빛나는 상식

Snapchat

1~10초 되는 짧은 영상을 주고받거나 지정된 짧은 시간 동안 팔로워들에게 영상이 공개되는 앱으로, 여러 가지 필터 기능 때문에 인기 몰이가 시작되었어요. 인스타그램의 '스토리' 기능과 비슷한 앱이라고 보면 되는데, 미국 10대 청소년들 사이에서 폭풍적인 인기를 끌었지만 근래에 들어서는 Snapchat보다는 같은 기능을 갖추게 된 Instagram 사용자가 늘고 있는 추세라는 얘기도 있어요.

MEMO

....

....

....

....

....

....

....

A Indeed! My younger sister uses it all the time, but I honestly don't get why so many people love it.

정말 그래요! 내 여동생은 항상 그걸 하는데, 나는 솔직히 그걸 왜 그렇게 많은 사람이 좋아하는지 이해가 안 가요.

B Wow, you have a lot of Instagram followers! Oh my goodness! 20k? You're a star!

와, 정말 많은 인스타그램 팔로워가 있네요! 오, 이럴 수가! 2만 명이요? 완전 스타네요!

A No no, I'm not a star. I just like to post pictures of the food I cook.

아니, 아니에요, 난 스타는 아니죠. 그냥 내가 요리한 음식 사진들을 올리는 걸 좋아할 뿐이에요.

B Wow! This is so cool! Some of these are crazy elaborate dishes. You are a serious celebrity!

와! 정말 멋지네요! 몇몇 요리는 정말 정성 들여서 만든 거네요. 당신 정말로 셀럽이에요!

A Oh please, flattery!

오, 제발이요, 과찬이에요!

📝 체크 Words

- **social media** 소셜 미디어, SNS
- **username** 사용자 이름
- **under** (~라는 이름)으로
- **appeal** 사람의 마음을 움직이는 힘, 매력, 항소, 호소
- **indeed** 정말로
- **follower** 팬, 따르는 사람

- **Oh my goodness!** 세상에!
- **k** kilo의 약자로 1,000(명)을 의미
- **post** (웹사이트에 정보·사진을) 올리다[게시하다]
- **elaborate** 정성들인, 정교한
- **celebrity** 유명 인사
- **flattery** 과찬, 아첨, 아부

🔲 리멤버 Expressions

* **Will do!**: 비격식 영어에서는 주어를 생략하고 쓰는 경우가 흔해요. 특히 아래 예와 같은 말을 할 때는 흔히 주어를 생략하곤 하죠.

    cf. • Will do. 할게.

    • Gotta go now. 지금 가야 해.(Gotta = Got to)

    • Too bad that you have to leave now. 지금 가야 한다니 너무 아쉽네.

    • No need to rush. 서두르지 마세요.

    • Good thing we didn't run into anybody we know. 우리가 아는 사람을 만나지 않아서 다행이야.

* **I don't blame you**: 직역하면 '나는 너를 비난하지 않아'이지만 어떤 행동이나 태도, 의견에 타당성이 있고 거기에 동의할 때 '그럴 수 있지', '나도 이해해', '나도 동의해' 정도의 의미로 쓰는 표현이에요.

    ex • A: I'm tired of the big city. I'm going to move away to a small town.

    　　　나 대도시가 싫증 나. 작은 마을로 이사 갈래.

    　　B: I can't say that **I blame you**. 나도 이해해.

    • A: My sister wants to quit her job. What do you think?

    　　내 여동생이 일을 그만두고 싶어 해. 어떻게 생각해?

    　　B: **I don't blame her** for that. She has three kids and it must be really hard to raise them while working.

    　　　그렇게 하는 이유에 대해 이해할 만해. 아이가 세 명이잖아, 일하면서 아이들을 키우는 게 정말 힘들 거야.

Summer의 미국 생활 TIP

온라인에는 네트워킹을 할 수 있는 미디어가 굉장히 많죠. 그중에 비즈니스 관계로 네트워크를 형성하려면 링크드인 (Linkedin)이라는 온라인 플랫폼이 독보적으로 가장 널리 쓰여요. 링크드인은 페이스북보다 먼저 투자된 곳으로, 2003년 설립되어 초창기 소셜 미디어들이 대부분 사라진 것과 달리 현재까지 계속 이용되고 있어요. 약 4억 명 이상의 사용자 들이 있고, 주로 비즈니스 인맥에 특화된 SNS로 자리 잡고 있죠. 제가 얼마 전에 뉴욕에서 친구 집에 초대를 받아 갔는데 많은 사업가(entrepreneurs)가 모인 자리였어요. 이 모임이 끝나고 서로 더 연락을 나누고 싶은 사람이 있을 때는 그 자리에서 바로 스마트폰을 꺼내 링크드인에서 서로 추가를 하더라고요. 링크드인은 직업을 찾고 있는 대학생부터 직업을 가진 사람, 사업가, 창업가 등 거의 누구나 사용하는 플랫폼이에요. 만약 아직 계정이 없다면 미국에서 생활하기 전에 하나 만들기를 추천해요.

내 학교 생활, 교수님께 SOS!

학교에서 가장 정확한 정보를 줄 수 있는 사람은 뭐니 뭐니 해도 교수님들과 교직원이겠죠. 어떤 정보나 조언이 필요할 때 교수님께 도움을 요청하는 대화문을 익혀보도록 해요.

리얼 Dialogue

A Professor, do you have a moment?
교수님, 잠깐 시간 있으세요?

B Absolutely! Come in. What can I help you with?
물론이죠! 들어와요. 무엇을 도와줄까요?

A I want to get your advice about what classes I should take next semester.
다음 학기에 어떤 수업을 들어야 할지에 대해서 교수님 조언을 듣고 싶어서요.

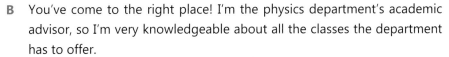

B You've come to the right place! I'm the physics department's academic advisor, so I'm very knowledgeable about all the classes the department has to offer.
딱 잘 찾아 왔어요! 내가 물리학과 지도교수라서 우리 과에서 제공하는 모든 수업에 관해 아주 많이 알고 있어요.

A Yes, I know. I'm a physics major, but I'm not sure if I should take Electromagnetic Theory or Advanced Quantum Mechanics next semester.
네, 알아요. 저는 물리학 전공인데, 다음 학기에 전자기 이론을 들어야 할지 고급 양자 역학을 들어야 할지 잘 모르겠어요.

B Hmm, that's a tough one. I personally know both professors that are teaching each class, and they are both excellent. Do you have a preference for one subject or the other?
음, 그거 어려운 결정이네요. 개인적으로 각 수업을 가르치시는 두 교수님을 모두 알고 있는데, 두 분 모두 뛰어난 분들이세요. 어느 한 과목이 더 좋다거나 다른 과목이 더 좋다거나 하는 것이 있나요?

A Not particularly, I find both subjects very interesting.
특별히 선호하는 것은 없어요, 두 과목 모두 아주 흥미로워요.

빛나는 상식

학기제를 설명할 때 semester뿐만 아니라 term이라는 단어를 사용하는 학교도 있을 거예요. 대부분의 학교는 일 년이 두 학기로 구성되어 있는데, 이 경우 한 학기를 semester로 표현해요. 즉, 약 6개월을 의미하죠. 어떤 학교들은 1년 2학기제가 아닌 4학기제로 운영되는데요, 이런 경우에는 학기를 term으로 표현해요.

B Do you have all the prerequisites for both classes?

두 수업의 선수 학습 과목들을 다 들었나요?

A I have almost all of them. I'm taking the final prerequisite for Advanced Quantum Mechanics, Intro to Quantum Mechanics, right now.

거의 대부분 들었어요. 지금 고급 양자 역학의 마지막 선수 학습 과목인 양자 역학 입문을 듣고 있어요.

빛나는 상식
- 필수 과목:
  required subject
- 선택 과목:
  elective subject
- 학점: credit
- 학기: semester
- 강의요강/수업계획
  서: syllabus

B Alright, in that case, you should definitely take Advanced Quantum Mechanics. It'll be fresh in your mind because you are taking the intro class right now.

좋아요, 그렇다면, 학생은 분명 고급 양자 역학을 들어가겠네요. 바로 지금 입문 수업을 듣고 있으니까 기억이 생생할 거예요.

A That makes sense. Also, I'm really enjoying Intro to Quantum Mechanics, so I think I'll also enjoy Advanced Quantum Mechanics.

맞는 말씀이세요. 그리고 저는 입문 양자 역학이 정말 재미있거든요, 그래서 고급 양자 역학도 재미있을 거라고 생각해요.

B For sure! It's a very interesting subject field.

그럼요! 아주 흥미로운 학과목 분야예요.

A Thank you so much, professor! I really appreciate your time.

정말 감사합니다, 교수님! 시간 내주셔서 정말 감사해요.

B Not a problem! Enjoy the rest of your day.

아니에요! 남은 하루 잘 보내요.

MEMO

체크 Words

- **physics** 물리학
- **department** 학과
- **academic advisor** 지도교수
- **knowledgeable** 아는 것이 많은
- **major** 전공
- **electromagnetic theory** (물리학) 전자기 이론

- **advanced** 고등의, 상급의
- **quantum mechanics** 양자 역학
- **prerequisite** (다른 과목을 취득하기 위한) 필수 과목, 필수 조건
- **intro** 입문
- **field** 분야

리멤버 Expressions

★ **I'm not sure if**: 무엇이 확실하지 않다는 말을 하고 싶을 때 요긴하게 쓸 수 있는 표현으로 '~인지 아닌지 확실하지 않아'라는 뜻이에요. 여기서 if는 '~인지 아닌지'라는 말이죠.

> **ex** *A*: How was the dinner with Peter? 피터와의 저녁 식사 어땠어?
> *B*: Well, it was okay but quite awkward because often **I wasn't sure if** he was joking.
> 글쎄, 괜찮았지만 꽤 어색했어. 종종 그가 농담을 하는 건지 아닌지 잘 모르겠더라고.

Summer의 미국 생활 TIP

미국 유학 시절, 문화적인 충격을 받은 것 중의 하나가 교수님들이 학생을 대하는 태도였어요. 많은 교수님이 학생을 상하 관계 안에서 가르치려고만 하지 않고 학생한테도 배우고 싶어 하고 토론을 하고 싶어 하더라고요. 물론 한국에도 그런 교수님들이 계시겠지만 저는 한국에서 대학교를 다니면서 그런 경험을 거의 못 해봤거든요.

미국 대학에는 교수 면담 시간이 따로 있어요. 처음에는 이 면담 시간을 단지 공부에 관해 궁금한 것을 물어보는 시간으로 활용했었는데, 점차 꼭 질문뿐 아니라 어떤 생각을 같이 나누고 흥미로운 토론을 할 수도 있다는 것을 깨달았죠. 미국에서 학부를 한 친구들에게 물어봤을 때도 면담 시간 때마다 좋아하는 교수님 사무실에 가서 자신이 관심 있는 분야에 대한 교수님의 생각을 들어보고 자기 생각도 말해보고 하는 시간으로 많이 활용했다고 해요. 저도 석사 할 때 좋아하는 교수님이 있었는데, 북한 이슈에 대해서 저의 의견을 수업하는 중간에도 물어보시고, 면담 시간에도 한국 교육에 대해서 저의 의견을 많이 물으셨던 기억이 있어요. 그때는 유학 초반이라 이런 상황이 낯설어서 제대로 대답하지 못했던 것 같아 아쉬워요. 이제 유학을 하러 가거나 해외에서 거주할 계획이 있는 분들은 한국에서부터 여러 가지 이슈에 대한 자신의 의견을 생각해 보고 어떻게 말해야 할지도 미리 준비해 두면 좋을 것 같아요.

Episode 07

교수님, 저 질문 있습니다!

미국 대학에서 수업을 들을 때 영어 수업이다 보니 자꾸 놓치는 부분이 생길 수 있어요. 특히 과제나 시험과 관련된 말은 꼭 정확하게 알아들어야 하니까, 미심쩍은 부분이 있다 싶으면 힘들지만 교실에서 목소리를 내서 질문을 해야 해요.

리얼 Dialogue

A That is the end of the lecture. Any questions?

강의 끝났습니다. 질문 있요?

B Yes, professor, I had one question.

네, 교수님, 질문 하나 있는데요.

A What is it?

뭐죠?

B Could you please clarify what the true definition of economics is?

무엇이 경제학의 진정한 정의인지 명확히 해주시겠어요?

A You should know this! I said it at the beginning of class. Economics is simply the study of human interactions in the face of scarcity.

이거 알고 있어야죠! 수업 시작할 때 말했어요. 경제학은 그야말로 결핍에 직면한 인간 상호작용에 관한 연구예요.

B Okay, thank you so much. One more question.

네, 정말 감사합니다. 질문이 하나 더 있는데요.

A Go ahead.

해보세요.

MEMO

B You said last week that you might reschedule the final. Have you done that?

지난주에 기말고사 일정을 재조정하실 수도 있다고 하셨는데요. 그렇게 하셨나요?

A Ah, yes! I almost forgot about that. The final has been rescheduled to December 19th at 2 p.m. I'll be emailing everyone about it. Any more questions?

아, 맞아요! 거의 잊어버리고 있었네요. 기말고사는 12월 19일 오후 2시로 재조정됐어요. 이것에 관해서 모두에게 이메일을 보낼게요. 또 다른 질문들 있나요?

C I had a quick question. When will grades for the midterm be released?

저도 간단한 질문이 하나 있는데요. 중간고사 학점은 언제 나올까요?

MEMO

A They should be released in the next couple days. I'm almost done grading them.

2~3일 안에 나올 거예요. 학점 매기는 것이 거의 끝나갑니다.

C Thank you!

감사합니다!

A No problem. Alright, if that is the last question, class is dismissed. If you guys have other questions regarding the final or any other thing, my office hours are between 2 p.m. and 4 p.m. on Wednesdays and Fridays. See everyone next week.

아니에요. 좋아요. 이게 마지막 질문이라면 수업은 끝이에요. 만약 기말고사나 다른 것들에 관해 다른 질문이 있으면, 내 연구실 면담 시간은 수요일과 금요일 2시에서 4시 사이에요. 모두 다음 주에 봅시다.

📝체크 Words

- **lecture** 강의, 강연
- **clarify** 명확하게 하다
- **definition** 정의
- **economics** 경제학
- **interaction** 상호작용
- **in the face of** ~에 직면하여, ~에도 불구하고
- **scarcity** 부족, 결핍

- **final** 기말고사
- **grade** 점수, 학점; 학점을 매기다
- **midterm** 중간고사
- **release** 발표하다, 풀어 주다
- **dismiss** 해산하다
- **regarding** ~에 대해서
- **office hours** 근무 시간, 면담 시간

리멤버 Expressions

* **Go ahead.**: 이 표현을 단어 그대로 해석하면 '앞으로 가라.'라는 뜻이에요. 하지만, 상대방이 계속 말하도록 할 때는 '계속하세요.'라는 뜻으로, 승낙이나 허락의 의미로는 '그렇게 하세요.'라는 뜻으로 쓰여요.

* **The final has been rescheduled to**: reschedule은 '재조정하다'라는 말이에요. 무엇이 재조정되었는데, 일정이 다른 날로 옮겨진 상황일 때는 reschedule 뒤에 전치사 to를 쓰는 것이 좋아요. 만약, 재조정이 아니라 처음으로 일정이 잡혔다면 〈Something is scheduled for + 시간/날짜〉로, 전치사 for를 쓰면 돼요.
  - **ex** • Today's meeting has **been rescheduled to** next Tuesday at 2 p.m.
    오늘 회의는 다음 주 화요일 오후 2시로 재조정되었습니다.
  - • The next meeting **is scheduled for** Saturday, April 10th at 9:30 a.m.
    다음 회의는 4월 10일 토요일, 오전 9시 30분으로 잡혔습니다.

Summer의 미국 생활 TIP

유학할 때 워낙 공부 따라잡는 것이 힘드니까 도서관에만 틀어박혀 있는 유학생들이 있어요. 물론, 공부를 열심히 하는 것도 좋지만 이에 못지않게 사회활동을 하면서 친구를 사귀고 미국 문화에 적응하는 것도 굉장히 중요해요. 공부만 잘한다고 취업을 잘 하거나 인기가 많아지는 게 아니거든요. 미국에 있는 회사 HR(인사부) 담당자들의 인터뷰를 봐도 유학생을 채용하는 것은 문제가 안 되는데, 유학생이 문화적으로 잘 안 맞는다는 느낌이 들면 채용하기가 어렵다고 하더군요. 공부뿐 아니라 사회적·문화적 어울림이 좋아해요. 대학교에서는 동아리나 모임, 학회 등에 가입하고, 학교 밖에서는 meetup.com을 통해 다양한 모임 등에 가입해서 처음에는 어색하더라도 꾸준히 사회활동을 이어나가 보길 바라요. 이때 꼭 드는 고민이 있죠. '영어를 못 하는데 나를 무시하면 어떡하지?'라는 마음이 생길 거예요. 하지만 의식적으로 스스로에게 '나는 외국인인데 이 정도로 영어하면 괜찮은 거지.'라는 마음을 계속 심어주고, 틀리더라도 자신감 있는 모습을 보여주는 것이 정말 중요해요. 심성이 꼬인 사람 빼고 대부분의 미국 사람은 '왜 이렇게 영어를 못해?'라고 생각하기보단 '우와, 영어를 저렇게 잘하네. 대단하다. 도와주고 싶다.'라고 생각할 거예요. 또, 한국에서는 겸손하고 예의 바르려고 하는 말이나 행동들이 미국에서는 자신감 없어 보일 수 있는데요, 미국에서 자신감 없어 보이는 것은 큰 마이너스가 될 수 있어요. 미국 대학교에서 공부하는 모든 분들! 객관적으로 정말 많은 노력으로 이루어낸 것이니까 모두가 대단하고 자신감을 갖기에 마땅하다고 생각해요. 자신감을 갖자고요!

두근두근, 첫 해외 인턴십 상담하기

인턴십을 통해 미국의 회사 문화를 접하고 나에게 맞는 회사로는 어떤 곳이 있는지 미리 체험해 볼 수 있어요. 인턴십을 잘 활용해서 본인에게 꼭 맞는 회사와 포지션을 찾아 취업하는 것이 좋아요. 학교에서 미리 인턴십에 대해 상담해 보면 좋은 정보를 얻을 수 있어요!

리얼 Dialogue

A Welcome to the university's Career Center.
대학 취업센터에 오신 걸 환영해요.

B Thank you. I came to inquire about internships.
감사합니다. 인턴십에 대해서 여쭤보려고 왔어요.

A You came to the right place. What's your major?
딱 잘 왔네요. 전공이 뭐죠?

B I'm a physics major.
물리학 전공이에요.

A Very good! There are currently plenty of internships opportunities for physics majors. Are you interested in a research internship by any chance?
아주 좋네요! 현재 물리학 전공자들에게 많은 인턴십 기회가 있어요. 연구 인턴십에 혹시 관심 있어요?

B Yes, I am. I'd love to hear about your research internship opportunities.
네, 그럼요. 연구 인턴십 기회들에 대해 듣고 싶어요.

MEMO

A There's an internship position at the Johns Hopkins Applied Physics Laboratory. You'll be assisting several scientists there doing research on electromagnetic waves.
존스 홉킨스 응용 물리 연구실에 인턴십 자리가 하나 있어요. 거기서 전자기파를 연구하고 있는 몇몇 과학자들을 보조하게 될 거예요.

B I'd love to do an internship at a large institute like the Johns Hopkins Applied Physics Laboratory. It's near Washington, D.C., isn't it?
존스 홉킨스 응용 물리 연구실 같은 큰 연구소에서 인턴십으로 정말 일하고 싶네요. 워싱턴 D.C. 주변에 있는 것 맞죠?

A Yep! That's correct. But you should keep in mind that there are also internships at companies.

네! 맞아요. 그런데 회사들에도 인턴십이 있다는 걸 알아둬요.

B Really? Are there any private companies offering internships to physics majors?

정말이요? 물리학 전공자들에게 인턴십을 제공하는 사기업들도 있나요?

A In fact, there are! Microsoft is looking for a physics intern to work in their hardware research division.

사실, 있어요! 마이크로소프트사에서 하드웨어 연구 부서에서 일할 물리학 전공 인턴을 찾고 있어요.

B Where is it located?

어디에 위치해 있죠?

A At their headquarters in Seattle, Washington.

워싱턴주 시애틀에 있는 본사예요.

B I love Seattle! How do I apply for the internship?

저 시애틀 너무 좋아해요! 제가 어떻게 그 인턴십에 지원할 수 있죠?

A First, fill out this application form and submit it with a resume and cover letter.

먼저, 이 지원서를 작성하고 이력서, 자기 소개서와 함께 제출해주시면 돼요.

B OK, I'll do that ASAP.

네, 최대한 빨리 할게요.

A If they are interested, they'll contact you for an interview. Good luck!

그들이 관심이 있으면 면접을 위해 학생에게 연락을 할 거예요. 행운을 빌어요!

B Thank you! Wow, I'm so nervous already.

고맙습니다! 와, 벌써 긴장되네요.

MEMO

294

체크 Words

- **inquire** 질문하다, 알아보다
- **plenty of** 많은
- **by any chance** 혹시
- **applied physics** 응용 물리학
- **electromagnetic waves** 전자기파

- **division** 부서
- **headquarters** 본사
- **submit** 제출하다, 굴복하다
- **cover letter** 커버레터, 자기 소개서

리멤버 Expressions

★ **you should keep in mind**: keep in mind는 '~을 명심하다[유념하다]'라는 뜻으로 쓰여요. keep 대신 bear in mind라고 쓰기도 하죠.

> ex **Keep in mind** that the attached file is the draft contract. 첨부된 파일이 계약서 초안이라는 걸 명심하세요.

cf. in mind를 쓴 다른 표현이 있어요. have ~ in mind라고 하면 '~을 계획하고 있다' 혹은 '~을 후보로 고려하고 있다'라는 말이에요. 또, 비슷하게 생긴 표현 중에 have something on one's mind라는 말이 있는데, '~이 신경 쓰이고 마음에 걸리다'라는 표현이에요.

> ex • **I have Daseul in mind** for the job because I like her work ethic.
> 저는 다슬을 그 일의 후보로 고려하고 있어요, 왜냐하면 저는 그녀의 근면성이 좋거든요.
> • You look worried. Tell me what's **on your mind**.
> 너 근심스러워 보여. 무슨 걱정을 하고 있는지 나한테 말해.

Summer의 미국 생활 TIP

제가 느꼈던 미국과 한국의 가장 다른 점 중의 하나는 구직활동 과정이에요. 한국에서는 많은 기업이 취업 시즌에 일자리를 내놓죠. 미국에도 분명 학생들이 졸업하는 시기에 맞춰 비교적 많은 일자리가 나오지만 취업 시즌이 아니어도 그때그때 회사에서 사람이 필요할 때마다 일자리를 내놓는 경우가 많아요. 한국 공채는 그 해에 필요한 인력을 취업 시즌에 한꺼번에 채용하는 개념을 갖고 있지만, 미국은 공채의 개념이 흐릿해요. 회사에서 그때그때 인력이 필요할 때 충원을 하다 보니 인맥을 통해 능력 있는 인재를 추천하고 추천 받는 문화가 강하죠. 언뜻 들으면 한국에서 '낙하산'이라고 불리는 개념과 비슷한 것 아닌가 하는 느낌이 들 수도 있겠지만, 사실은 능력 있고 주변 사람들에게 검증받은 인력을 채용하는 것을 선호하는 문화예요. 물론, 능력이 없거나 그 포지션에 적합한 경험이나 지식을 갖고 있지 않다면 아무리 추천을 받아도 채용되지 않기 때문에 낙하산이라고 볼 수는 없어요. 그러한 문화 때문에 평소에 네트워킹을 두텁게 다져두는 것이 굉장히 중요해요.

변호사에게 취업비자 상담하기

미국에는 비자의 종류가 참 많아요. 비자의 종류나 신청 요건에 관해 정확히 알고 싶을 때는 이민 전문 변호사와 상담을 해보는 것이 가장 좋은 방법이에요.

리얼 Dialogue

A I'm here to ask about visa options.
비자 선택권에 대해서 문의하러 왔어요.

B Sure. What visa are you currently on?
네. 지금은 어떤 비자로 계신가요?

A I'm on an F1 visa. I'm a grad student at Columbia University.
F1 비자(학생 비자)로 있어요. 저는 컬럼비아 대학교의 대학원생이에요.

B What are you studying?
무슨 공부를 하시죠?

A I'm studying International Educational Development and I'm expected to obtain my master's in May of next year. I wanted to know all of my options and prepare in advance.
국제 교육개발학을 공부하고 있고, 내년 5월에 석사 학위를 취득할 예정이에요. 제 선택권을 다 알고 미리 준비하고 싶어서요.

B That's a good idea. Do you want to immigrate to the States or work here for a while and go back to Korea?
잘 생각하셨어요. 미국으로 이민을 오고 싶으세요, 아니면 여기서 어느 기간 동안 일을 하고 한국으로 돌아가고 싶으세요?

A I'm not sure about immigration for now. I definitely want to work in the States for a while. I believe the best option would be an H1B visa. What else is there?
지금 이민에 대해서는 잘 모르겠어요. 미국에서 얼마 동안 일은 꼭 하고 싶어요. 최선의 선택이 H1B 비자인 것으로 알고 있는데요. 다른 것은 뭐가 있나요?

B It really depends on your background and experience. If you have an extraordinary achievement or ability, you might want to try for an O-1 visa. If you're interested in starting a business, an E2 is a good option for people running startups.

배경이나 경험에 따라 정말 달라요. 만약 보기 드문 대단한 업적이나 능력이 있다면 O-1 비자에도 도전해 보고 싶으실 거예요. 만약 사업을 시작하는 것에 관심이 있다면, E2 비자가 창업 회사들을 운영하는 사람들에게는 좋은 선택이에요.

A Wow, okay, but I've never thought about starting a company. Hmm… for the O-1 visa, how extraordinary does one have to be?

와, 그렇군요, 그런데 저는 회사를 시작하는 건 생각해 본 적이 없어요. 음…… 그럼 O-1 비자는 얼마나 비범해야 하는 건가요?

B You may have a chance for an O-1 visa if you have received national or international awards of excellence in your field, or if you're a member of an association whose membership requires outstanding achievement, or if you have published articles in professional or reputable publications.

만약 고객님 분야에서 우수성을 인정받아 국내 혹은 국제적으로 상을 받았거나, 특출한 업적이 있어야만 멤버가 될 수 있는 협회의 회원이거나, 전문적인, 혹은 평판이 좋은 출판물들에 글들을 썼으면 O-1 비자 기회를 얻을 수도 있어요.

A It doesn't look like I'm there yet. Do you think I have a good chance for an H1B visa?

저는 아직 거기에 도달한 것 같진 않네요. 제가 H1B 비자를 받을 가능성이 있을까요?

B Well, it would be better if you studied a ⚡STEM subject. However, you will have a master's degree soon, so that will help.

글쎄요, 만약 STEM 과목을 공부했으면 더 좋았겠죠. 하지만, 곧 석사 학위를 따니까 그게 도움이 될 거예요.

A My master's degree? How come?

제 석사 학위요? 어째서죠?

B USCIS has a separate cap for master's or higher degree holders and a computer-based lottery is conducted for advanced degree cap holder first, and then those who don't make it get thrown into the regular lottery.

미국 이민국은 석사 또는 그 이상의 학위 소지자들을 위한 한도량을 따로 갖고 있고, 컴퓨터 제비뽑기는 고급 학위 소지자를 위해 먼저 이뤄져요. 그러고 난 다음 거기서 떨어진 사람들은 일반 제비뽑기로 내려가요.

A I also hear that getting a job in a non-profit organization that has a research department is not a bad idea because it falls under a cap-exempt category.

저는 또 연구 부서가 있는 비영리 기관에 취업하는 것도 괜찮다는 말을 들었어요. 왜냐하면 그게 한도 제외 범주에 든다고 하더라고요.

B That's correct. That could be a good option for you as well.

맞아요. 그것도 고객님에게는 좋은 선택권이 될 수 있죠.

A I see. There are actually more options than I thought. Okay, I will start looking at non-profit organizations which do research work first. As a plan B, I'll find companies that might be interested in sponsoring my H1B visa!

알겠습니다. 생각했던 것보다 더 많은 선택권이 있네요. 좋습니다, 연구직으로 일할 비영리 단체들을 먼저 알아보기 시작해야겠네요. 차선책으로, 제 H1B 비자를 후원해 주는 데 관심이 있는 회사들을 찾아볼게요.

B Sounds like a plan. Good luck.

좋은 계획 같네요. 행운을 빌게요.

체크 Words

- **grad student** 대학원생
- **master's** 석사 학위
- **startup** (새로운 사업) 신설
- **reputable** 유명한, 평판이 좋은
- **publication** 출판물, 발행
- **USCIS** 미국 이민 서비스국(United States Citizenship and Immigration Services)
- **cap** 한도, (학위 수여식 등에서 쓰인) 사각모

- **lottery** 제비뽑기
- **conduct** (특별한 활동을) 하다
- **non-profit** 비영리적인
- **fall under** ~의 범위[부류]에 들어가다, ~에 해당하다
- **exempt** 면제되는, ~이 없는
- **plan B** 차선책

리멤버 Expressions

* **How come?**: '어째서?' 혹은 '왜?'라는 말이에요. 만약 '어째서 ~합니까?'라고 말하고 싶을 때는 How come 다음에 〈주어 + 동사〉의 순서로 말을 만들 수 있어요.

> **ex** A: **How come** you didn't come to the happy hour last night? 어째서 어젯밤 해피 아워에 안 오셨어요?
> B: I was just so tired from work. 일 때문에 엄청 피곤했어요.

Summer의 미국 생활 TIP

비자는 종류도 굉장히 다양하고 제한사항이나 기준이 제각각에 절차도 복잡하기 때문에 학교의 국제 학생국에서도 비자에 관한 상담은 해주지 않아요. 꼭 이민 전문 변호사를 만나보라고 하죠. 위 대화문의 비자 관련 정보는 사실과 좀 다를 수도 있어요. 시간에 따라 변경 사항이 생길 수도 있으니까요. 그러니 비자에 관한 정보가 필요하다면 꼭 변호사를 만나 정확한 정보를 얻기를 바라요.

입사 첫날, 직장 동료나 상사가 회사를 안내해 주고 동료들을 소개해 주죠. 첫 시작은 항상 긴장되고 두근거려요. 첫인상은 언제나 중요한 법이니, 되도록 좋은 인상을 줄 수 있도록 만반의 준비가 필요해요. 아래 대화를 통해 입사 첫날 쓸만한 영어 표현도 잘 익혀 두세요.

리얼 Dialogue

A Hello, I'm looking for Mr. Sun.

안녕하세요, 저는 쑨 씨를 찾고 있는데요.

B Yes, he's expecting you. This is your first day on the job, correct?

네, 기다리고 계세요. 오늘이 첫날 맞죠?

A Yes! I was told that Mr. Sun would show me my workspace and introduce me to my co-workers.

맞아요! 쑨 씨가 제가 일할 작업 공간을 보여주고 저를 동료들에게 소개시켜 줄 거라고 들었어요.

B Congratulations! We are very happy to have you. Mr. Sun should be right out in a moment.

축하해요! 함께 일하게 되어 정말 기뻐요. 쑨 씨가 곧 오실 거예요.

A Alright, thank you!

네, 감사합니다!

\\\\\\\\\\\\\\\\\\\\\ *[after a while]* \\\\\\\\\\\\\\\\\\\\\

MEMO

C Summer! Welcome to Microsoft! Congratulations on getting hired. Let me show you around. Follow me.

썸머! 마이크로소프트에 온 것을 환영해요! 채용된 것 축하하고요. 회사를 보여줄게요. 절 따라오세요.

A Thank you! I'm very excited to start working here.

고맙습니다! 여기서 일하게 되어 정말 흥분돼요.

C You will find that many of your fellow co-workers highly enjoy working here. Let me start this tour by showing you the amenities for all staff members. Right this way.

많은 동료들이 이곳에서 일하는 것을 아주 좋아한다는 것을 알게 될 거예요. 모든 직원들을 위한 생활 편의 시설들을 보여주는 것부터 시작해보죠. 이쪽이에요.

A I hear that all meals are provided for?

모든 음식들이 제공된다고 들었는데요?

C You are correct! As you can see here, we have a kitchen that is staffed 24/7. All meals are made from scratch, and you can eat as much as you want. We have dishes from around the world, so you will find that the food always fits your taste every day.

맞아요! 여기 보다시피, 일주일 내내 24시간 직원이 상주하는 주방이 있어요. 모든 음식은 처음부터 다 만들어지고, 먹고 싶은 만큼 먹을 수 있어요. 세계 각국의 음식들이 있어서 매일 입에 맞는 음식을 항상 찾을 수 있을 거예요.

A That's wonderful!

멋지네요!

C That's not the last of it. We also have a 24/7 fitness center with personal trainers on hand, a relaxation station with masseuses always on staff, and a bar for unwinding. Finally, this is your office space! You will share it with five others. I believe your co-workers are not in right now because they are in a team meeting. You'll meet them soon.

그게 다가 아니에요. 우리 회사에는 또 개인 트레이너가 도움을 주는, 일주일 내내 24시간 열려 있는 헬스장도 있고, 항상 마사지 전문가들이 있는 휴식 공간도 있고, 긴장을 좀 풀기 위한 바도 있어요. 드디어, 여기가 당신 사무실이에요! 5명의 다른 직원들과 함께 사용할 거예요. 내가 알기로는 당신 동료들이 지금 팀 회의에 들어가 있어서 여기에 없어요. 그들을 곧 만나게 될 거예요.

A Mr. Sun, thank you so much! I'm very much looking forward to working here.

쑨 씨, 정말 고맙습니다! 여기서 일하는 것이 정말 많이 기대되네요.

C Not a problem! Enjoy your first day!

천만에요! 첫날 즐겁게 보내길 바라요!

MEMO

....

....

....

....

....

....

....

300

✅ 체크 Words

- **in a moment** 금방, 잠시 후에
- **fellow** 같은 처지에 있는, 동료의; 동료, 동년배
- **amenity** 생활 편의 시설
- **from scratch** 맨 처음부터, 아무런 사전 준비 없이

- **on hand** (특히 도움을) 구할[얻을] 수 있는
- **station** (특정한 서비스가 제공되거나 이루어지는) 장소, 위치
- **masseuse** 마사지사
- **unwind** 긴장을 풀다

📇 리멤버 Expressions

* **show you around**: show someone around (something)라고 하면 '…에게 ~을 구경시켜 주다[안내하다]'라는 뜻이에요. around 다음에 장소를 써도 되고 쓰지 않아도 괜찮아요.
  - ex *A*: What are you going to do today? 오늘 뭐 할 거야?
    - *B*: My cousin is in town. So, I'm going to **show him around** New York City.
      내 사촌이 여기 와 있어. 그래서 뉴욕을 좀 구경시켜줄 거야.

* **made from scratch**: from scratch는 이미 존재하는 무엇을 사용해서가 아닌 '아예, 완벽하게 처음부터'라는 뜻이에요. 그래서 make ~ from scratch는 '기초적인 재료에서 시작하여 ~을 만들다'라는 의미를 나타내죠. 대화문에서처럼 음식에 관해 얘기할 때는 반 조리 식품이나 데워 먹기만 하면 되는 가공 식품이 아니라 처음부터 직접 조리해 주는 음식이라는 뜻이에요.
  - ex *A*: Do you think we can fix the errors and bugs in the code?
      이 코드에서 에러랑 버그를 우리가 고칠 수 있을 것 같아요?
    - *B*: I'm afraid we might have to code everything **from scratch**.
      안타깝지만 아예 처음부터 다시 코딩해야 할 수도 있을 것 같아요.

➕ Bonus Info 알아두면 더 좋아요! (직급을 나타내는 표현)

아래는 큰 회사들에서는 일반적인 직급이에요. 하지만 회사마다 조금씩 다른 직급을 쓰고, 창의적으로 기발한 직급을 개발해서 사용하는 곳도 있고, 어떤 회사들은 직급을 아예 쓰지 않기도 해요.

· **Chairman** 회장	· **Vice Chairman** 부회장
· **President** 사장	· **Deputy President** 부사장
· **Executive Vice President** 전무	· **Senior Vice President** 상무
· **General Manager / Department Head** 부장	
· **Deputy General Manager / Deputy Department Head** 차장	

· **Manager** 과장   · **Assistant Manager** 대리   · **Staff Member** 사원

Episode

11

제가 무슨 일부터 하면 될까요? 업무 인계받기

새로운 회사에서 일을 시작하려면 정말 긴장되죠! 첫날부터 열정적인 모습을 보여줄 수 있다면 참 좋겠는데요. 내 역할이 무엇인지, 무슨 일부터 어떻게 하면 되는지 질문할 것도 많아요. 그런 대화를 어떻게 이끌어 가면 될지 함께 알아봐요.

리얼 Dialogue

A Hi, you must be Summer! I'm your line manager, John. Welcome to the team!

안녕하세요, 당신이 썸머군요! 저는 당신의 직속 상사 존이에요. 팀에 합류한 것을 환영해요!

B Hi John! It's a pleasure to meet you. Looking forward to working on your team.

안녕하세요, 존! 만나서 반갑습니다. 팀에서 일하는 게 정말 기대돼요.

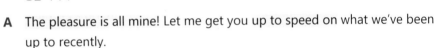

A The pleasure is all mine! Let me get you up to speed on what we've been up to recently.

저도 많이 기뻐요! 우리가 최근까지 어떤 일을 하고 있었는지 빨리 알려줄게요.

B Yes, please! I hear you guys do very interesting work.

네, 부탁드려요! 매우 흥미로운 일을 하신다고 들었어요.

A Yes, but our current project is particularly time intensive. We've been attempting to launch a new education initiative in elementary schools all across the nation. As you know, school starts up in about three weeks, so everyone is currently on full burn.

네, 하지만 우리의 현재 프로젝트는 특별히 시간이 많이 걸리는 일이에요. 전국에 걸쳐서 초등학교에 새로운 교육 계획을 시작하려고 시도하고 있어요. 알다시피, 학교가 3주 정도 후에 개학을 해서 지금 모두가 많이 바빠요.

MEMO

....

....

....

....

....

....

....

B As an assistant project coordinator, what is my role in the current effort?

프로젝트 보조 코디네이터로서 지금 활동에서 저의 역할은 뭐죠?

A Good question. You will be assisting me in the coordinated rollout of our program. That currently means responding to the questions of hundreds of teachers who are still uncertain about joining our program.

302

좋은 질문이에요. 나를 보조해서 우리 프로그램의 잘 정리된 첫 공개를 돕게 될 거예요. 지금 이 말은, 여전히 우리 프로그램에 참여할지 불확실한 수백 명 선생님들의 질문에 응답한다는 의미예요.

B Ah, I see. But I need to be knowledgeable about the program before I can respond to teachers' questions. What's the best way to get up to speed on what has already been done and what you are planning to do?

아, 알겠습니다. 그런데 선생님들의 질문에 답변할 수 있기 전에 제가 그 프로그램에 대해 많이 알아야겠네요. 이미 마무리된 일과 계획 중인 일에 대해 빨리 따라잡기 위해 가장 좋은 방법이 무엇일까요?

A Check our project's Google drive. You'll find a timeline of the project and its specific programs, plus links to all the curriculum outlines we have already put together. It should take you about 2~3 hours of solid reading to catch up on everything.

우리 프로젝트의 구글 드라이브를 확인하세요. 프로젝트와 그것의 구체적인 프로그램들의 타임라인에 더해서, 우리가 이미 작업한 모든 커리큘럼 개요에 대한 링크들도 찾을 수 있을 거예요. 모든 것을 따라잡도록 꼼꼼히 읽는 데 한 2~3시간 정도 걸릴 거예요.

B Gotcha, I also heard about a conference during my job interview. Is there anything I should know about that?

알겠습니다, 제가 면접 볼 때 컨퍼런스에 대해서도 들었는데요. 그것에 대해 제가 알아야 할 것이 있을까요?

A Ah, yes. We're holding a conference for our program launch in a week. The whole team will be flying to San Diego. It's on August 20th. Mark your calendar.

아, 맞아요. 일주일 후에 우리 프로그램 런칭을 위해 컨퍼런스를 열 거예요. 팀 전체가 샌디에고로 갈 거예요. 8월 20일이에요. 달력에 표시해 두세요.

B How long will we be there?

얼마 동안 거기에 있을 거죠?

A The conference runs for three days. You will fly in the night before, and fly out on a redeye after the conference. Afterwards, everyone gets a day off. The preparation meeting is tomorrow.

컨퍼런스는 3일 동안 진행돼요. 전날 밤에 비행기로 가서 컨퍼런스 후에 밤 비행기로 돌아올 거예요. 그 후에, 모두가 하루 쉬어요. 준비 회의는 내일이에요.

☑️ 체크 Words

- **line manager** 직속 상사
- **time intensive** 시간이 많이 걸리는
- **launch** 시작하다, 출시하다; 개시
- **initiative** 계획
- **coordinator** 진행자, 코디네이터
- **coordinate** 잘 정리되다, 조직화하다, 편성하다
- **rollout** 첫 공개, 전시, 신상품 발표회
- **timeline** 시각표, 연대표

- **curriculum** 교육과정
- **outline** 개요
- **put together** 만들다, 준비하다
- **solid reading** 꼼꼼히 읽기
- **catch up on** ~을 따라잡다
- **run** (얼마의 기간 동안) 계속되다
- **fly in** 비행기로 도착하다(↔ fly out 비행기 타고 떠나다)
- **redeye** 잠자는 시간에 타는 야간 항공편

📇 리멤버 Expressions

* **The pleasure is all mine!**: 즐거운 이야기를 나눈 후에 혹은 유익한 시간을 나눈 후 상대방이 '만나서 반가웠어요.', '유익한 이야기 나눠서 기뻤습니다.' 등의 말을 했을 때의 대답으로, '제가 더 유익한 말을 들었습니다.' 혹은 '제가 오히려 만나서 더 좋았습니다.' 등의 뜻으로 '내가 더욱 좋았다.'라는 느낌의 말이에요.

* **up to speed on**: '(~에 대해) 최신 정보, 혹은 지식을 갖춘'이라는 뜻이에요. 즉, 대화문의 Let me get you up to speed on what we've been up to recently.를 의역하면 '우리가 최근까지 한 일에 대해 최신 정보를 알려줄게요.' 라고 할 수 있어요.
  > ex) *A*: How was your first day at work? 회사 첫날 어땠어?
  > *B*: I think I will feel better when I get **up to speed on** what's going on.
  > 내가 진행되고 있는 일을 좀 따라잡으면 좀 더 기분이 나아질 것 같아.

* **Mark your calendar.**: '달력에 표시하세요.'라는 말로, '달력에'의 '에' 때문에 전치사 on을 써야 할 것 같지만 mark 는 타동사여서 전치사가 필요 없다는 점을 기억하세요.

Summer의 미국 생활 TIP

미국 회사에서 일할 때 느꼈던 굉장히 신선했던 문화 차이가 점심 문화였어요. 한국에서는 팀별로, 혹은 친한 동료랑 같이 나가서 식당에서 식사하잖아요. 미국에는 특별히 딱 정해져 있는 점심시간이 없는 회사도 많고, 약속 없이 혼자서 책상에서 일하면서 간단하게 점심을 해결하는 게 굉장히 흔하더라고요. 동료랑 밖에 나가서 점심을 아예 먹지 않는 건 아닌데, 그렇다고 한국처럼 거의 늘 동료랑 같이 먹지도 않아요.

네트워킹 행사에서 임팩트있게 내 소개하기

영어로 나를 소개하는 일, 그것도 짧지만 강력하게 소개하는 일은 생각보다 쉽지 않아요. 특히 미국에서는 네트워킹 행사가 보편화되어 있어서 그런 행사에 참여할 때면 내 소개에 대한 부담감을 실감하게 될 거예요. 임팩트있는 내 소개를 함께 준비해 볼까요?

리얼 Dialogue

A Welcome to the monthly Manhattan networking event! You have all been texted a number. There is another person out there with a same exact number. Once you find them, feel free to talk and network! Enjoy!

맨해튼 월례 네트워킹 행사에 오신 것을 환영합니다! 여러분 모두 번호 하나를 문자로 받으셨을 거예요. 여기에 같은 번호를 받은 사람이 한 명 더 있어요. 일단 그 사람을 찾으시고, 자유롭게 이야기를 나누시면서 네트워크를 이루세요! 좋은 시간 보내세요!

B Hi! Do you also have number 31?

안녕하세요! 당신도 31번이세요?

C Yes, I do! Nice to meet you! My name is Sarah.

네, 맞아요! 만나서 반가워요! 제 이름은 사라예요.

B My name is Summer! Nice to meet you, too. Where do you work, Sarah?

제 이름은 썸머예요! 저도 만나서 반가워요. 어디서 일하세요, 사라?

C I work at Oracle. I'm a software engineer for their non-profit education research wing. I'm researching the impact of mobile applications on learning.

저는 오라클에서 일해요. 비영리 교육 연구 쪽에서 소프트웨어 엔지니어로 있어요. 저는 모바일 앱들이 학습에 미치는 영향에 대해 연구하고 있어요.

B Wow, that's awesome! That sounds really interesting. I work at Microsoft! I'm the program coordinator for the education programs team. Our work is pretty related.

와, 멋있네요! 정말 흥미로운 일 같아요. 저는 마이크로소프트에서 일해요! 저는 교육 프로그램 팀에서 프로그램 코디네이터로 일해요. 우리 일이 꽤 연관이 있네요.

C So it is!

정말 그렇네요!

MEMO

B One of our programs is to teach kids how to code so kids can actually develop an app by themselves. How long have you been working at Oracle?

저희 프로그램 중 하나는 아이들에게 코딩하는 법을 가르치는 거라서, 아이들이 실제로 직접 앱을 만들 수 있어요. 오라클에서 일한 지는 얼마나 되셨어요?

C I've been working at Oracle for about 3 years now. Before that, I worked as a computer programmer for Barclay's. Got tired of working in finance, so I moved here and started doing impactful work to make education better in America.

오라클에서 지금 3년 정도 일하고 있어요. 그 전에는 바클레이스에서 컴퓨터 프로그래머로 일했었어요. 금융 쪽에서 일하는 게 지겨워져서 이쪽으로 옮겼고, 미국의 교육을 향상하기 위한 영향력 있는 일을 시작했죠.

B That's an incredible story!

정말 멋진 스토리네요!

C Thank you! I really enjoy my job. What about you?

고마워요! 저는 제 일이 정말 재미있어요. 당신은 어때요?

B I just started working here. I'm also currently working on my master's degree in International Educational Development.

저는 막 일을 시작했어요. 현재 국제 교육개발 석사 과정을 공부하고 있기도 해요.

C That's awesome! You seem passionate about education.

멋있네요! 교육에 열정이 있는 거 같아 보여요.

B I am. I believe that education is extremely important because it heavily influences the lives of the many children that go through its system.

맞아요. 교육이 정말 중요하다고 생각해요, 왜냐하면 그 시스템을 거쳐 가는 많은 아이의 인생에 지대한 영향을 끼치잖아요.

A Alright, everyone! Time is up! You have all been texted a new number. On to a new person!

좋습니다, 여러분! 시간이 다 됐어요! 모두 새로운 숫자를 문자로 받으셨을 거예요. 새로운 사람에게 옮기세요!

C Summer, it was very nice meeting you! Let's grab lunch sometime and talk more. Here are my contact details.

썸머, 만나서 정말 반가웠어요! 언제 점심 같이 하면서 더 이야기 나눠요. 여기 제 연락처예요.

B Likewise! See you soon.

저도 반가웠어요! 곧 봬요.

✅ 체크 Words

- **networking** 인적 네트워크[정보망] 형성
- **text** (휴대 전화로) 문자를 보내다
- **wing** (건물 본관 한쪽으로 돌출되게 지은) 동(棟)[부속 건물]
- **get tired of** ~에 지치다
- **impactful** 영향력 있는
- **heavily** 매우, 심하게, 세게

- **go through** ~을 거치다, ~을 살펴보다[조사하다]
- **up** (기간이) 다 끝난
- **on to** ~ 쪽으로
- **grab lunch** 점심 식사를 하다
- **contact details** 연락처

🧑 리멤버 Expressions

* **Likewise!**: likewise는 the same way(같은 방식으로)라는 의미의 부사예요. 상대방이 한 말에 공감하고 '저도 그래요.'라는 말을 하고 싶을 때 쓸 수 있는 간단한 표현이죠.

  ex A: I didn't know college is so much work. I simply don't have enough time to finish all the readings.
  대학에서 할 게 이렇게 많은지 몰랐어. 그냥 읽기를 모두 끝낼 시간도 충분하지 않아.

  B: **Likewise!** 나도 그래!

Summer의 미국 생활 TIP

저는 개인적으로 외향적인 성격 반, 내향적인 성격 반인 사람이에요. 그래서 여러 명의 사람들이 있는 곳에서 나를 소개하고 내가 얼마나 괜찮은 사람인지 홍보하는 일이 그다지 자연스럽지 않아요. 하지만 미국 사회는, 특히 뉴욕은 적극적으로 '나'라는 브랜드를 홍보하고 일을 찾아 다녀야 하는 문화가 굉장히 강하다고 느껴져요. 영어를 곧잘 하더라도 이러한 문화 차이 때문에 미국 문화에 적응하는 것이 굉장히 어렵다고 느껴질 수 있어요.

일에 관련된 네트워킹 행사에 갈 때 가장 먼저 갖추어야 할 것은 나와 내 일에 대해 어떻게 소개할지를 미리 생각해서 준비하는 거예요. 미국에서 사람들이 자신을 소개하는 것을 들어보면 단순히 자기 이름과 다니는 회사 이름만 말하는 게 아니라 거기에서 내가 하는 일을 굉장히 흥미롭게 잘 요약해서 말해요. 너무 간단하게 자신이 다니는 회사 이름만 언급하고 말면 상대방이 '나랑 이야기하고 싶어 하지 않는구나.'라고 오해할 수도 있어요. 그러니 내가 하는 일에 대한 소개를 3~4문장 정도로 잘 요약해 준비해서 이것만큼은 입에서 술술 나오게 연습해 두길 바라요.

Annual plan

Jan. 1	
Feb. 2	
Mar. 3	
Apr. 4	
May 5	
Jun. 6	

Annual plan

Jul. **7**	
Aug. **8**	
Sept. **9**	
Oct. **10**	
Nov. **11**	
Dec. **12**	

다락원 홈페이지에서
MP3 파일 다운로드 및 실시간 재생 서비스

뉴요커 Summer의
리얼 라이프 영어

지은이 Summer Park, Andrea Choi
펴낸이 정규도

초판 1쇄 발행 2019년 3월 15일
초판 3쇄 발행 2024년 3월 6일

책임편집 장경희, 권민정
표지·본문 디자인 이은희
전산편집 엘림

다락원
주소 경기도 파주시 문발로 211
내용문의 (02)736-2031 내선 513
구입문의 (02)736-2031 내선 250~252
팩스 (02)732-2037
출판등록 1977년 9월 16일 제406-2008-000007호

ISBN 978-89-277-0436-2 (13740)

http://www.darakwon.co.kr
다락원 홈페이지 방문하시면 상세한 출판사 정보와 함께 MP3 자료 등 다양한 어학 정보를 얻으실 수 있습니다.

사진출처 shutterstock.com